De vergeten belofte

Terugkeer naar onze kosmische familie

Door Sherry Wilde

Vertaling: Rabia Lemmens

Voor toestemming, of serieomzetting, condensatie, aanpassingen, of voor onze catalogus met andere publicaties, kunt u zich wenden tot Ozark Mountain Publishing, Inc.. P.O. Box 754, Huntsville, AR 72740-0754, Verenigde Staten van Amerika, t.a.v. : Permissions Department.

Library of Congress Cataloging-in-
Publication Data Wilde, Sherry-1950
De Vergeten Belofte: Terugkeer naar onze Kosmische Familie door
    Sherry Wilde Een verhaal over een levenslang contact met
    wezens uit een andere wereld.
1. UFO's 2. Ontvoeringen 3. Hypnose 4. Buitenaardsen
1. Wilde, Sherry, 1950 II. UFO's III. Titel
ISBN: 978-1-956945-56-0
Vertaling: Rabia Lemmens
Boekomslag en lay-out: www.noir33.com & Travis Garrison
Boek opgemaakt in: Times New Roman
Boekontwerp: Tab Pillar
Gepubliceerd door:

PO Box 754 Huntsville, AR 72740
800-935-0045 of 479-738-2348
fax: 479-738-2448 WWW.OZARKMT.COM
Gedrukt in de Verenigde Staten van Amerika

Dit is het verhaal van het levenslange contact van een vrouw met wezens uit een andere wereld en haar reis om de angst te overwinnen om zingeving en een doel te vinden.

In dit boek onderzoekt ze de ontvoeringservaring en deelt de Drie Belangrijke Dingen met je die ze moest leren.

Voor Marion
Ik hoop dat je de antwoorden hebt
gevonden.

Voor Vicky
Omdat je nooit, geen enkele keer, aan me
hebt getwijfeld.

En voor Wanda
Mijn haven in de storm
mijn lichtbaken
mijn wijze en begripvolle zus
ik houd meer van je dan ik kan zeggen!

Inhoudsopgave

Inleiding

Dit is mijn verhaal. Ik kan niets wat je zo gaat lezen bewijzen, maar ik voel ook niet de behoefte om je te overtuigen van de echtheid ervan. Of het vindt zijn weerklank bij jou, of niet. Ik ben al jarenlang aangemoedigd om over deze ervaringen te schrijven, maar ik hield het tegen. Het voelde nooit goed om zo'n persoonlijke en behoorlijk controversiële periode uit mijn leven openbaar te maken. Om de een of andere reden werd het mij echter ineens duidelijk dat het nu tijd was om het uit de kast te halen.

Dit is geen gemakkelijk verhaal voor mij om te schrijven, en het kan ook moeilijk zijn voor jou om te lezen of te geloven. Dat begrijp ik. Het zal niet in chronologische volgorde worden verteld, maar meer zoals wanneer ik bij jou op bezoek was en we samen een kop koffie dronken. Er is achterin het boek een tijdlijn toegevoegd voor jou als het nodig is.

Ik wil benadrukken dat dit mijn verhaal is, en ik heb mijn uiterste best gedaan anderen erbuiten te laten – dat wil zeggen, familie en vrienden die aan de zijlijn betrokken waren – maar het is onmogelijk om de waarheid te vertellen over wat er is gebeurd zonder een aantal zaken over de betrokkenheid van anderen te vermelden. Ik heb mijn uiterste best gedaan om die delen tot een minimum te beperken, vooral de stukken die over mijn kinderen gaan.

Een van de eerste dingen die mij worden gevraagd nadat ik met anderen over dit fenomeen heb gepraat is: "Waarom jij? Wat is er zo bijzonder aan jou?"

Mijn antwoord is simpel: Niets. Er is werkelijk niets bijzonders aan mij of mijn familie. Ik geloof dat de meeste mensen op deze wereld tenminste één ontmoeting hebben gehad met een wezen uit een andere dimensie of planeet. Persoonlijk vind ik het gemakkelijker om te denken dat ze uit een andere dimensie komen. Hoewel de wezens waarmee ik contact had hier naartoe leken te zijn gekomen in een ruimteschip of zoiets, geloof ik niet dat dat onderscheid het waard is te onderzoeken.

Als jij wordt aangetrokken door dit boek, dan zou het wel eens kunnen zijn dat je een interdimensionale ontmoeting hebt gehad, maar dat de herinnering aan die ontmoeting is afgeschermd van je bewustzijn om je geestelijke gezondheid te behouden. Proberen dit soort gebeurtenissen in je leven te integreren en tegelijkertijd wat de wereld zou beschouwen als een "normaal" leven leiden, is zo goed als onmogelijk. Zelfs als je je verzoent met wat er met je gebeurt, blijft altijd de sluimerende vraag waarom. Dat is de reden dat zoveel vermeende ontvoerden worden aangetrokken door een pad dat hen meeneemt op een spirituele reis.

Dit boek is niet alleen een verslag van mijn ervaringen, maar ook het verhaal van hoe ik ontdekte dat het, zoals bij zoveel dingen, mogelijk is om de ergste gebeurtenis uit je leven te veranderen in iets positiefs, alleen door ervoor te kiezen er op een andere manier naar te kijken.

Voorwoord: Het begint met één

Ontvoering uit de achtertuin – 1958 – het platteland van Wisconsin

Ik zal niet ouder dan acht jaar zijn geweest. Mijn jongere broer en ik waren achter ons huis aan het spelen op de rotsen van zandsteen. Mijn ouders hebben mij jaren later verteld dat ze er bewust voor hadden gekozen om ons een beetje weg te houden en te beschermen tegen de algemene gemeenschap – en dat waren we zeker. Het was midden jaren '50 en de wereld zag er in het algemeen anders uit dan nu. We woonden op een niet gebruikte melkveehouderij van 120 hectare met een oprijlaan van 800 meter lang vanaf een kleine grindweg. We bevonden ons op een afstand van 20 minuten rijden tot het dichtstbijzijnde dorp, en ik ging naar een school met één klas tot groep zes, toen ik de traumatische ervaring onderging van het overgeplaatst worden naar de dorpsschool.

Het was een idyllisch leven. Ik had drie broers en zussen: een broer die twee jaar ouder was dan ik, nog een broer die een jaar jonger was, en mijn babyzusje die erbij kwam toen ik vijf was. We werden elke zomerochtend de deur uit gezet en mochten niet terugkomen naar huis tot de lunch, en dan gingen we weer naar buiten tot het donker werd. We renden door de heuvels, speelden in het hooi, maakten forten, klommen in bomen, en spetterden in de beek die door ons dal liep. In de winter werden we ingepakt en de deur uitgestuurd om de bijna 5 kilometer naar school te lopen. (Ja, het was echt bijna vijf kilometer).

"Ga niet, hoe moe je ook wordt, in de sneeuw liggen om te slapen. Je zult bevriezen en nooit meer wakker worden!"

Mijn vader was geen boer. Hij probeerde het, maar het was gewoon niet zijn roeping. In plaats daarvan ging hij aan het werk als buschauffeur bij Greyhound (Amerikaanse busmaatschappij). Hij was vaak weg.

Achter ons huis was een hek dat door het hele dal liep tot onze dichtstbijzijnde buren. We konden hun huis amper zien vanuit het raam boven. De tuin van mijn moeder was daar, en als we niet uit de buurt bleven, zette ze ons aan het werk om onkruid weg te halen, dus verdwenen we in de heuvels rondom ons huis. Op deze hete zomerdag waren mijn jongere broer en ik buiten achter de tuin aan het spelen op de platte zandstenen rotsen. Er groeide een mooi assortiment aan wilde bessen in dat gebied en af en toe onderbraken we ons spel lang genoeg om een handvol te pakken.

Mijn oudere broer was niet bij ons, wat typisch was. Hij hield ervan om er in zijn eentje op uit te gaan, om te vissen of op ontdekkingstocht in de bossen. Ik stond in het lange gras, met mijn gezicht naar de kruisbessenstruik die langs het hek groeide, en plukte de bessen en stopte ze in mijn mond. De knapperige zure smaak van de bes was niet mijn favoriet, maar ik hield ervan ze stuk te bijten en het water in mijn mond te voelen lopen als reactie op de sterke smaak. (Ik herinner me dit alles alsof het gisteren was).

Het was heel heet en vochtig – bijna claustrofobisch. Het zoemen van de insecten klonk heel luid in mijn oren en versterkte het gevoel van dichtheid. Er was geen wind en ik sloeg de muggen weg als ze dichtbij mijn gezicht kwamen of op mijn armen landden. Ik was erop gericht zoveel mogelijk kruisbessen zo snel mogelijk in mijn mond te krijgen, aangezien ik terug wilde naar mijn broer die in de schaduw van de rotsen stond te wachten.

Ik plukte met beide handen, waarbij ik snel een bes plukte, die in mijn mond stopte en doorging naar de volgende. Mijn beide handen bewogen zich snel over de struik en pakten de makkelijkste en rijpste bessen.

Opeens veranderde de temperatuur. De hete benauwde lucht die vlak daarvoor nog voelde alsof deze me zou verstikken, werd aanmerkelijk koeler en het harde zoemen stopte ineens. Het was doodstil. Ik bevroor. Het haar in mijn nek stond recht overeind en er ging een rilling langs mijn rug. Ik wist dat er iemand achter mij stond.

Mijn hart klopte snel in mijn borst terwijl ik mij langzaam omdraaide. Er werden sterke handen op mijn schouders gelegd die mij tegenhielden. Een zachte stem zei mijn naam en waarschuwde mij me niet om te draaien – alsof ik dat kon met die handen die mij stevig vasthielden.

Mijn hersenen draaiden overuren terwijl ik probeerde uit te vogelen wie dit kon zijn. Een oom? Een buur? En toen een beangstigende gedachte – een vreemde?

Maar hij had mijn naam genoemd. En zijn stem kwam mij enigszins bekend voor. Er was niet veel tijd om hier allemaal over na te denken, want hij begon met diezelfde zachte stem tegen me te praten. Ik werd erg rustig van die stem.

"Wat doe je?" zei hij.

"Kruisbessen plukken", antwoordde ik.

"Waarom?"

"Om ze op te eten", zei ik nauwelijks hoorbaar.

"Waar smaken ze naar?"

"Nogal zuur", fluisterde ik.

"Vind je ze lekker?" vroeg hij.

"Nee."

Hij grinnikte en zei: "Waarom eet je ze dan?"

"Omdat … waarom mag ik mij niet omdraaien?" smeekte ik.

"Ik denk dat je bang zou worden als je me zou zien. Weet je nog?"

En ik antwoordde zachtjes: "Ja."

Tekening door: Helen Endres

Na een tijdje zei hij: "Draai je langzaam om. Pak mijn hand vast en loop met mij mee."

Ik wendde automatisch mijn ogen af toen ik mij omdraaide en pakte zijn hand. Toen we begonnen te lopen, zag ik vanuit mijn ooghoek drie of vier andere wezens die leken te staan kijken tussen het lange gras en de struiken. Ze leken mij niet echt; ze leken op de paspoppen die ik had gezien in de winkel, alleen leken ze geen menselijke kenmerken te hebben. Ik probeerde beter te kijken, maar kon hun gezichten niet goed zien.

Het viel me echter wel op hoe klein ze waren voor een man. Ze waren ongeveer net zo groot als ik en droegen dezelfde outfits die een beetje leken op de overals die mijn vader droeg in de winter, alleen zaten deze outfits heel strak en volgden ze de vorm van het lichaam. Ze leken niet te bewegen of te knipperen. Ze stonden daar gewoon zonder zich te bewegen.

Toen zag ik mijn broer als bevroren staan op de zandstenen rotsen. Ik vroeg of hij met ons mee kon komen, maar er werd tegen mij gezegd: "Niet nu".

Ik keek weer naar hem toen we de heuvel opliepen. Ik was bang voor mijn broer; hij zag er niet natuurlijk uit.

"Wat is er mis met mijn broer? Is alles goed met hem?"

"Het gaat prima met hem. Hij zal hier zijn als we terugkomen."

Ik slofte zonder angst mee met mijn metgezel. Hij kwam me bekend voor, en de aanvankelijke paniek die ik had gevoeld was weg. Ik draaide me nu om om naar voren te kijken en zag voor het eerst onze bestemming.

Mijn hart begon snel te kloppen toen ik opkeek naar een heel erg glanzend zilveren ruimteschip dat tegen de heuvel zweefde. Eén kant ervan raakte bijna het steile terrein, terwijl de andere kant hoog boven de grond zweefde.

Dit was midden tot eind jaren '50, en ik had nog nooit een film of Tv-programma gezien met een vliegende schotel, dus dit voertuig was fascinerend voor mij. Ik had vliegtuigen zien overvliegen, en ik was betoverd doordat ze zich door de lucht bewogen, maar dit was anders. Het hing stil in de lucht zonder ondersteuning of vleugels. Het schitterde in de zon en het deed pijn aan mijn ogen als ik ernaar keek, en ik kneep met mijn ogen.

Er stonden nog twee van die vreemd uitziende kleine mannetjes onder. Ik probeerde opnieuw hun gezicht goed te bekijken, en deze keer kon ik twee grote zwarte ogen zien. Ik was zo betoverd door deze grote insectachtige ogen dat ik niets anders meer zag van hun uiterlijk.

Mijn metgezel liep met mij mee tot onder het schip en legde zijn handen op mijn schouders terwijl hij achter mij stond, waarna wij samen werden opgetild in de lucht tot in het schip. Hoe heb ik nooit begrepen. We zweefden gewoon omhoog in een blauw licht.

Ze namen mij mee tot hoog boven de aarde. Deze herinnering is er één die ik mijn hele leven al heb gehad. Het is heel gek, maar ik heb nooit getwijfeld over de echtheid ervan, en toch, als je me de volgende dag of op enig moment tijdens mijn kindertijd of jongvolwassenheid zou hebben gevraagd of ik ooit een UFO had gezien of een ontmoeting had gehad, zou ik hebben geantwoord: "Nee".

De herinnering werd bewaard in een aparte plek in mijn hoofd. Ik weet niet hoe ik het anders moet beschrijven. Ik mocht deze herinnering hebben – ze wilden niet dat deze werd begraven. Anders zou deze zeker diep achterin mijn geest zijn opgeslagen – net als alle andere ontmoetingen. Maar deze was anders. Deze bevatte een boodschap waarvan ze niet wilden dat ik die vergat.

Ik herinner me heel duidelijk dat ik bij het grijze buitenaardse wezen stond dat ik nu "Da" noem. Er waren een paar anderen bij ons terwijl we uit een groot raam stonden te kijken. We waren in de ruimte. Overal om ons heen was het zwart en overal waren schitterende stipjes van sterren als zaadjes om ons heen verspreid. Het was geweldig. We keken omlaag naar de prachtige blauwe knikker waarvan ze mij zeiden dat het de aarde was.

Ik was pas acht jaar oud, maar ik kon de enormiteit van wat ik zag waarderen. Ik was een tijdje sprakeloos, en we stonden allemaal samen in eerbiedige stilte. Ik ging dichter bij een groot raam staan en drukte mijn gezicht er tegenaan terwijl ik naar buiten keek, omhoog en omlaag. In elke richting die ik keek, was het donker en heerste een diepe stilte.

Het leek alsof we niet bewogen. We hingen in de ruimte, en ik was vol ontzag over de omvang van wat ik zag. Toen draaide ik me om naar Da en vroeg waarom de lucht zwart was. Was het nu nacht?

Er werd een uitleg gegeven in woorden die een jong kind kon begrijpen, en toen zei Da dat hij me iets wilde laten zien. Het schip daalde ineens tot dicht bij de blauwe bol die mijn thuis was, en we zweefden boven de Grote Oceaan. Ik was heel jong en had zeker nog niet veel geografie geleerd, maar op de een of andere manier begreep ik wat ik zag.

We bevonden ons hoog genoeg om ongeveer de helft van het continent Amerika te kunnen zien. Opeens steeg er een muur van water op uit de oceaan en bewoog richting de westkust van Amerika. Hij overstroomde het land al snel. Grote, zwarte, opbollende rookwolken stegen op van een nieuwgevormde kustlijn en bleven willekeurig ontstaan, terwijl ze steeds dieper het land op gingen. De hele westelijke kustlijn was verdwenen, net als de steden die daar vlak daarvoor nog waren. Een deel van het water trok zich terug, maar het meeste bleef terwijl de branden zich snel bleven verspreiden over het droge land. Al snel was de aarde gehuld in zwarte rook. Mijn mooie planeet was ruig en zwart. De wereld stond in brand.

Ik begon te huilen.

Was mijn familie dood?

"Jullie hebben dit gedaan! Waarom hebben jullie dit gedaan?"

Ik was boos en bang.

Zou het ruimteschip nu mijn thuis worden? Zou ik mijn familie nooit meer zien?

Da legde zijn handen op mijn schouders en keek diep in mijn ogen terwijl hij zacht maar duidelijk sprak. "Dit is de toekomst. Het is – nog – niet gebeurd. En het hoeft niet te gebeuren, maar dat doet het wel als jullie mensen niet veranderen."

Ik keek terug naar hem en probeerde te begrijpen wat hij me zojuist had verteld. Ik begreep er niets van.

Waarom lieten ze me dit zien? Bedoelde hij dat ik op de een of andere manier de gebeurtenissen moest veranderen zodat dit niet zou gebeuren?

Ik kon niets doen. Het was afschuwelijk om mij hier mee te belasten. Ik voelde me boos en zo hulpeloos. Het was te veel. Ik snikte luid terwijl ik naar hem keek en probeerde het hem te laten begrijpen.

"Maar ik ben maar een klein meisje. Wat moet ik doen?"

Terwijl hij zijn handen op mijn schouders hield en intens in mijn ogen keek, antwoordde hij zachtjes: "Het begint met één."

We leven niet in een reële wereld;
we leven in een waargenomen wereld.
Gerald J. Simmons

Hoofdstuk 1:
Het verliezen van de normaliteit

De beslissing om onder hypnose te gaan – lente 1988

Het was lente 1988 toen ik onder hypnose ging en eindelijk de gaten kon vullen van een leven lang met gedeeltelijke herinneringen. Deze herinneringen, die diep in de krochten van mijn geest waren begraven, gingen over ontmoetingen met buitenaardsen. Voor de regressie leefde ik het typerende kleinstedelijke leven van een 37-jarige werkende moeder, echtgenote en mede-eigenaresse van een klein maar succesvol vastgoedbedrijfje in het landelijke Wisconsin. Ik wist absoluut niets van de ontvoeringservaring. Ik wist natuurlijk dat er af en toe meldingen waren of UFO's, maar ik had nog nooit iets gelezen of gehoord over dat iemand door de inzittenden meegenomen was aan boord van een schip. Ik was onwetender over dit soort fenomenen dan de meeste mensen, waar ik later achter kwam.

Dat was het jaar dat ik besloot om onder hypnose te gaan om herinneringen op te halen aan een schijnbaar willekeurige agressieve daad die mij was aangedaan door wegwerkers – alleen bleken de wegwerkers een buitenaards ras te zijn dat bekend staat als de "Grijzen". Dat was op zichzelf al meer dan waar ik mee om kon gaan, maar wat deze periode in mijn leven zo ongelofelijk moeilijk maakte om mee om te gaan, was het afschuwelijke besef dat ik niet alleen was ontvoerd door buitenaardsen tijdens die gebeurtenis, maar dat ik meerdere keren was ontvoerd gedurende mijn hele leven.

1

Er was enorm veel activiteit geweest, al vanaf zeer jonge leeftijd. Deze wezens waren een constante factor geweest in mijn leven, maar waren op de een of andere manier in staat geweest om de herinneringen te begraven en mij ervan te weerhouden enige bewuste herinnering te hebben aan de gebeurtenissen. Dat beangstigde me en veroorzaakte veel doodsangst. Dit was nogal veel om mee te proberen om te gaan, maar toen werd het erger – veel erger. Ik begon zelfs ontvoeringservaringen te krijgen terwijl ik nog aan het proberen was te leren leven met de herinneringen die mijn bewustzijn instroomden. Opeens had ik ontmoetingen met hen, en hoewel ik het me niet volledig bewust herinnerde, bleef er net genoeg hangen om te weten wat er gebeurde. Ze verschenen soms drie of vier keer in één week en bleven vervolgens zo'n twee weken weg. Deze activiteit ging ongeveer twee jaar zo door. Dit is het verhaal van mijn leven tijdens die periode en de heilige lessen die ik leerde toen ik eenmaal mijn angst te boven was gekomen.

Nadat ik onder hypnose was geweest en wakker werd met de herinnering aan mijn ontvoering, liep ik verbijsterd rond, amper in staat om normaal te functioneren. De mensen die mijn ontmoetingen onderzochten, lieten mij onderzoeken door een psycholoog die onderzoek deed naar het fenomeen van ontvoeringen door UFO's, en ik wachtte de resultaten van dit onderzoek met veel hoop af. Ik was er absoluut zeker van dat ik gek zou worden verklaard. Dit onderzoek werd kort na mijn hypnose gedaan en ik had deze ervaringen nog steeds niet in mijn realiteit geïntegreerd. Ik kon gewoon niet accepteren dat dit kon gebeuren. De huidige ontvoeringen waren nog niet begonnen en ik was toen alleen nog bezig met de herinneringen. Ik had mijzelf ervan overtuigd dat het allemaal een vergissing was, een psychologische afwijking die zou worden verklaard en verwijderd door de juiste dokter en de juiste diagnose.

Dus vertrok ik met goede zin naar de afspraak met mijn onderzoeker en de psycholoog, terwijl ik er zeker van was wat ik zou gaan horen. Ik was bereid welke behandeling dan ook werd aanbevolen te volgen. Ik was met stomheid geslagen en verpletterd toen mijn onderzoeker mij vertelde dat de testuitslagen zeer goed waren. Hij zei dat als het mogelijk was om vals te spelen bij deze test, zij dat als een mogelijkheid zouden beschouwen, aangezien de resultaten zo goed waren. Hij leek erg ingenomen toen hij mij

2

dit vertelde. Ik stond daar te vechten tegen mijn tranen en mijn angst terwijl ik mij bewust werd van de implicaties van wat hij zei.

Aangezien hij niet wist hoe hij met mijn reactie moest omgaan, bracht hij me naar de psycholoog die het onderzoek had uitgevoerd en liet hem met mij praten. Deze dokter vertelde me dat de testuitslagen behoorlijk normaal waren en geen indicatie gaven voor enig ziektebeeld. Ik weet nog dat hij zei dat de metingen met betrekking tot paranoia licht verhoogd waren, maar dat vonden zij normaal, en ze hadden het juist vreemd gevonden als ik geen paranoia had vertoond, gezien de ervaringen waar ik destijds mee te maken had. Hij zei verder dat een van de tests, een test over de geneigdheid tot fantaseren, liet zien dat ik niet meer geneigd was tot verbeelding dan enig ander.

Mijn onderzoeker was in de war door mijn reactie hierop; hij had verwacht dat ik opgelucht zou zijn, zelfs blij. Hij begreep niet hoezeer ik verlangde naar een diagnose – ik had op een diagnose gerekend. Iets wat ze met therapie of een pil konden behandelen – het kon mij niet schelen. Destijds was alles beter geweest dan te worden verteld dat wat mij was overkomen echt was.

Hierna bezocht ik nog drie of vier andere gerespecteerde psychologen om er één te vinden die het goed zou doen. Geen enkele deed dat. Ze waren het er allemaal over eens dat ik mentaal gezond leek. Waar het probleem in zat, volgens elk van hen, was in onze interpretatie van de wereld of wat wij als normaal zagen in onze wereld. Daar was ik ondersteboven van.

Zoals ik tegen een psycholoog zei die mij probeerde te helpen: "Het is alsof ik een doos met herinneringen heb – ze komen uit mijn leven – dat kan ik niet ontkennen. Maar waar plaats ik deze doos met herinneringen? Ik zet het op de plank in mijn hoofd met het label fictie/fantasie (waar ik echt heel erg graag wil dat hij naartoe gaat), maar hij wordt steeds opnieuw terug in mijn handen gegooid. Hoort daar niet thuis. Ik probeer hem op de dromenplank te zetten, maar hij valt er weer af. Hoort daar ook niet thuis. Dus probeer ik hem op de plank met ervaringen uit het echte leven te zetten, maar ik kan hem daar niet laten staan. Ik kan niet accepteren dat hij daar thuishoort. Want als hij daar thuishoort, dan is alles wat ik dacht te weten over het leven – niet alleen mijn leven maar het hele leven – een leugen."

En zo begon een ontdekkingsreis naar de eeuwenoude vraag: "Waar gaat het allemaal om?"

Eigenlijk was ik al een beetje zoekende zelfs voordat deze herinneringen naar boven kwamen – waarschijnlijk omdat deze ontmoetingen al op jonge leeftijd begonnen. Het beste dat ik kan achterhalen, is dat deze wezens aanwezig waren in mijn leven toen ik vijf jaar oud was, en ik denk zelfs lang daarvoor al. Net zoals ze het precieze moment bepaalden dat mijn dochter werd verwekt, geloof ik dat ze ook de hand hadden in die van mijzelf. Het is niet alleen het ontdekken dat je bent ontvoerd door wezens uit een andere wereld waardoor je op zelfontdekking gaat, maar het zijn ook de dingen die ze je leren. Ik kreeg meteen vanaf het begin lessen, en er werd van mij verwacht dat ik ze opvolgde.

Zo veel lessen

"Wat is het belangrijkste dat je moet weten?" vroegen ze steeds weer.

En elke keer gingen ze dieper in op de betekenis van de les. Ze hebben me gedurende de jaren veel geleerd, en de onderwerpen varieerden van de complexiteit van het leven tot de mechanica en de besturing van hun schepen. Dingen zoals hoe hun schepen van het ene eind van het universum naar het andere kunnen reizen, hoe de schepen zo geruisloos vliegen, hoe ze door muren kunnen lopen, en belangrijker: hoe ze mij dwars door die klaarblijkelijk dichte muren heen kunnen trekken. Ze leerden mij hoe gemakkelijk het is om je lichaam te genezen en lieten me zien dat de kracht van onze geest boven alles uitging wat we ons konden voorstellen. Ze legden uit hoe het kon dat twee mensen naast elkaar stonden en de ene een UFO ziet, terwijl de andere persoon zich er totaal onbewust van blijft. Ze bewezen mij dat tijd niet bestaat. Ze leerden mij over trilling en het licht dat zich in ons allemaal bevindt. Ze vertelden mij onder andere waar ze vandaan kwamen en waarom ze hier waren. En ze stampten "De Drie Belangrijke Dingen die je moet Weten" in mij.

Veel onderzoekers en ontvoerden geloven dat mijn ontvoerders slecht zijn, maar ik ben het daar niet echt mee eens. Ze staan binnen de ufologie bekend als de Grijzen, en het klopt dat ze meestal genadeloos en harteloos leken. Ik geloof dat het allemaal om perceptie draait – net zoals een jong kind een dokter als gemeen zou zien als deze een naald in hem steekt om een vaccinatie toe te dienen. Eén ding is echter zeker: ze hebben een verdorven gevoel voor humor. Ze laten een onverschilligheid zien die hen extreem wreed laat lijken, maar dan draaien ze plotseling om en laten ze diep medeleven en liefde zien.

Ik moest lang naar hun gedrag kijken om te erkennen dat ik buiten de ervaring moest gaan staan en mijn waarnemingen los moest laten – de filters waar ik alles doorheen haalde – zodat ik het vanuit een meer objectieve hoek kon bekijken om duidelijkheid te krijgen. Dat vormde een groot deel van het accepteren van deze ervaringen. Het stelde mij in staat om het als waarnemer te zien in plaats van als slachtoffer.

Hoe konden slechte wezens mij leren wat zij mij leerden? Dat sloeg nergens op. Ze drongen er altijd op aan dat ik bepaalde dingen leerde, en ze vroegen me keer op keer naar de Drie Belangrijke Dingen die je moet Weten. Als ik ergens spijt van heb wat betreft deze bezoekers in mijn leven, is het dat ik er niet in ben geslaagd alle kennis tot mij te nemen die ze met mij wilden delen.

De paradox van UFO-ontvoeringen

Dat is de paradox. De UFO-ontvoeringservaringen zijn heel moeilijk te ontrafelen, juist vanwege de aard ervan. Echt, waar hebben we het hier precies over? Kleine grijze vijandige mannetjes komen je huis binnen – door je muren zelfs – en trekken je uit je bed nadat ze je in een andere staat van bewustzijn hebben gebracht. Ze nemen je mee terug door dezelfde schijnbaar ondoordringbare muren naar een zilveren ruimteschip dat in jouw tuin staat geparkeerd waar al je buren het kunnen zien. Ze nemen je mee aan boord van het schip en misbruiken je in veel gevallen en brengen je terug naar je bed. Al deze buitengewone gebeurtenissen, en je blijft achter zonder herinnering eraan en zonder getuigen?

Juist. Waarom zou iemand aan dat verhaal twijfelen?

Eén van de redenen dat ik geen zin heb om te proberen jou te overtuigen van de echtheid van deze gebeurtenissen is simpelweg omdat ik dat niet kan. Wat voor bewijs heb ik je te bieden? Geen enkel. Denk je dat ik de absurditeit er niet van inzie? Ik heb geen problemen met iemand die hier niet in gelooft, totaal niet. Maar ik vind het wel kortzichtig van mensen om te oordelen over iets waar ze geen kennis uit de eerste hand van hebben. Om zo'n gebrek aan medeleven te tonen voor degenen wiens levens aan stukken zijn gescheurd door de volledige en totale hulpeloosheid die de schijnbaar onwillige deelnemers aan dit fenomeen hebben ervaren is ronduit ijskoud. Ik gebruik het woord "slachtoffer" niet om diegenen onder ons die zijn ontvoerd te beschrijven, of zoals je wilt, diegenen onder ons die geloven dat ze zijn ontvoerd. Ik kan hierin alleen voor mijzelf spreken, maar ik weiger me een slachtoffer te voelen.

Dat was niet altijd zo. In eerste instantie geloofde ik wel dat ik slachtoffer was geworden. Het kostte een hoop werk om ergens te komen waar ik echt op een heel diep niveau kon weten dat zij niet de overtreders waren en ik het slachtoffer. Dat was een enorme stap in het helingsproces, en het was een kritiek punt om een verschuiving in waarneming te laten plaatsvinden. Ik realiseer mij nu dat niemand een slachtoffer is, en het kan me niet schelen in welke situatie. Dat is het punt waar ik naartoe moest werken voordat ik zelfs maar enigszins normaal kon gaan functioneren. Je komt daar niet zomaar. De wereld leert ons dat er overtreders zijn en dat er slachtoffers zijn. Het is overal: in onze media, onze kerken, onze bedrijven, onze overheid, onze scholen, en onze families.

De angst voorbijgaan en de ervaring accepteren was het moeilijkste. Mijn geest bleef dit afwijzen, zelfs toen het bewijs toenam. En dat is te begrijpen. Wij beschikken over een ingebouwd mechanisme om met dingen om te gaan – een deel van ons dat volhoudt dat alles klopt en begrijpelijk is binnen de grenzen van wat wij weten dat waar is en die waarheid berust op onze voorgaande ervaringen in dit leven. We vertrouwen op onze vijf zintuigen omdat ze ons goed van dienst zijn geweest.

We weten met ons verstand dat vaste voorwerpen niet zijn wat ze lijken te zijn, en dat geldt ook voor onze lichamen. Wetenschappers zeggen ons dat we voor 99,9% uit lege ruimte bestaan – non-materie. Maar het idee accepteren dat we door "vaste" muren heen kunnen lopen gaat onze vermogens te boven omdat het geen onderdeel vormt van onze ervaring. We geloven het niet, we vertrouwen het niet, en dus is het niet mogelijk. Ons verstand verwerpt het. Dus zelfs als je iemand door een muur zou zien lopen, zal je verstand een manier vinden om het tot een leugen te maken. Een truc.

En zo gaat het ook met de UFO-ervaringen. Ze passen in niets dat we als normaal zien, dus verwerpen we het helemaal. Ons verstand is meer dan bereid om ons te helpen een manier te vinden om de gebeurtenis weg te rationaliseren door ons ervan te overtuigen dat we aan het dromen waren, aan het hallucineren of aan het fantaseren. Diegenen van ons die deze ervaringen hebben, begrijpen waarom het zo moeilijk is voor de gewone mensen om onze verhalen te geloven. Wij hebben de ervaring tenslotte meegemaakt, en wij hebben al moeite om het te geloven.

Een vriend vroeg mij een keer of ik ooit van tevoren wist wanneer deze mannen zouden verschijnen. Ik antwoordde dat ik dat meestal wel wist. Ik kon ze "ruiken".

"Echt, kun je ze echt ruiken?" vroeg hij.

"Nee", antwoordde ik, "ik ruik ze niet echt, maar ik heb een gevoel, een gevoel dat geen naam heeft, en dat is de beste manier waarop ik het kan uitleggen."

Hoe beschrijf je iets aan iemand dat zelfs voor jouzelf niet uit te leggen is? Er was altijd een deel van mij dat op ze was afgestemd – een deel van mij dat ze kende en dat met ze gelijkliep. In die tijd, toen ze zo aanwezig waren in mijn leven, was ik verbijsterd en verward over hoe ik ze kon "voelen" of zoals eerder gezegd kon "ruiken". Het was één van de dingen waar ik de meeste moeite mee had om te accepteren. Destijds begreep ik niet wat mijn connectie met hen was, maar ik wist wel dat ze mijn ontwikkeling meer hadden beïnvloed dan wie of wat dan ook.

Ik ben op mijn weg daar naartoe meerdere keren vastgelopen in die tijd terwijl ik worstelde om alles wat ik mij herinnerde, plus alles wat ik ervoer, te integreren in een leven dat ik dagelijks aankon. Het was zo moeilijk om te accepteren wat ik ontdekte over mijzelf en het schijnbaar "geheime leven" dat ik had geleefd zonder bewuste herinnering, dat het ervoor zorgde dat ik overal aan twijfelde.

Ik vertelde de herinneringen steeds weer opnieuw, en gedurende lange tijd zocht mijn verstand naar rationele verklaringen totdat het bewijs uiteindelijk zo overweldigend was dat ik de echtheid van de ervaring wel moest accepteren, maar zelfs toen bleef ik zoeken naar een logische verklaring. Uiteindelijk waren het de lessen van mijn ontvoerders die de inzichten vrijgaven die mij in staat stelden te begrijpen dat er niets met ons gebeurt zonder onze toestemming, tenminste op een zeker niveau.

Geloof me, ik heb heel hard geprobeerd om de gebeurtenissen die ik heb gezien in mijn hoofd te houden en daarbij de fysieke realiteit van de ontmoetingen te vermijden. Noem het een droom, nachtelijke verlamming of een overactieve fantasie – alles was beter dan te accepteren dat deze dingen in het echt gebeurden – maar ik kon het niet in mijn fantasie of dromen laten. Dit kon niet zo gemakkelijk worden weggeredeneerd vanwege al het fysieke tegenbewijs.

Ik zag te vaak het bewijs op mijn eigen lichaam in de vorm van blauwe plekken, prikplekken en andere fysieke littekens. Soms was het gras in mijn tuin geplet in een gedraaide cirkel. Ook omdat zoveel van mijn ontmoetingen plaatsvonden als ik met anderen was, werd gemiste tijd en ander bewijsmateriaal van mijn ervaring ondersteund door deze getuigen. Het objectieve onderzoeken en navragen over deze activiteiten in mijn leven dwongen mij vanuit een hoger perspectief naar mijn bestaan te kijken.

Simpelweg om te overleven, moest ik begrijpen waarom dit met mij gebeurde en hoe het kon gebeuren. Niet hoe in de zin van hoe ze door die muren liepen, maar nog dieper dan dat. Hoe kon dit gebeuren in een universum waarvan ik altijd had geloofd dat het door God werd geregeerd? Hoe was het mogelijk dat het werd toegestaan dat ik een "monster" of proefkonijn voor een ander ras was? Waar was God in dit alles? Uiteindelijk vond ik mijn antwoorden, maar ik heb me vele jaren lang het ultieme slachtoffer gevoeld.

Kort nadat de voorraad herinneringen werd geopend door hypnose begon ik mijn ontmoetingen te ervaren in wat ik als "echte tijd" beschouw. Dat wil zeggen, ik was me bewust van hun aanwezigheid, en ik wist niet alleen wanneer ze dichtbij waren, maar vooral wanneer ze mij kwamen halen, dus een groot deel van de dingen die ze met mij deden en mij leerden, bleven in mijn bewuste geest.

In die periode was de activiteit buitengewoon – en uitputtend. Ik leefde letterlijk in twee werelden. Om de ervaringen te overleven, werd ik uit nood gedwongen om tot een soort slotsom te komen over hoe en waarom dit gebeurde.

Op een dag kreeg ik een telefoontje van een vrouw met wie ik zaken had gedaan, maar die ik niet persoonlijk kende. Ze zei dat ze de verhalen had gehoord over de UFO-activiteit die rond mijn huis plaatsvond. Mijn antwoord was nauwelijks beleefd. Ik was niet bereid om met iemand buiten de paar zelfgekozen mensen hierover te praten, en ik vond het niet prettig dat mensen erover praatten. Ik had kinderen en een bedrijf waar ik rekening mee moest houden. Ik wist net genoeg over deze vrouw om te weten dat ze een aardig mens was en nooit een conflict met iemand zou aangaan, dus vroeg ik mij af waarom ze mij in godsnaam had gebeld om zoiets te zeggen.

Ik ontweek haar vragen en deed mijn best om op te hangen toen ik haar hoorde zeggen dat ze alleen maar wilde dat ik wist dat ze de verhalen geloofde en niet dacht dat ik een mafkees was. Dat gaf mij stof tot nadenken. Hier was een vrouw die bereid was om bekend te staan als iemand die geloofde dat wat er met mij gebeurde echt was, terwijl ik niet eens zeker wist of ik dat ook kon zeggen. Ik hoorde de oprechtheid in haar stem en besloot haar te laten praten.

Mijn reddingslijn

Ze nodigde me uit voor een bijeenkomst met een groep van ongeveer twaalf mensen die elke week bij elkaar kwamen om te mediteren en over het leven te praten. Ik sloeg de uitnodiging af. Dat was gewoon niet mijn ding, vooral met alles wat er gebeurde, maar ze drong aan. Haar kalme uitstraling en oprechtheid trokken me uiteindelijk over de streep, en ik gaf uiteindelijk toe en stemde erin toe mij te laten ophalen door haar en die avond mee te nemen naar hun bijeenkomst.

Ik kijk al deze jaren later terug en geef toe dat die vrouw een engel was. Het is zeer goed mogelijk dat zij mijn leven heeft gered. Die groep werd mijn reddingslijn en zorgde dat ik openstond voor een nieuwe manier om naar dingen te kijken. De worsteling om om te gaan met de bizarheid van deze ervaringen had ervoor gezorgd dat ik bang en onzeker was geworden over alles. De UFO-activiteit bij mijn huis werd steeds erger, en ik was bijna in paniek. Mijn huwelijk stond onder enorme druk, mijn kinderen ondervonden er schade van, mijn bedrijf werd geraakt en ik kon nergens heen om een antwoord te vinden.

Toen we die avond naar de bijeenkomst reden, wist ik zeker dat het hetzelfde zou zijn als ik altijd tegenkwam als mensen over mijn ervaringen hoorden. De vragen waren altijd ongeveer hetzelfde: "Hoe praten ze met je? Hoe voelen ze? Wat doen ze met je?"

Ik had het mis. In plaats daarvan leek niemand geïnteresseerd in de "bijzonderheden" van de ontvoering. Ze waren helemaal niet geïnteresseerd in de "ervaring"; het leek alsof ze achter de ontvoering keken om een hoger doel in het geheel te vinden. Het voelde als balsem voor mijn ziel. Toen de groep uit elkaar ging om iets te eten, bleef ik op de bank zitten.

Een heel aardige, rustige man bleef zitten waar hij zat, en toen we alleen waren in de kamer, boog hij zich naar mij toe en vroeg met een heel vriendelijke stem: "Nou, hoe gaat het met je? Hoe gaat het echt met je?"

Ik antwoordde dat ik vooral bang was – niet alleen voor mijzelf, maar voor mijn kinderen.

Hij bleef me aankijken terwijl hij volledig zeker van zichzelf zei: "Je weet dat er geen slachtoffers zijn."

Ik staarde een hele tijd naar hem voordat ik antwoordde dat ik het daar zeker niet mee eens was. "Kijk naar de feiten. Ik ben het niet eens met wat er gebeurt. Dat maakt mij tot een slachtoffer."

Met een stem die zo zacht was dat ik voorover moest buigen om hem te kunnen horen, legde hij mij uit dat we niet altijd het grotere geheel zien.

"Hoe wist ik dat ik, op enig moment voordat ik naar deze wereld was gekomen, op enig niveau geen toestemming had gegeven om onderdeel uit te maken van deze ervaring?"

Ik begreep wat hij zei en God weet dat ik hem wilde geloven, maar het was zo moeilijk voor te stellen. Ik dacht dagenlang, misschien wekenlang na over zijn woorden. Ik ben ze nooit vergeten en ze werden een reddingslijn voor mij – ik speelde ze steeds opnieuw af. Ik klampte mij er tijdens mijn ergste momenten aan vast. Het kostte mij jaren om de ware essentie van dat geloof in mijn wezen te integreren, maar met veel begeleiding, inspiratie en hulp uit onwaarschijnlijke plekken, is het gelukt.

Niet alles wat op je weg komt kan worden veranderd,
maar niets kan worden veranderd totdat het op je weg komt.
James Baldwin

Hoofdstuk 2:
Onbeantwoorde vragen

Terugkeer na 20 jaar – september 2010

Eén van mijn meer bewuste ontmoetingen met de Grijzen vond plaats in september 2010. Ik was met kerst van dat jaar 60 jaar geworden. Omdat ik wist dat het ongebruikelijk was dat ze betrokken bleven bij het leven van een vrouw na de menopauze omdat een groot deel van hun interesse rond het oogsten van eitjes schijnt te draaien, vroeg ik wat ze hier weer deden. Ze leken verbaasd over de vraag – bijna beledigd.

Ik had lang geleden geleerd dat er verschillende "niveaus" zijn van deze wezens die bekendstaan als Grijzen. In eerste instantie tijdens een typische ontvoeringservaring komen we in contact met de twee onderste lagen. Er zijn wat ik als de "werk" Grijzen beschouw en er is de "leider", degene die via telepathische weg met je communiceert. Zijn stem is heel bekend voor mij. Daar waar de werkers zelden enige emotie tonen, bijna nooit praten en vrij koud zijn, kan de leider vriendelijkheid, bezorgdheid en zelfs liefde tonen. Hij laat emotie zien, niet alleen via zijn ogen, maar ook via zijn energie. Deze leider voelde als mijn vader, en hij is degene die ik Da noem. Ik heb hem meermaals gesmeekt om bij hem te blijven en niet terug te worden gebracht naar de wereld waar niets mij logisch leek. De ervaring van liefde in de oude driedimensionale wereld lijkt namelijk verbleekt en dun vergeleken bij wat ik bij hem ervaar.

Gedurende de afgelopen twintig jaar heb ik hard gewerkt om deze bezoekers uit een andere wereld te accepteren. Een van de moeilijkste dingen om te verklaren is hoe ik zoveel liefde kon voelen van Da als ik bij hem was en vaker wel dan niet smeekte om bij hem te blijven – en toch doodsbang van hen was wanneer ze weer in mijn leven verschenen. Het is moeilijk aan jullie uit te leggen aangezien ik het zelf ook niet goed begrijp, maar het kan te maken hebben met de diepgewortelde reactie die ons fysieke lichaam voelt als het wordt geconfronteerd met iets abnormaals.

Er vindt een verandering in waarneming plaats als je je in de hogere trilling van deze wezens bevindt. Er is een gevoel van rechtvaardigheid, van orde, en een meer puur begrip van onze plaats in de kosmos. Ik weet hoe tegenstrijdig dat klinkt, gezien het feit dat ik als een proefkonijn werd behandeld gedurende delen van deze ervaringen, en ik begrijp dat het mogelijk is dat ik ben "gehersenspoeld" of zelfs door hen geprogrammeerd om dit te geloven. God weet dat ze in staat waren om mijn gedrag op zoveel manieren te manipuleren.

Als je mijn verhaal leest, zal je zien hoe vaardig ze zijn in het onder controle houden van mij en het planten van bepaalde ideeën of overtuigingen in mijn geest. Maar weet je, ik heb ervoor gekozen te geloven dat deze wezens niet kwaadaardig zijn. Ik heb het bewijs bekeken, en ik heb mijn conclusies getrokken. Ik sta ervoor open om te horen wat anderen zeggen, maar ik voel me goed bij mijn analyse van hen voor zover ze met de gebeurtenissen in mijn leven te maken hebben. Misschien, heel misschien, kijken ze niet naar het lichaam zoals wij dat doen. Wat ik van hun lessen heb opgestoken, is dat onze lichamen slechts lege vaten zijn. Ons ware wezen is zoveel meer dan dat, en onze lichamen zijn niet van bijzondere waarde, maar meer een soort voertuig voor ons in deze dimensie. Als dat zo is, zou het hun vaak ongevoelige behandeling van mij en anderen die deelnamen aan hun programma grotendeels verklaren.

Om ze werkelijk te kunnen begrijpen, moet ik volledig zonder angst zijn, wat een lastige opdracht is. Mijn angst is -grotendeels- onder controle, hoewel deze niet volledig is getemperd. Voor mij is hun gedrag nog steeds grillig en niet altijd gemakkelijk te begrijpen, maar ik ben tot een soort wapenstilstand gekomen, alsook de acceptatie van hun bemoeienis met mijn leven. Dus toen ze na een afwezigheid van ongeveer 20 jaar terugkwamen, was ik relatief kalm, maar verrast.

Lokale UFO-golf – januari 1987

Om de bedoeling van hun laatste bezoek volledig te begrijpen, moeten we teruggaan en de gebeurtenissen van eerdere ontmoetingen opnieuw vertellen. Het was januari 1987 toen er in mijn gemeenschap een UFO-golf plaatsvond, en iedereen sprak erover. Een UFO-golf wordt gedefinieerd als een buitensporig aantal mensen die onbekende vliegende voorwerpen in de lucht hebben gezien. Dit kan vage verhalen over verdachte lichten omvatten, of echte waarnemingen van wat massieve voertuigen van onbekende oorsprong lijken.

Er werden tientallen van dit soort meldingen in mijn regio gedaan gedurende een periode van vier maanden, en dus kwamen er onderzoekers naar onze stad om mensen te interviewen en te zien wat er aan de hand was. Ik was mij nauwelijks bewust van de ophef rondom deze gebeurtenissen. Mijn leven concentreerde zich op mijn twee dochters en mijn werk. Alle herinneringen aan mijn ontmoetingen met buitenaardsen lagen nog diep in mijn onderbewustzijn begraven, hoewel ik precies rond deze tijd nogal gefocust raakte op een gebeurtenis van jaren geleden. Ik was begonnen deze steeds opnieuw af te spelen, terwijl ik probeerde de herinnering volledig te maken en de lege stukken in te vullen. Elke avond, voordat ik ging slapen, liep ik de gebeurtenissen van die dag in 1968 langs toen ik zeventien jaar oud was. Ik dacht dat als ik in slaap kon vallen terwijl ik eraan dacht, mijn onderbewustzijn de details weer naar de oppervlakte zou brengen.

Ontvoering langs de weg (gedeeltelijke herinneringen)

Ik reed met mijn VW Kever naar het huis van mijn vriendin ongeveer 16 kilometer van mijn huis. Ik had met haar en haar zus afgesproken om in de middag te gaan winkelen, en er was een deadline – ik moest er om 10 uur 's morgens zijn, anders zouden ze zonder mij weggaan! De winters in Wisconsin zijn heel streng, maar deze lentedag was een geschenk, lekker zonnig en warm met vogels die zongen en de bomen en velden die weer tot leven kwamen. Ik voelde me blij en zorgeloos zoals je doet als je jong bent; ik reed met mijn raam open en de radio hard. Ik reed niet hard. Dat was niet nodig. Ik zou keurig op tijd aankomen.

Toen ik bij een kleine heuvel kwam, gebeurden er twee dingen tegelijkertijd. Ik zag een paar mannen die aan de weg werkten en stokken of staven of zoiets droegen. Ze bewogen deze over de grond met een vegende beweging, en op datzelfde moment sloeg mijn auto af. Terwijl mijn auto rollend tot stilstand kwam, zag ik dat een van de mannen op de weg was gaan staan en zijn hand opstak. Zijn ogen waren erg doordringend, en het voelde alsof hij recht in mijn ziel keek toen hij me aankeek. Ik wist dit, en toch kon ik zijn gezicht niet goed zien. Ik kon hem niet goed zien, maar ik herinnerde mij die donkere ogen die mij door de voorruit aankeken.

Hierna had ik geen herinnering – tot ik bij Vicky's huis aankwam en twee uur te laat naar binnen liep.

Deze gebeurtenis had twintig jaar geleden plaatsgevonden, maar nu leek deze vanuit het niets naar boven te komen, en hij viel me zwaar. Ik moest me zijn gezicht herinneren! En waarom had ik niet eerder meer mijn best gedaan om mij te herinneren wat er was gebeurd in die twee uur gemiste tijd? Waarom had ik dit gewoon laten gaan? Opeens was het heel belangrijk dat ik het mij zou herinneren. Ik was begonnen hypnose te overwegen als manier om eindelijk door welke muur dan ook te breken die mij tegenhield om bij de herinneringen aan deze gebeurtenis te komen.

Ik had altijd gedacht dat ik door deze mannen in gelijke overalls uit de auto was getrokken en seksueel was misbruikt. Er was iets met mij gebeurd – iets dat zo vreselijk was dat mijn verstand de herinnering had afgesloten. Het viel mij op dat elke keer dat ik reed of met iemand meereed en we mensen tegenkwamen die aan de weg werkten, ik in paniek raakte. Soms brak het koude angstzweet mij uit en begon mijn lichaam te trillen. Ik had moeite met ademhalen. De angst was zó intens. Maar als ik was aangevallen, waarom had ik dan geen fysieke littekens? Ik kon mij geen enkel letsel aan mijn lichaam herinneren van die dag, en waarschijnlijk net zo belangrijk was het feit dat ik maagd was toen ik trouwde. Wat was er precies gebeurd met mij bij die stille landweg?

Ik wist niet waarom deze specifieke herinnering mij was begonnen te tarten, maar hij was elke avond als ik ging slapen aanwezig. Nu ik terugkijk, ben ik mij bewust van het belang van de timing, maar destijds leek het een willekeurige gedachte die schijnbaar vastzat in mijn hoofd.

Dus in januari 1987 toen de lokale UFO-golf wereldwijd in het nieuws was, was ik mij er slechts vaag van bewust en had er vrijwel geen interesse in. Ik had absoluut geen enkele reden om een verband te leggen tussen mijn recente obsessie met de verloren tijd die ik in de jaren '60 had ervaren en een UFO-ontmoeting. Toen mijn jarenlange vriendin Vicky belde en vroeg of ik bij de informele bijeenkomst wilde zijn die de onderzoekers hielden, weigerde ik. Het was niet iets dat mijn interesse opwekte. Toen kwam ze met het incident met de verloren tijd dat ik had ervaren toen ik op weg was naar haar huis om te gaan winkelen. Hetzelfde incident waar ik net een obsessie voor had ontwikkeld.

Vicky's idee over het incident langs de weg

Ik luisterde goed toen ze mij haar idee over die dag vertelde. Ze herinnerde zich dat ik twee uur te laat haar huis in was komen rennen, terwijl ik zei dat ik kleine mannetjes – buitenaardse wezens – had gezien in een ruimteschip. Ze bleef volhouden dat ik had geprobeerd haar te overtuigen met mij mee terug te gaan om ze te zien.

"Wist ik dat niet meer?"

Waar had ze het in godsnaam over? Ik zou het mij toch wel herinneren als ik zulke dingen had gezegd.

Ze zei dat mijn "ontbrekende tijd" misschien te maken kon hebben met een soort UFO-ontmoeting. Toen herinnerde ze mij aan nog een paar vreemde gebeurtenissen waar zij getuige van was geweest in onze tienerjaren toen we onafscheidelijk waren.

Toen ik naar haar luisterde, was ik in shock. Ze had gelijk! Er waren een paar nogal vreemde gebeurtenissen die ik gewoon had laten gaan of onder het kleed had geveegd.

Hoe kon ik dat hebben gedaan? Zulke belangrijke, bizarre dingen! Wat was er mis met mij dat ik zoiets zou doen? Het was niet normaal.

Mijn moeders herinneringen aan die tijd

Ik vertelde het gesprek met Vicky aan mijn moeder, en zij maakte het nog erger door me eraan te herinneren dat zij zich die specifieke tijd in mijn leven herinnerde. Ze herinnerde zich dat ik had gezegd dat ik een vliegende schotel had gezien, en ook dat ik had gezegd dat ik een ontmoeting had gehad met mensen uit de ruimte.

Ze zei dat ik altijd geobsedeerd was geweest met het tekenen van het gezicht van wat wij nu allemaal zien als een Grijze. Dat was waar. Als je terugkijkt in de werkboeken die ik heb bewaard van school, zie je getekende gezichten van wat ik nu herken als buitenaardse wezens in de kantlijn.

Toenemend ongemak

Dit werd steeds ongemakkelijker. Ik besloot dat ik verder moest onderzoeken wat er in mijn eigen achtertuin gebeurde. Ik las een paar krantenartikelen over de UFO-meldingen en sprak met een aantal lokale mensen. Ik ontdekte dat er getuigenverklaringen waren van "gemiste tijd". Dat wil zeggen, mensen die een UFO hadden gezien, verklaarden dat ze een stuk tijd niet konden verklaren; ze misten een uur of zo zonder herinnering aan wat er was gebeurd.

De briefing van CUFOS

Er werd gezegd dat de onderzoekers hypnose gebruikten om deze mensen te helpen hun verloren gegane herinneringen terug te halen. Dit had om voor de hand liggende redenen mijn interesse – had ik niet onlangs besloten om onder hypnose te gaan in een poging om mijn eigen verloren herinneringen aan het incident langs de weg aan het licht te brengen?

Ik besloot de informatiebijeenkomst met Vicky bij te wonen, alleen maar om mijn nieuwsgierigheid te bevredigen en te zien wat ik ervan kon opsteken. Ik dacht dat deze mensen misschien een goede hypnotiseur konden aanbevelen, want ik wilde niet gewoon een willekeurig iemand kiezen uit de Gouden Gids. Dus veranderde ik volledig van mening en zei tegen Vicky dat ik met haar mee zou gaan naar de bijeenkomst. Het was mijn doel om de naam van een respectabele hypnotiseur te krijgen. Het idee dat ik misschien enig contact met een UFO had gehad, was nog steeds niet geloofwaardig voor mij.

Het gymnasium was vrij drukbezet met lokale mensen die waren gekomen om te horen over de vreemde lichten die ze in de lucht hadden gezien. Ik was onverschillig en had een beetje weerstand tegen alles. Ik vond het idee dat wezens van een andere planeet onze aarde bezochten niet bepaald leuk. Het was een eng idee, en ik was bereid om heel veel gaten in ieders argumenten te vinden dat het mogelijk was. Zeggen dat ik sceptisch was, zou een understatement zijn.

De onderzoekers kwamen van CUFOS – het Centrum voor UFO Studie uit Chicago van J. Allan Hynek. Ze waren er goed in alles in balans te houden en probeerden ons niet te overtuigen dat wat de lokale mensen in de lucht zagen daadwerkelijk buitenaardse ruimteschepen waren.

Nou, dat was een opluchting.

Ze zeiden verder dat verschillende mensen hen hadden benaderd om waarnemingen te rapporteren, en dat velen van de getuigen geloofwaardig waren en dat sommige waarnemingen door andere getuigen werden bevestigd.

Oké, daar kon ik mee leven.

Er was daarboven iets dat rondzoemde, maar in hemelsnaam, dat betekende niet dat het een ruimteschip van een andere planeet was! Langzaamaan brachten ze het gesprek op verloren tijd en de mogelijke implicaties ervan.

Nu begonnen ze zich op glad ijs te begeven. Ze suggereerden zelfs dat sommigen van ons die daar in het publiek zaten opgepikt konden zijn door wezens uit de ruimte en aan boord van een schip meegenomen – tegen onze wil!!

Echt niet. Ze waren te ver gegaan. Ik was klaar om te vertrekken.

Ik was bezig om te gaan toen ze een aantal foto's lieten zien van het soort schepen dat in de lucht was gezien rondom onze gemeenschap. Mijn hart stond stil – toen begon het heftig te kloppen. Ik voelde me licht in mijn hoofd. Ik wilde de kamer uitrennen.

Flashback van waarneming van witte bol

Hoe kon ik het zijn vergeten?

Mijn hersens werden overstroomd met herinneringen. Ze vlogen naar me toe als een versneld doorgespoelde film. Ze hadden een foto laten zien van een grote witte bol met oranje lichten, en het was precies wat ik een paar nachten daarvoor in de lucht had gezien.

Wat was er mis met mij?

Hoe kan iemand zo'n groot buitenaards schip in de lucht zien en zich dat niet herinneren? Ik had het niet alleen gezien, maar andere herinneringen stroomden binnen.

Denk – rustig aan – zet ze in volgorde. Hoe ging het? Ik moest moeite doen om het naar de oppervlakte te brengen.

O ja, ik was vertrokken om een pand te laten zien dat ik te koop had staan in het buitengebied. Het bevond zich op ongeveer 20 minuten afstand ten noorden van de stad. Mijn afspraak was om 5 uur 's middags, maar de koper kwam niet opdagen.

Nadat ik dertig minuten had gewacht, gaf ik het uiteindelijk op en begon aan de terugreis naar de stad. Ik reed naar het zuiden omlaag over de lange heuvel die me in de vallei bracht waar ons dorp was, toen ik plotseling voor en rechts van mij een soort heel groot rond schip zag.

Ik probeerde het te begrijpen. Het leek twee keer zo groot als de volle maan, en het was helemaal wit met roodoranje lichtjes die knipperden. Ik keek naar de zon en zag dat deze nog steeds vrij hoog boven de horizon stond, dus ik kon deze bol daar niet voor aanzien. Bovendien leek dit ding absoluut erg mechanisch. Het hing daar gewoon in de lucht, en terwijl ik ernaar keek, kon ik zien dat het heel, heel langzaam richting het oosten bewoog.

Het was bizar, en ik had moeite om mijn ogen ervan af te houden terwijl ik de laatste kilometers naar de stad reed. Ik wilde niet afslaan richting mijn huis en het uit het zicht verliezen, dus bleef ik er naartoe rijden. Al snel was ik aan de zuidelijke rand van het dorp, en het schip hing groot in de lucht. Ik was bang om dichterbij te komen, dus stopte ik bij het benzinestation, omdat ik dacht dat ik ernaar kon kijken en er met de andere mensen daar over kon praten.

Ik herinner mij dat ik dacht: het is veilig om met meerdere mensen te zijn!

Dit deel was vreemd. Er stonden verschillende auto's geparkeerd bij de pompen, maar niemand keek naar dat grote vreemde ding dat in de lucht hing. Het was niet te bevatten voor mij dat niemand anders het kon zien. Het was gewoon te overduidelijk!

Ik keek rond of iemand het zag, maar niemand deed dat, dus toen zocht ik naar iemand die ik kende zodat ik met hem of haar kon praten en het aan kon wijzen, maar er was geen enkel bekend gezicht. Ik vulde mijn tank langzaam met benzine – terwijl ik al die tijd naar de bol in de lucht keek.

Toen liep ik de winkel binnen om te betalen. Ik kwam vaak bij dit benzinestation en kende bijna alle bedienden, misschien niet bij naam, maar in ieder geval van gezicht. Vanaf het moment dat ik die winkel inliep, wist ik dat er iets niet klopte. Het was er superdruk en de mensen daar waren vreemd klein en bewogen zich met snelle, schokkerige bewegingen. Ik kende geen mens. Ik betaalde snel en ging weg.

Verloren tijd

Toen ik naar buiten liep, was het eerste dat mij opviel dat het vreemd donker was geworden gedurende de korte tijd dat ik in de winkel was geweest. Ik draaide mij om om de grote witte bol te zoeken, maar hij was weg. Opgelucht vertrok ik voor de korte vijf minuten durende rit naar huis.

Ik reed mijn oprijlaan op en zag dat mijn man en mijn jongste dochter buiten in de voortuin stonden. Ze leken nerveus en opgewonden. Mijn dochter rende naar de auto en legde uit dat ze zojuist een "vliegende schotel" over het huis hadden zien vliegen. Mijn man bevestigde dit nieuws.

Vreemd genoeg was ik mijn hele waarneming vergeten en zei er niets over. Verder was ik niet zo geïnteresseerd in wat ze me vertelden. Ik ging het huis binnen en merkte onmiddellijk op dat het bijna half acht 's avonds was. Dat trok mijn aandacht.

Het sloeg nergens op. Ik herhaalde steeds opnieuw de gebeurtenissen van die avond. Om 5 uur was ik bij het pand. Ik was om half 6 weggegaan en had de rit van 20 minuten terug naar het dorp gemaakt. Zelfs als de rit terug naar de stad 30 minuten duurde, zou ik om 6 uur bij het benzinestation zijn geweest. Het kon niet later dan 20 over 6 zijn. Het was half acht. Ik miste meer dan een uur uit mijn leven.

Ik werd hier behoorlijk bezorgd en ongerust over, maar vreemd genoeg was ik die zorg ook weer snel kwijt. Dat wil zeggen, tot nu.

Ik zoek alleen de naam van een goede hypnotiseur

Ik zat daar verbijsterd en bang. Ik draaide mij om naar Vicky en vertelde haar over de waarneming die ik een paar nachten geleden had gehad, maar op de een of andere manier was vergeten. Ik was serieus bang. Ik kon niet verklaren dat ik zo'n ervaring had gehad en deze totaal was vergeten. Vicky spoorde mij aan om met een van de mensen van CUFOS te gaan praten en ze te vertellen over deze waarneming en het verhaal van mijn ervaring met verloren tijd van toen ik een tiener was.

De sprekers hadden net gevraagd of iemand die iets vreemds in de lucht had gezien alstublieft naar voren wilde komen. Ik besloot Vicky's advies op te volgen en met hen te gaan praten over mijn waarneming, maar ik wist niet of ik mijn verhaal van langs de weg uit de jaren '60 moest delen, aangezien ik niet zag dat het iets te maken had met UFO's.

Ik wilde uit deze bijeenkomst alleen de naam van een goede hypnotiseur halen. Dat is alles. Ik wist genoeg om te weten dat hypnose niet iets was om zomaar in te gaan, vooral als je niet weet welke herinnering je gaat ontsluiten. Dus ik ging op pad om een van de sprekers te vinden.

De ontmoeting met Don

Ik voelde mij nogal stom toen ik naar Don Schmitt ging en mijzelf voorstelde. Ik wist dat hij daar was om nogal serieuze zaken te onderzoeken, en ik had hem niet veel meer te bieden dan de waarneming van de witte bol die ik pas had gehad. Hij luisterde naar mijn verhaal en stelde een paar vragen. Toen vroeg hij of ik die informatie aan een andere man daar wilde doorgeven.

Ik had hem niet verteld wat er was gebeurd bij het benzinestation of dat mijn man en dochter een zilveren schip hadden gezien boven ons huis rond dezelfde tijd dat ik de witte bol had gezien. Ik heb hem niet over de missende tijd verteld – het kwam gewoon niet in mij op. Het kon mij ook niet zoveel schelen. Ik dacht maar aan één ding, en dat was de naam van een goede hypnotiseur krijgen.

Uiteindelijk kreeg ik de moed het hem te vragen. Hij vroeg waarom ik een hypnotiseur wilde, en ik gaf hem een sterk ingekorte versie van wat er was gebeurd toen ik op weg was naar Vicky's huis eind jaren '60. Hij luisterde heel geduldig naar mijn verhaal, maar ik voelde mij een idioot en had spijt van mijn beslissing om hem lastig te vallen. Hij leek meer geïnteresseerd in dit verhaal dan in het verhaal van de witte bol. Dat snapte ik niet. Hij vroeg door en stelde scherpe vragen over de ervaring langs de weg.

Ik begreep niet waarom. Ik legde hem uit dat er toen niets was gebeurd dat met UFO's te maken had, en hij leek dat te accepteren. Hij zei dat hij verder met mij wilde praten over het gebruik van hypnose om die herinneringen te ontsluiten.

We wisselden contactinformatie uit en spraken af om de komende week of zo verder te praten. Ik liep weg terwijl ik er zeker van was dat meneer Schmitt geen contact meer zou opnemen.

Tot mijn verrassing belde hij me binnen twee weken, precies zoals hij had gezegd. Het gesprek ging over de gebeurtenissen van die dag zo lang geleden toen mijn auto was afgeslagen op weg naar Vicky's huis. Het was geen moment in mij opgekomen dat ontvoering door buitenaardse wezens mogelijk was voor mij of wie dan ook. Het ging gewoon mijn brein niet in als iets dat daadwerkelijk kon gebeuren.

Ik vond het vreemd dat een man die rationeel en goed opgeleid leek zulke onzin kon ondersteunen, maar uiteindelijk kon het mij niet schelen. Ik wilde gewoon een hypnosesessie regelen die gestructureerd en veilig was om mijn verloren tijd helemaal te doorgronden.

Don bood aan mij te helpen om de puzzelstukjes van die ervaring bij elkaar te zoeken, maar ik was verward door zijn aanbod. Dit was geen UFO-ervaring. Dit waren werklui die op de een of andere manier mijn auto tot stilstand hadden gebracht en iets zo afschuwelijks met mij hadden gedaan, dat ik de gebeurtenis diep in mijn geest had weggestopt. Ik moest weten wat er was gebeurd! Ik moest onder hypnose gaan! Maar Don was helemaal niet overtuigd dat hypnose een goed idee was.

Hij was er zelfs nogal tegen. Ik antwoordde dat ik zelf een hypnotiseur zou vinden en de verloren herinnering zou achterhalen, aangezien ik er zeker van was dat buitenaardse wezens er sowieso niets mee te maken hadden. Hij zei dat hypnose geen goed onderzoeksmiddel was omdat het terughalen van onderdrukte herinneringen een serieuze zaak was en niet te licht moest worden opgenomen. Hij legde uit dat mensen onder hypnose extreem ontvankelijk zijn voor suggesties en dat alleen hooggekwalificeerde mensen zouden moeten proberen om herinneringen terug te halen, vooral mogelijk traumatische.

Dat leek te kloppen, maar het riep een aantal vragen bij mij op. Als ik toch onder hypnose zou gaan, en het uitgangspunt zou zijn dat ik was ontvoerd door buitenaardse wezens, zouden ze mij dan niet in die richting kunnen "sturen"?

Hij verzekerde mij dat ze niet op zoek zouden gaan naar een ontvoeringservaring door buitenaardse wezens. Dat zou het onderzoek bederven. Toen vroeg meneer Schmitt of ik ooit iets had gelezen over UFO's of het fenomeen ontvoeringen.

Ik antwoordde van niet; mijn vader was degene in de familie die in dat soort dingen geïnteresseerd was. Ik had hem ooit met kerst een boek over UFO's gegeven, maar ik had niet de moeite genomen het zelf te lezen.

We beëindigden ons gesprek, maar niet voordat hij me had overtuigd niet zelf op zoek te gaan naar hypnose. Nou, ik weigerde me ergens op vast te leggen; het was gewoon allemaal zo raar.

Uiteindelijk besloten we dat hypnose zou worden gebruikt om de verloren tijd die ik had ervaren als tiener te onderzoeken en dat CUFOS erbij betrokken zou zijn. De feiten van de zaak zoals ik ze had verteld overtuigden Don ervan dieper in deze periode rond te spitten. Het feit dat het incident midden op de dag plaatsvond, dat er getuigen waren voor de twee uur gemiste tijd, samen met mijn bewuste herinnering aan het zien van vier mannen die langs de kant van de weg stonden, en het feit dat mijn auto net was afgeslagen en rollend tot stilstand kwam zonder aanwijsbare reden droegen allemaal bij aan dit besluit.

Wat mij betreft: ik was ervan overtuigd geraakt dat hypnose niet iets was wat ik in mijn eentje wilde najagen. Erover praten met Don had het realistischer gemaakt, en ik voelde me een beetje kwetsbaar. Ik wist dat ik nooit een hypnotiseur zou vinden die ook maar enigszins net zo professioneel zou zijn als degenen waar zij toegang toe hadden, dus ik stemde toe in de betrokkenheid van CUFOS.

Als we allemaal uitgingen van de veronderstelling dat wat als waar wordt aangenomen ook daadwerkelijk waar is, zou er weinig hoop op vooruitgang zijn.
Orville Wright

Hoofdstuk 3:
Het verlies van mijn onschuld

Eerste hypnosesessie - 1988

Mijn man ging met mij mee naar Chicago voor de regressie, en alles voelde nogal onwerkelijk. Ik bleef maar denken aan alle andere dingen die we hadden kunnen doen op deze warme lentedag.

Wat een raar, stom iets om te doen – wat was er mis met mij! Dacht ik.

We kwamen aan bij het kantoor van CUFOS waar we Don ontmoetten. Ik schaamde mij diep voor dit hele gedoe, en ik kon niet stoppen met mijzelf overvloedig verontschuldigen bij hem, terwijl ik hem steeds opnieuw waarschuwde dat dit een gigantische tijdsverspilling voor iedereen zou worden. Ik legde hem uit dat alles wat ze diep in de krochten van mijn geest zouden vinden een verhaal was over hoe een paar wegwerkers mijn auto hadden omsingeld en mij op de een of andere manier vertraging hadden laten oplopen bij het bereiken van mijn eindbestemming. Ik was er nu zeker van dat er zelfs niets van enig belang met mij gebeurd was op die dag. Verrassend genoeg was Don het met mij eens en zei dat dat hoogstwaarschijnlijk het geval was en hoe opgelucht ik zou zijn als ik deze herinnering kon afsluiten.

We wachtten op een andere man die erbij zou komen en toen hij aankwam, gingen hij en Don de volgende kamer binnen en praatten een tijdje met elkaar achter gesloten deuren. Ik liep de kamer op en neer en probeerde een manier te bedenken om uit deze puinhoop te ontsnappen. Ik dacht er zelfs aan om de benen te nemen, maar dat zou het nog erger hebben gemaakt. Ik was erg op mijzelf en al deze aandacht voor zo'n kleine onbetekenende gebeurtenis in mijn leven – een gebeurtenis die twintig jaar geleden had plaatsgevonden – voelde nu vreselijk stom.

Na een tijdje kwamen Don en de andere man, die een jonge psycholoog bleek te zijn die onderzoek deed naar ontvoeringen door buitenaardsen, naar buiten, en we gingen naar het centrum van Chicago naar het kantoor van Stanley V. Mitchell. Verrassend genoeg was meneer Mitchell een UFO-scepticus. Hij was de voormalige voorzitter van de Association for Advanced Ethical Hypnotists (Vereniging voor Gevorderde Ethische Hypnotiseurs) en zijn referenties waren uitstekend. Meneer Mitchell had meegewerkt aan het ontwikkelen van een techniek die bekend stond als "slagveld-hypnose" die tijdens de oorlog in Korea was gebruikt om oorlogsverwondingen te behandelen zonder verdoving, en hij was een pionier in het gebruik van hypnose tijdens openhartoperaties. Deze man was geen "schimmige" amateur; hij was een serieuze, gerespecteerde professional!

O nee! Wat een puinhoop! Hoe kon ik al deze mensen hebben betrokken bij mijn obsessie over deze onbeduidende kleine gebeurtenis in mijn leven? Ik had zeer veel spijt van wat ik had ondernomen om alleen maar eindelijk de antwoorden te vinden over mijn verloren tijd.

Meneer Mitchell was heel aardig. Hij was een beetje zoals een grootvader en ik vertrouwde hem meteen. Hij kon zien hoe zenuwachtig ik was, en ik kon niet stoppen met mijzelf ook bij hem te verontschuldigen. Ik vond het erg dat hij hier in het weekend in zijn kantoor vastzat en tijd stak in iets wat op een fiasco zou uitlopen.

Meneer Mitchell legde mij uit hoe hypnose werkt. Het was niet, zoals sommigen denken, een diepe slaap of bewusteloosheid waarin je gemakkelijk wordt beïnvloed om iets te doen of geloven dat voor jou niet acceptabel of waar is. Het was juist het tegenovergestelde. Het was een staat van verhoogd bewustzijn waar tijd niet bestond. In andere woorden, ik zou in staat zijn om terug te gaan naar die dag toen mijn auto ermee ophield en de hele gebeurtenis "opnieuw beleven" alsof deze nu plaatsvond. Een deel van mij zou zich ervan bewust zijn dat ik in zijn kantoor in het centrum van Chicago zat, terwijl een groter deel van mijn bewustzijn weer daar zou zijn en de gebeurtenis opnieuw zou beleven. Hij zou er zijn om mij eraan te herinneren dat ik veilig was.

Toen ik me er klaar voor voelde, ging hij me "onder hypnose brengen". Het duurde behoorlijk lang en later vertelde Don mij dat ze het bijna hadden opgegeven. Toch was ik verbijsterd toen hij me zei dat hij klaar was om me mee terug te nemen naar die dag. Ik legde uit dat ik nog niet onder hypnose was. Hij zei dat ik wel degelijk onder hypnose was, en om dat te bewijzen, stak hij een nogal grote naald in de palm van mijn hand nadat hij me had verteld dat het geen pijn zou doen. Ik keek naar de naald die half in mijn hand stak en was overtuigd, want het klopte, ik had geen pijn. Ik vond het echter fascinerend dat ik me niet anders voelde dan toen ik daar tien minuten eerder met hem had zitten kletsen. Daardoor verwachtte ik niet veel van het proces.

Terugkeer naar de ontvoeringservaring langs de weg

Hij vroeg me om terug te gaan naar de dag dat ik op weg was naar Vicky's huis om met haar en haar zus te gaan winkelen. Het kostte wat moeite, maar uiteindelijk was ik daar weer. Het was verbazingwekkend! Ik zat in die kleine blauwe Volkswagen Kever en reed door het landschap van Wisconsin.

Ahhh, ik kon de warme lentewind door het open raam voelen, en ik kon het liedje op de radio horen. Het was een liedje van de Beach Boys – één van mijn favoriete bands. Ik voelde me blij, zorgeloos, en alsof alles mogelijk was! Ik zong mee met de radio, terwijl ik ongeveer 90 km per uur reed op een recht stuk weg. Ik was nog ongeveer vijf minuten verwijderd van Vicky's huis, en ik zou precies op tijd aankomen. Ze zouden klaar zijn met hun klusjes en klaar om te vertrekken als ik aankwam. We gingen winkelen voor schoolkleding en ik had zelfs wat geld te besteden. Het leven was mooi.

Terwijl ik doorracete, hield de motor van de auto er plotseling mee op – hij stopte gewoon zonder reden. De auto rolde tot stilstand toen ik mij bewust werd van een paar werklui die langs de kant van de weg stonden. Ze hadden een soort staf of stok in hun hand.

Wat waren ze aan het doen, terwijl ze die dingen over de grond zwaaiden?

Ik vond het maar raar werk. Het leek alsof ze metaaldetectoren gebruikten en in de grond naar iets zochten. Het viel me op dat ze allemaal hetzelfde gekleed waren in blauwgrijze overalls.

Ik had een snelle gedachte: gelukkig hield mijn auto ermee op, zodat ik afremde, anders had ik ze misschien niet op tijd gezien.

Eén van de werklui was op de weg gaan staan. De idioot stond midden op mijn pad. Ik probeer erachter te komen wie die lui zijn.

Werklui? Nee. Misschien zijn ze van de boogschietclub verderop? Misschien zijn ze een pijl kwijt en zoeken ze die in de greppel.

Maar terwijl ik die gedachte heb, realiseer ik mij al dat dat nergens op slaat. Boogschieters trekken niet allemaal dezelfde overall aan, en we bevinden ons op zo'n 400 meter of meer van het clubhuis.

De ene man loopt naar mij toe, en zijn ogen zijn hypnotiserend. Nu stokt mijn geheugen. Het lijkt alsof ik niet verder kan gaan. Meneer Mitchell liet me steeds weer de gebeurtenissen beleven die naar dit moment leidden, en steeds opnieuw liep ik vast en kon ik niet verder. Na een heleboel pogingen brak ik uiteindelijk door de blokkade heen.

Onder hypnose tilde ik mijn rechtervoet op alsof ik de ervaring van het loslaten van de versnelling opnieuw beleefde, en mijn linkervoet maakte de beweging van het indrukken van de koppeling. Op hetzelfde moment bewoog mijn rechterhand en deed de ervaring van het uitzetten van de radio na. Ik wilde de koppeling loslaten om de auto weer aan de gang te krijgen. Het had geen effect, dus ik zette de motor uit en probeerde deze opnieuw te starten. Hij was dood, hij deed helemaal niets meer.

Tegen die tijd was de auto tot stilstand gekomen voor de man die op de weg stond. Ik kon hem niet scherp krijgen. Het was alsof hij er wel was, maar ik kon geen goed beeld van hem krijgen.

Toen zei hij: "Hallo Sherry. We waren op je aan het wachten."

Mijn hoofd maakte overuren terwijl ik probeerde te begrijpen wat ik zojuist had gehoord.

Wie was die persoon die mijn naam kende en genoeg over mij en mijn leven wist om te weten dat ik precies op deze tijd over deze weg zou rijden?

Ik keek naar buiten door het raam en schrok me dood toen ik zag dat hij niet menselijk was. Ik observeerde mijn geest terwijl deze probeerde te veranderen wat ik zag, probeerde het beeld te "corrigeren" dat mijn ogen mij lieten zien.

De andere mannen die in de greppel aan het werk waren geweest met hun staven liepen naar de auto toe. Toen leunde de man die had gesproken met beide handen op de voorklep van mijn auto en tuurde door de voorruit. Ik keek meteen weg en kreeg het op de een of andere manier voor elkaar om mijn raam dicht te doen, de deur op slot te doen en het stuur met beide handen te grijpen. Ik deed mijn hoofd omlaag en legde mijn armen op het stuur en weigerde naar hem te kijken.

"Het is tijd", zei hij

Hij werd heel boos op mij en riep mijn naam weer, terwijl hij zei dat ik naar hem moest kijken. Ik bewoog geen spier. Toen zei hij dat het tijd was – ik moest met hem meegaan.

Ik trilde als een blad in een storm en hield me met alle macht vast aan het stuur. Zeggen dat ik doodsbang was, zou zeer zwak uitgedrukt zijn. Toen hoorde ik hem vriendelijk spreken terwijl hij me vertelde dat de angst weg zou gaan als ik maar naar hem zou kijken. Ik weigerde te bewegen. Ik kon mij niet bewegen.

Wat er toen gebeurde, was moeilijk voor mij om te accepteren, en mijn bewuste geest worstelde met de herinnering. Terwijl mijn hoofd op het stuur lag, voelde ik dat iets mijn arm begon aan te raken. Ik deed mijn ogen open en zag een grijzige klauwachtige hand mijn pols vastgrijpen. Het wond zijn lange spichtige vingers om mijn onderarm en begon mij uit de auto te trekken. Ik heb nooit duidelijk geweten of de deur wel open was. Ik dacht van niet, maar mijn geest verwierp dat, dus ik was er nooit zeker van.

Meneer Mitchell trok de herinneringen voorzichtig uit mij door te vragen wat er gebeurde. Hij stelde nooit, geen enkele keer, een gerichte of suggestieve vraag. Ik was verbijsterd door wat ik herbeleefde, en ik worstelde echt met wat mijn geest mij liet zien. En toch wist ik dat het echt was.

Dit was echt – dit was wat er was gebeurd op die warme lentedag meer dan twintig jaar geleden. Dit was het geheim dat mijn geest verborgen had gehouden voor mijn bewuste zelf.

Nu was ik uit de auto en stond tegenover de man die mijn naam had genoemd. Ik was rustig geworden vanaf het moment dat die vingers zich om mijn pols hadden geslingerd. Het beven was gestopt, mijn ademhaling werd weer normaal en ik voelde mij niet meer alsof ik dood zou gaan van angst. Ik keek naar die man die mij op de een of andere manier bekend voorkwam.

Hij was klein, ongeveer 1.50 meter. Hij had een groot vreemd gevormd hoofd met een puntige kin, enorme insectenogen die recht in mijn ziel leken te kijken en een tenger lichaam. Ik weet nog dat ik me afvroeg hoe die dunne nek dat zwaar lijkende grote hoofd kon dragen. Hij had alleen een streep waar zijn mond zou moeten zitten en het viel me meteen op dat het niet bewoog als hij tegen mij sprak, en toch hoorde ik zijn stem duidelijk. Hij leek geen oren te hebben – alleen een soort gat of deuk. Hij had ook geen neus. Er zaten twee spleten waar die had moeten zitten. Zijn huid was grijzig, en ze waren allemaal gekleed in wat leek op overalls met een blauwgrijze kleur. Ze droegen allemaal een muts die strak om hun hoofd zat.

De overduidelijke "leider" was iets anders gekleed en had een insigne op een plaatje aan de linkerkant van zijn borst. Het was een driehoek met wat een zwaard kon zijn of gewoon een rechte streep in het midden. Een rode slang of zoiets kronkelde om de middenlijn en er was iets op geschreven dat leek op hiërogliefen.

De twee wezens die ieder aan een kant van mij stonden en mijn polsen vasthielden als in een bankschroef, zagen er ongeveer hetzelfde uit, maar ik was mij bewust van subtiele verschillen. Hun overalls waren minder donker dan die van de leider en ze hadden geen enkele versiering. Ze leken iets kleiner, maar misschien leken ze gewoon kleiner omdat ze zo duidelijk van ondergeschikte rang waren. Ze zeiden niets. De vierde man stond nog steeds langs de kant van de weg met zijn staf. De mannen die mij vasthielden, hielden hun staven in hun andere hand vast terwijl meneer de Leider helemaal geen staf had.

Mij werd opnieuw verteld dat het tijd was om te gaan.

Ze liepen met mij naar de rechterkant van de weg. Toen we die kant op gingen, zag ik een zilveren ruimteschip dat verderop in het veld stond. Het leek zo niet op zijn plek daar – alsof het op een filmset of in een pretpark thuishoorde. Ik werd erdoor gefascineerd, maar ik werd bang toen ik mij realiseerde dat ze mij daar mee naartoe wilden nemen. Ik probeerde tegen te stribbelen, maar ik kon niets doen.

Ze sleepten me mee en leken niet eens te merken dat ik niet meewerkte. Toen we de greppel naderden, raakte ik opnieuw de grip kwijt op wat er gebeurde. Het leek alsof ik boven de grond "gleed". Die staven hadden er misschien iets mee te maken, maar ik was er zeker van dat we zo over het hek vlogen en zachtjes aan de andere kant landden. Ze namen me heel snel mee naar het schip. Ik smeekte om me te laten gaan.

Meneer de Leider zei tegen me dat dat niet mogelijk was, en dat alles beter zou gaan als ik maar mee zou werken. Ik struikelde en bezeerde me toen ik op de ongelijke omgeploegde grond op mijn knieën viel. Ze letten er niet op en gingen gewoon door. Uiteindelijk gaf ik het gewoon op en liet hen mij meeslepen. We waren bijna bij het schip.

Het was echt iets bijzonders om te zien. Ik denk dat ik er de hele dag naar had kunnen staren. Het was glanzend, zilver, en stond op drie of misschien vier poten die naar beneden kwamen. Het was niet zo groot, misschien 6,5 meter in diameter. Er stond een luik open naar de grond, maar dat was heel steil en had geen treden.

Er stond iemand bij het luik toen we eraan kwamen. Een mens. Nee, toen we dichterbij kwamen kon ik zien dat het geen mens was, maar meer wat ik als een "mensachtige" zou beschouwen, en het was vrouwelijk. Ze was langer dan de mannen. Ze had ongeveer mijn lengte – destijds 1.63 meter – en had vrij grote, amandelvormige bruine ogen. Daarna viel me haar haar op – dit was ongelijkmatig bruin van kleur en heel dun en piekerig, alsof ze ziek was geweest. Ze zag er inderdaad ziekig uit met een bleke huid, en ze was heel dun en knokig. Ze had hoge jukbeenderen die nogal sterk naar voren kwamen en volle lippen. Ze droeg een soort losse jurk met een neutrale kleur. Ik had opnieuw het gevoel dat ik haar kende. Om de een of andere reden had ze een kalmerend effect op mij. Ik ben er niet zeker van, maar ik denk dat haar lippen bewogen toen ze tegen me praatte. Zij kende ook mijn naam, en het was duidelijk: zij was hier om me te helpen me meer op mijn gemak te voelen.

We stonden buiten het schip en mijn twee gevangennemers lieten mijn polsen los. Ik moest met de vrouw naar binnen gaan en haar mij laten helpen me uit te kleden.

"Je weet wat je moet doen"

"Je weet wat je moet doen", zie meneer de Leider.

Op de een of andere manier wist ik dat. Iemand hielp me het luik in – ik denk dat het de vrouw was.

Terwijl ik het schip in stapte, was ik mij onmiddellijk bewust van twee dingen: 1) het was daar heel, heel koud, en 2) de binnenkant van het schip kwam niet overeen met de buitenkant. Dat wil zeggen, de binnenkant leek op dat van een schip dat tenminste 20 meter in diameter zou moeten zijn. Het was vreemd en desoriënterend. Ik keek om mij heen toen ik naar binnen ging en voelde een soort van bekendheid.

Aan mijn rechterkant was een muur met tenminste één deur naar een andere kamer. Voor mij en aan mijn linkerkant was een grote open ruimte met gebogen buitenmuren; dat wil zeggen, ze waren gebogen, aangezien het schip rond was, maar ze bogen ook van het plafond af. Het was veel hoger dan het van de buitenkant leek. Ik zou hebben gedacht dat ik gebukt zou moeten staan, maar het plafond was zeker een meter boven mijn hoofd. Er waren veel ramen met wat banken leken eronder.

Links van mij was een onderzoekstafel met instrumenten en verlichting erboven. Tegen de muur en links van de tafel en verder was een ingebouwd bureau met een stoel. Op het bureau stond wat ik toen zag als een kleine televisie, maar waarvan ik nu zou zeggen dat het een computer was. Er stond een toetsenbord voor. Er waren planken met boeken of ordners erop.

Achter de onderzoekstafel en rechts van het bureau was een gang die naar de achterkant van het schip leek te lopen. Er waren monitoren, schermen of ramen in de wanden van de gang ingebouwd – ik kon niet goed zien wat het was. En er waren deuren die naar andere kamers gingen.

De vrouw begeleidde me naar de kamer die meteen rechts van mij was. Ik kreeg de instructie om al mijn kleren uit te trekken en op de tafel te gaan

31

liggen. Ik bood weerstand, maar niet lang. Ze kwam naar me toe en begon mijn kleren gedwongen uit te trekken, terwijl ze de hele tijd met zachte stem tegen me zei dat het beter voor mij was. Ze noemde me bij mijn naam en zei dat alles in orde was. Er zou mij niets overkomen. Ik was heel verlegen en vond het niet fijn om naakt voor deze wezens te staan. Mijn zorgen leken haar niet te deren. Binnen de kortste tijd lag ik op de tafel, terwijl ik rilde van de kou en van angst.

De leider begon met het onderzoek maar stopte meteen en keek met schijnbare bezorgdheid naar mij. Het leek dat hij zich bewust was geworden van mijn angst. Hij vertelde me vriendelijk dat hij mijn angst zou verlichten. Hij liep toen naar het hoofd van de tafel en legde zijn handen aan elke kant van mijn hoofd. Ik werd onmiddellijk heel kalm. Hij liep weg en zei tegen de vrouw dat zij zijn plaats in moest nemen, en dat deed ze.

Mijn getril was gestopt, en ik was mij ervan bewust dat de leider instrumenten naar beneden trok van boven zijn hoofd en een "onderzoek" bij mij deed. De andere mannen leken allemaal druk met hun eigen taken, maar meneer de Leider sprak met sussende stem met mij en legde in heel simpele woorden uit wat hij aan het doen was.

Af en toe stelde hij me een vraag over mijn gezondheid. Het waren vrij algemene vragen. Hij liet weten dat ik altijd wat zwak was geweest in mijn benen, maar dat ze dat vrij goed hadden opgelost. Ik kon niet veel zien van wat er gebeurde, aangezien de vrouw mijn hoofd in haar handen hield. Mijn zicht was beperkt tot de lichten en vreemde instrumenten boven mij.

Op een bepaald moment pakte hij mijn vingers en gebruikte een instrument om de uiteinden van elke vinger in te drukken. Toen pakte hij een ander instrument en schraapte mijn onderarm om een of ander monster af te nemen. Uiteindelijk zei meneer de Leider, of Da, zoals ik hem heb leren kennen, dat ze mijn eitjes moesten oogsten.

Ondanks dat de vrouw haar handen op mij hield, werd ik ongerust. Da vroeg mij wat er mis was, en ik uitte mijn zorg over wat hij ging doen. Hij wilde weten waarom ik er zo mee zat, en ik antwoordde dat ik later kinderen wilde. Hij stopte met wat hij aan het doen was en legde mij uit dat het wegnemen van een paar van mijn eitjes mij niet zou belemmeren om ooit kinderen te krijgen. Hij verzekerde mij dat ik zonder problemen kinderen zou krijgen.

Toen liep hij naar het hoofd van de tafel en legde opnieuw zijn handen aan elke kant van mijn hoofd. Hij praatte zachtjes met mij en zei dat het nodig was en dat ik kalm moest zijn. Net als eerder loste mijn angst op door zijn aanraking.

Ik keek naar hem terwijl hij naar de achterkant van de tafel liep en een groot instrument met een lange naald aan het uiteinde naar beneden trok dat op een injectienaald leek. De vrouw schoof naar mijn rechterkant en hield mijn handen vast. Ze zei tegen me dat ik in haar ogen moest kijken, en toen boog ze zich over mij heen om het zicht te blokkeren. Ik voelde een lichte druk in mijn onderbuik, maar geen pijn. Ik zag wel een lichte amandelgele substantie door de buis gaan en uit mijn zicht – waarschijnlijk ergens in een reservoir.

Toen ging Da naar de computer en deed iets, ik kon niet zien wat. Ik was mij er vooral bewust van dat alle andere mannen terugliepen naar de gang en naar een monitor of door een raam keken met hoge verwachting. Ik voelde de opwinding terwijl ze wachtten tot er een of ander resultaat zichtbaar werd.

Toen zei Da: "Het is goed."

Er werd feest gevierd, zelfs door de kleine werkmannetjes. Da keek weg van het scherm en naar mij, terwijl zijn grote zwarte ogen iets overbrachten wat mij diepe liefde en waardering leek.

De vrouw bracht mij mijn kleren en ik mocht mij aankleden. Ik zat op de rand van de onderzoekstafel en Da vroeg of ik een aantal vragen wilde beantwoorden. Tegen deze tijd, nu het onderzoek voorbij was, voelde ik mij vrij aardig op mijn gemak, dus ik zei tegen hem dat ik het best wilde proberen.

Ik denk dat ik moeilijke, abstracte vragen verwachtte, omdat ik verrast was toen hij begon te vragen wat ik als de belachelijkste, onbenulligste vragen beschouwde, zoals de eerste:

"Of ik gelukkig was?" Toen vroeg hij me wat ik vond van de oorlog die mijn land voerde in Vietnam.

"Wat vond ik van onze president? Voor wie had ik gestemd?"

Wat? Ik legde uit dat ik nog niet oud genoeg was om te stemmen.

"Wist ik dat we onze planeet aan het vernietigen waren?"

En toen een paar persoonlijke vragen over mijn leven. Eentje in het bijzonder leek vreemd: "Had ik seks met de jongens met wie ik omging? Hield ik van iemand? Was ik van plan om te trouwen?"

Toen zei hij dat ik hem een paar vragen mocht stellen, aangezien ik zo goed had meegewerkt.

"Waar komen jullie vandaan?" was mijn eerste vraag.

Hij liep naar de monitor op het bureau en drukte op een aantal knoppen op het "toetsenbord" en zette een sterrenkaart op het scherm. Hij vertelde me dat ze uit een sterrenstelsel kwamen dat bekend stond als Andromeda en wees op het scherm aan waar het was vergeleken met ons sterrenstelsel. Hij vertelde me ook hoe ik het in de nachtelijke hemel kon vinden.

"Zoek deze drie sterren, en wij zijn hier", zei hij, terwijl hij naar een puntje op de kaart wees.

Mijn volgende vraag verraste iedereen. "Kan ik weer een ritje maken?" vroeg ik.

Tot dit moment was ik mij slechts vaag bewust van het feit dat ik eigenlijk in Stanley Mitchell's kantoor in het centrum van Chicago zat, want ik was zo opgegaan in het herbeleven van de herinnering. Het is moeilijk te beschrijven, maar ik had mijzelf geobserveerd terwijl ik de hele ervaring opnieuw afspeelde – zoiets als het bekijken van een homevideo van een gebeurtenis in het verleden, behalve dan dat je alles voelt, zowel emotioneel als fysiek.

Af en toe spoorde meneer Mitchell mij aan en stelde mij steeds weer dezelfde paar vragen: "Wat gebeurt er nu?" of "Kun je me vertellen wat er nu gebeurt?"

Een paar keer vroeg hij om uitleg over iets wat ik zei, maar ik was echt daar in die tijd. En nu verschoof deze vraag: "Kan ik weer een ritje maken?" mijn bewustzijn meer naar mijn huidige zelf dan ik op enig ander moment tijdens het hele proces was geweest. Een seconde lang vroeg ik mij weer af waarom ik dat woord gebruikte.

Da "glimlachte" naar me. Dat wil zeggen, zijn ogen brachten een warme, blijde uitstraling over terwijl hij zei: "Dus je herinnert het je?"

Toen legde hij uit dat er geen tijd voor was, maar misschien kon ik de volgende keer mee. Eigenlijk was ik daar al te lang en het was waarschijnlijk dat ik later ongemak zou ervaren als na-effect.

Iemand gaf mij een glas met een dikke amandelkleurige substantie, en ik moest het helemaal opdrinken. Ik deed wat mij was gevraagd. Het had de substantie en textuur van maltbier, maar de smaak was niet aantrekkelijk. Het smaakte een beetje naar banaan en vanille, maar er zat iets anders in dat niet lekker was, en ik verslikte me een beetje in de laatste paar slokken.

Hij zei tegen me dat ik beter af zou zijn hoe meer ik dronk, maar ik zou waarschijnlijk later op de dag misselijk worden. Ik vroeg hem waarom dat was, en hij vertelde me dat het te maken had met het verschil in trilling tussen onze twee werelden.

Ik verraste mezelf vervolgens – dat wil zeggen de toeschouwer die in het kantoor van meneer Mitchell zat – door te vragen of ik bij hen kon blijven en niet terug hoefde te gaan naar mijn eigen wereld. Ik smeekte hem zelfs om me te laten blijven. Ik zei tegen hem dat ik me nooit thuis had gevoeld in deze wereld en dat het een harde plaats was om te leven. Ik hield niet van de manier waarop mensen elkaar behandelden, en ik wilde liever in hun wereld wonen. Ik sprak snel om mijn zaak te bepleiten.

"Weet je dat mensen elkaar doden? En ze doden dieren, alleen maar voor de lol! Het zijn wrede, zieke wezens, en ik hoor hier niet. Het is een vreselijke plek om te zijn."

Waarom kon ik niet gewoon bij hem blijven?

Ik censureerde dit deel van de herinnering instinctief voor de onderzoekers.

Ik zag opnieuw de liefde in Da's ogen terwijl hij naar mijn smeekbede luisterde. Hij leek bedroefd toen hij antwoordde dat ze er altijd zouden zijn en voor me zouden zorgen, en dat ik ze snel weer zou zien. Hij legde uit dat ik moest gaan, en dat mijn herinnering aan deze tijd die we samen hadden doorgebracht net als altijd zou worden gewist. Ik protesteerde tegen dat nieuws en zei dat ik dit absoluut niet zou vergeten.

"Ik ga dit niet vergeten!"

Hij begeleidde me het schip uit en zei dat ik nu zou worden teruggebracht naar mijn auto en dat tegen de tijd dat ik bij het huis van mijn vriendin aankwam, elke herinnering aan deze ontmoeting zou zijn gewist. Ik keek in zijn ogen en zei heel stellig tegen hem dat ik dit niet zou vergeten.

Da leek te lachen om mijn stoutmoedigheid, alsof ik een klein opstandig kind was. De twee werkmannen pakten opnieuw mijn armen stevig vast en brachten me samen met Da terug naar mijn auto.

Toen we bij de kleine Kever aankwamen, werd ik in mijn stoel gezet en de deur dichtgedaan. Ik deed het raam omlaag en strekte mijn arm uit om Da's arm weer aan te raken en tegen hem te zeggen dat ik het niet zou vergeten.

Hij lachte breed met zijn ogen en zei: "Jawel, je zult het vergeten. Je moet het vergeten."

Ik trok me terug en begon meteen verwarring te voelen over wat er net met mij was gebeurd. Om mijzelf gerust te stellen, keek ik naar ze om, maar ze waren weg, dus keek ik naar het schip dat in het veld stond. Dit deed ik meerdere keren terwijl ik wegreed en ik ging ermee door totdat ik de hoek omging en het niet meer kon zien.

Ik begon voor mijzelf steeds opnieuw heel vaak de zin te herhalen "Ik zat in een ruimteschip, ik was bij mannen uit de ruimte".

Vervagende herinneringen

Terwijl ik naar Vicky's huis reed, raakte ik in de war waarom ik die woorden zei, maar ik kreeg een stukje van de herinnering terug en ging door met mijn litanie. Het voelde alsof de ervaring die ik net had gehad op een gigantisch schoolbord was geschreven en dat iemand een wisser pakte en die over het bord veegde, daarmee delen van het verhaal uitwissend. Er ontstonden op willekeurige plekken gaten, wat het moeilijk maakte alles bij elkaar te houden.

Ik kwam binnen vijf of zes minuten bij Vicky's huis aan, en mijn herinnering aan de gebeurtenis was nog echt niet weg. Toen ik haar huis binnenliep, was het eerste dat ik zag de klok boven het aanrecht die twaalf uur 's middags aanwees. Ik was precies twee uur te laat. Dat bracht me in de war, want ik was er zeker van dat ik op tijd was weggegaan om om 10 uur aan te komen.

Ik ging naar een andere kamer en vond een andere klok. Die gaf hetzelfde aan. Tegen die tijd was Vicky van de trap naar beneden komen vliegen en zei dat het maar goed was dat de koeien waren ontsnapt, anders waren ze weggegaan, omdat ik zo laat was.

Ik was een beetje verdoofd, maar het lukte me toch om naar Vicky te schreeuwen dat ik net kleine mannetjes had gezien en in een ruimteschip was geweest. Ik drong erop aan dat ze nu met mij mee zou gaan, zodat we terug konden gaan om het te zien. Ik hoorde de woorden uit mijn mond komen en was verward door het verzoek, en toch wist een heel klein deel van mijn geest dat het waar was.

Vicky hield op met haar drukke bewegingen en stond midden in de keuken een paar seconden stil naar mij te kijken voordat ze zenuwachtig lachte en terug de trap op rende om zich verder klaar te maken.

Ik kon mij een tijdje niet bewegen. Ik zocht mijn geheugen af om te proberen de kleine stukjes herinnering die er nog steeds waren samen te voegen. Ik staarde naar de klok, terwijl ik wist dat er iets mis was, behalve het overduidelijke feit dat ik twee uur van mijn leven miste.

Ik kon er bijna bij – kon het me bijna herinneren – o ja, ruimtemannetjes en een zilveren schip in het veld! Ik kon het zien. Ik draaide mij om en rende de trap op om het aan Vicky te vertellen voordat het beeld uit mijn gedachten zou zijn.

Tegen de tijd dat ik boven was, was ik vergeten wat ik tegen haar wilde zeggen. In plaats daarvan rende ik haar vaders slaapkamer in en keek naar zijn klok. Ik rende van daar naar de andere slaapkamer en vond nog een klok. Deze wees weer 12 uur 's middags aan, dus ging ik naar Vicky's slaapkamer en keek naar haar klok. Ze bevestigden allemaal dat ik twee uur tijd kwijt was, en toch was ik niet in staat die informatie te begrijpen. Ik kon er niets van maken. Mijn herinnering aan de ervaring die ik zojuist had gehad met Da aan boord van zijn ruimteschip was weg – gewist uit mijn geheugen.

Het bleek dat we die dag met zijn vijven naar Madison gingen. Ik zat achterin met Vicky en haar stiefzus. Toen we bij het stuk weg kwamen dat naast het veld lag waar het ruimteschip had gestaan, rekte ik mij uit in een poging om het te zien; en toch vroeg ik mij terwijl ik dit deed af waar ik naar op zoek was. Ik legde mijn hoofd in mijn handen en wreef over mijn voorhoofd, terwijl ik probeerde de herinnering naar voren te masseren, en al die tijd niet begreep wat voor herinnering ik tot leven probeerde te brengen. Het was heel verwarrend. Ik begon heel moe te worden en mijn buik was een beetje van slag, dus ik deed mijn ogen dicht en probeerde tot rust te komen.

Meneer Mitchell vroeg of ik "de deur naar mijn herinneringen wilde sluiten of deze open wilde laten."

Ik vroeg om uitleg wat dat precies inhield, en hij zei dat als ik de deur openliet, ik waarschijnlijk duidelijkheid zou krijgen over de gebeurtenis die we zojuist naar de oppervlakte hadden gebracht, maar als ik ervoor koos om hem de deur te laten sluiten, het mijn herinnering weer zou onderdrukken en ik er geen bewuste herinnering aan zou hebben. Ik koos ervoor de deur open te laten.

Na de eerste hypnosesessie

Mijn gemoedstoestand na die hypnosesessie was shock, woede, verwarring, schaamte, en angst. Ik voelde me als Alice die in het konijnenhol was gevallen en de weg kwijt was geraakt. Ik was het kantoor van meneer Mitchell ingelopen als iemand die zeker is van haar plek in de wereld, iemand die door het leven ging met een beter dan gemiddeld gevoel van wie ik was en zeker van mijn vermogen om om te gaan met wat het leven mij ook te bieden had. Nu zat ik daar, tot in mijn ziel geschokt, niet in staat om de betekenis van mijn herinneringen te bevatten. Ik probeerde wanhopig een scheur, een fout, een verborgen agenda te vinden, iets dat alles zou ondermijnen en mij in staat zou stellen het opzij te schuiven. Zelfs toen ik met mijn geest worstelde om te proberen de ervaring af te zwakken, begon ik op bepaalde gebieden duidelijkheid te krijgen. Ik wilde wegrennen…

Waar je niet dood aan gaat, maakt je sterker.
Nietschze

Hoofdstuk 4:
Leven in het spiegelpaleis

Proberen mijn leven weer op orde te krijgen

Tijdens de lange stille rit terug uit Chicago, bleef ik maar denken dat mijn vader op de een of andere manier de antwoorden zou hebben. Hij zou er iets van maken. Ik hoefde hem alleen maar te vertellen wat er was gebeurd, en hij zou een logische verklaring hebben. Ik was er zeker van. Hij had altijd alle antwoorden gehad – had altijd geweten hoe het leven werkte. Hij was ook degene binnen de familie die interesse had getoond in UFO's, dus het was logisch dat hij degene zou zijn die deze hele nachtmerrie zou verklaren.

Het was duidelijk dat mijn man niet in staat was om met zoiets vreemds en verontrustends als dit om te gaan. Hij was bij me geweest tijdens de hypnosesessie en was in shock door het aanhoren van mijn verhaal. Hij distantieerde zich erna letterlijk van mij en koos ervoor een paar passen achter mij te lopen terwijl we terugliepen naar de auto nadat we weg waren gegaan uit het kantoor van meneer Mitchell. Hij was gewoon niet in staat enige troost te bieden, laat staan geruststelling.

Hij weigerde erover te praten tijdens de twee uur durende rit naar huis, dus ik hield mezelf rustig door steeds maar weer te herhalen "Mijn vader zal dit verklaren. Mijn vader zal dit verklaren."

Maar dat deed hij niet. Ik was diep geschokt toen hij in feite weigerde om me er zelfs maar over te laten vertellen. Ik probeerde over te brengen dat ik dit door moest spreken, maar de boodschap die ik kreeg was heel duidelijk: praat niet over deze onzin.

Gedurende de daaropvolgende maanden, toen de ervaringen "in het echt" begonnen plaats te vinden, ging ik angstig naar mijn vader, op zoek naar antwoorden, maar hij sloeg dicht en sloot zichzelf af.

Het bleek mijn zus te zijn die het voortouw nam. Ze was heel erg bang voor wat ik haar vertelde, maar ik zal haar voor altijd dankbaar zijn dat ze haar eigen angst opzijzette om er voor mij te zijn. Ze luisterde terwijl ik me afreageerde en huilde en tierde tegen het leven over de onrechtvaardigheid van alles wat er gebeurde. Ze was van groot belang bij het helpen om om te gaan met mijn vaders koude reactie.

Het leek zelfs of mijn vader mij afwees, niet alleen de ervaring. Het was heel pijnlijk, omdat ik mij in de steek gelaten voelde op een moment waarop ik mijn ouders het hardst nodig had. Ik was lange tijd behoorlijk boos hierover. Mijn vader was altijd mijn held geweest – levensgroot en de slimste persoon die ik kende. Ik zal nooit zeker weten waarom hij mij niet kon, niet wilde steunen, mij zelfs niet gewoon kon laten praten. Misschien had hij zijn eigen angsten over het onderwerp, of misschien was het zijn eigen gevoel van hulpeloosheid – dat hij mij niet kon beschermen – die ervoor zorgden dat hij zich afwendde. Ik wist dat hij geïnteresseerd was in het onderwerp, dus ik vond het vreemd dat hij niet eens nieuwsgierig was naar wat ik had ervaren. Het voelde altijd alsof hij dacht dat ik iets verzon, en dat dit alleen maar een trucje was om aandacht te krijgen. Tot op de dag van vandaag kijkt hij graag naar programma's over UFO's en heeft hij altijd beweerd dat het logisch gezien niet klopt dat we alleen zouden zijn in het universum.

Nou, ik ben er uiteindelijk mee gestopt te proberen uit te vogelen waarom hij mij buitensloot en heb het gewoon geaccepteerd. Dat hielp mij om mijn woede te verdrijven, maar ik ben wel bedroefd dat ik deze reis nooit met hem heb mogen delen.

De daaropvolgende weken en maanden waren een chaos. Het is moeilijk om de juiste woorden te vinden om te beschrijven wat ik voelde. Het was alsof iemand een bom in mijn leven had gegooid – de stukken van mijn leven ervoor lagen verspreid om mij heen, en ik had geen idee hoe ik ze weer in elkaar moest zetten. Ik voelde me eenzaam door mijn herinneringen en werd teruggetrokken, maar ik had ook een obsessieve behoefte om er met een aantal mensen over te praten. Ik wilde hulp bij het ontrafelen van dit mysterie en omdat ik pragmatisch van aard ben, wilde ik het begrijpen zodat ik mijn leven weer op de rit kreeg en normaal verder kon gaan.

Dit onderwerp gaat gepaard met schaamte. De ontvoeringservaring is onderwerp van eindeloos veel grappen in series en films. Het is een onderwerp dat veel belachelijk wordt gemaakt, en diegenen onder ons die proberen om te leren leven met de ervaring voelen schroom en schaamte. Voor mij voelde het zeker niet veilig om hiermee naar een van mijn vrienden te stappen, vooral nadat ik had gezien hoe mijn familie reageerde.

Het maken van afspraken met de beste psychologen in de buurt en ernaartoe gaan om te vragen over deze ervaringen was zeer traumatiserend voor mij, maar het laat zien hoe wanhopig ik was om een andere verklaring te krijgen. De schaamte die ik voelde om het etiket "door buitenaardsen ontvoerde" te krijgen, was niet gemakkelijk te boven te komen. De wereld geeft ons niet veel ruimte over dit specifieke onderwerp.

Na de regressie, toen de herinneringen aan die vreemde gebeurtenis steeds duidelijker werden, vond ik het moeilijk ergens anders aan te denken. Kleine details werden heel duidelijk, en ik kon mij niet concentreren op mijn werk of mij ergens anders mee bezighouden. Ik werd extreem afgeleid door deze herinneringen, en ik had een enorme behoefte om erover te praten en te proberen ze te verwerken.

Ik richtte me tot Vicky. Zij was er geweest – nou, zo'n beetje – tijdens die ontvoering langs de kant van de weg. Ik steunde veel op haar, maar het begon te voelen alsof ik haar belastte met mijn gevoel van hulpeloosheid. Ik kon zien dat ze veel om mij gaf, maar ze had niet de antwoorden die ik zocht.

Ik had iemand nodig die mij kon uitleggen hoe dit mogelijk was. Ik wilde vooral iemand die alles kon laten verdwijnen. Ik bleef maar denken dat als ik de juiste persoon kon vinden, iemand die veel afwist van dit soort dingen, dat die persoon het weg kon verklaren en mij daarmee mijn leven terug kon geven. Dit was de enorme uitdaging die ik had tijdens deze hele periode – dat gevoel van alleen staan zonder iemand om mee te praten die zelfs maar enigszins kon begrijpen wat ik doormaakte.

Terugkerende ontvoeringen en onsamenhangende herinneringen

Het werd zelfs nog erger toen de ontvoeringen begonnen plaats te vinden terwijl ik nog bezig was om mijn herinneringen te accepteren. Ik was nog maar net door hypnose bewust gemaakt dat ik door buitenaardsen was ontvoerd – niet iets wat je gemakkelijk in je leven inpast – of ik begon die ervaringen al in het echt mee te maken. Ik heb mij zo lang zorgen gemaakt dat ik ze op de een of andere manier weer "uitgenodigd" had in mijn leven door de deur naar mijn herinneringen te openen. Als dat zo was, besloot ik dat ik die deur wilde sluiten, maar daar was het veel te laat voor. Ik wist toen al veel te veel. Dus terwijl ik die ongelofelijk angstige ervaringen had, moest ik op de een of andere manier proberen een normaal leven te blijven leiden. Ik moest mijzelf dwingen 's morgens uit bed te komen, bij mijn kinderen en mijn familie te zijn, te socializen met vrienden, en mijn bedrijf op een normale manier te blijven leiden – terwijl ik al die tijd een leven leidde dat als een horrorfilm voelde.

Ik ben een persoon die rationeel moet zijn. Ik ben praktisch van aard, dus niet in staat zijn om dit met iemand te bespreken was het ergste dat ik moest proberen te doorstaan. Ik voelde dat ik hiermee naar geen enkele andere vriend dan Vicky kon gaan, en ik kon zien hoe het haar pijn deed dat ze mij niet kon helpen. Ik wist dat ik te veel van haar verwachtte, maar ik wist niet naar wie ik anders kon gaan. Uiteindelijk sloot ik mijzelf gewoon af. Naar mijn zus gaan was geen optie meer, omdat ze met een chronische depressie kampte, en ik wilde niet dat ze zich nog slechter voelde. Als gevolg daarvan voelde ik me helemaal alleen op de wereld.

Op een dag kreeg ik een telefoontje van een lieve oudere mevrouw die Marion heette. Don had haar mijn nummer gegeven en gevraagd contact met mij op te nemen. Ze werd mijn reddingsboei. Marion had een keer of twee in haar leven zelf een UFO gezien en was zeer geïnteresseerd in het onderwerp. Haar oprechte zorg over mij en haar eindeloze geduld om naar mij te luisteren terwijl ik steeds maar weer mijn herinneringen herhaalde die constant naar de oppervlakte kwamen, plaatsten haar op hetzelfde niveau als een engel of een heilige. Ik ging van haar houden alsof ze mijn moeder was. Af en toe vroeg ik Don en Marion om een idee over waarom en hoe zoiets als dit kon gebeuren, maar ze waren zo voorzichtig met hun woorden. Ze gaven geen antwoorden. Later hoorde ik dat ze dit deden in een poging om mijn herinneringen aan de ontvoeringservaringen vrij van "besmetting" te houden, en daarom bleven ze in het belang van het onderzoek neutraal. Don had mij ook gevraagd niets te lezen of te bestuderen dat met UFO's te maken had in een poging om ervoor te zorgen dat ik niet onnodig zou worden beïnvloed totdat hij het onderzoek naar mijn ontmoetingen had afgerond.

Naarmate de tijd verstreek, werden de gebeurtenissen rondom de ontvoering langs de kant van de weg steeds duidelijker en kwamen vele andere herinneringen aan ontmoetingen uit het verleden naar boven in mijn bewustzijn. Opeens kwamen er zoveel vreemde gebeurtenissen in beeld. Hoe kon ik niet hebben geweten dat er iets vreemds gaande was in mijn leven/mijn hele leven gaande was? Hoe had ik zoveel mysterieuze gebeurtenissen geminimaliseerd en mijzelf ervan overtuigd dat er niets vreemds aan de hand was?

En toch was ik geobsedeerd bezig te bewijzen dat mijn herinneringen niet klopten. Ik wilde liever gek worden verklaard dan toegeven aan deze voorvallen die mijn bewuste geest binnenstroomden. Ik accepteerde dat ik vreemde belevenissen had gehad in mijn leven, maar ik wilde niet dat ontvoeringen door buitenaardsen het antwoord zouden zijn. Ik was veel te praktisch, veel te pragmatisch, en veel te verstandig om dat te accepteren. Ik wilde boven alles gewoon een normaal leven. Om dat te bereiken, zocht ik naar tegenstrijdigheden en fouten in het verhaal dat naar boven was gekomen terwijl ik onder hypnose was.

Voorval op Tipperary Road

Tijdens de sessie was mij gevraagd om de locatie van de ontvoering te bepalen. Ik zei dat ik op snelweg 92 was en dat de dichtstbijzijnde kruising slechts een klein stukje verderop was. Ik wist de naam van die weg niet. Stanley Mitchell vroeg me naar het straatnaambord te kijken en de naam af te lezen, wat ik deed. Het feit dat ik hiertoe in staat was, fascineert me tot op de dag van vandaag. Dus zelfs als ik een gebeurtenis herbeleef die bijna twintig jaar geleden plaatsvond, en ik nooit naar dat bord heb gekeken toen de gebeurtenis daadwerkelijk plaatsvond, kon ik dat doen terwijl ik onder hypnose was. Ik weet nog steeds niet hoe dat werkt, maar Stanley Mitchell liet me een aantal van die dingen doen – kijk naar de tijd, kijk rond in het ruimteschip, en kijk goed naar het embleem op de overall van de leider.

Het laat zien hoe gevoelig het regressie/herinneringsproces kan zijn. Iemand kan dus duidelijk eenvoudig worden afgeleid van de feiten die daadwerkelijk hebben plaatsgevonden. Toen ik naar het straatnaambord keek, kon ik duidelijk zien wat erop stond – Tipperary Road. Dus, volgens wat ik heb gezegd terwijl ik onder hypnose was, werd ik ontvoerd op zaterdag 12 mei, rond 9.45 uur 's morgens, vlakbij de kruising van snelweg 92 en Tipperary Road.

Een aantal weken na de regressie reed ik naar de plaats waar het was gebeurd. Ik woon nog steeds in het gebied waar ik ben opgegroeid en reed af en toe over deze weg. Elke keer als ik bij dat punt op de weg kwam waar mijn auto af was geslagen, voelde ik mijn lichaam gespannen worden. Ik kreeg een vreemd angstig gevoel en ik keek vaak naar het veld, alsof ik verwachtte daar iets te zien.

Nu realiseer ik mij natuurlijk dat ik naar het ruimteschip zocht. Terwijl ik die dag dat punt naderde, voelde mijn ongemak anders. Ik weet niet hoe ik het uit moet leggen, behalve door te zeggen dat mijn herinneringen niet langer plotseling ophielden, maar onafgebroken door mij heen stroomden. Het was eigenlijk een opluchting. Ik stopte langs de kant van de weg, vlakblij de plek waar mijn auto was afgeslagen. Ik keek naar de exacte plek waar het ruimteschip had gestaan. Er was een kleine heuvel in het veld en ik wist instinctief dat dat het was – precies daar had het zilveren schip gestaan.

Ik zat daar een tijdje terwijl ik probeerde mijn gevoelens te peilen, probeerde iets in mij te vinden dat naar boven zou komen en alles op een rij zou zetten. Ik voelde niet echt angst. Nee, het was alleen verwarring en frustratie. Ik reed verder naar de kruising en las de naam op het bord. Er stond niet Tipperary Road. Ik staarde naar het bord terwijl ik onmiddellijk begreep wat de betekenis van dat kleine stukje informatie was. Er stond geen Tipperary Road!

Ik begon te trillen terwijl de grootsheid van dit alles mijn brein in sijpelde. Dus mijn herinnering onder hypnose klopte niet! Joepie! Als die niet klopte, betekende dat dan niet dat alles fout kon zijn? Ik was uitgelaten!

Ik reed naar huis terwijl ik mij beter voelde dan ik mij in lange tijd had gevoeld. De gevoelens van opluchting dat ik mij eindelijk herinnerde wat er die dag was gebeurd en het gevoel van weten dat ik maar een paar minuten eerder had gehad, lagen meteen achter mij. Dit was beter. Dit kon mijn leven terug naar normaal brengen. Het was iets waarop ik kon bouwen, een startpunt om de rest van die belachelijke herinneringen te ontmantelen. Ik zou mijn leven terugkrijgen.

Mijn opluchting was van korte duur. Een paar dagen later deelde ik mijn ontdekking met Vicky, en ze antwoordde rustig dat die weg Tipperary had geheten, maar een paar jaar geleden was veranderd. Ze leek er nogal zeker van. En ze had geen idee hoe ze zojuist mijn kleine beetje hoop tot moes had geslagen. Ik had nog nooit gehoord dat wegen van naam veranderden, dus ik verzette me tegen wat ze me vertelde. Het sloeg voor mij nergens op dat een overheidsinstantie de naam van een weg zou veranderen. Wat kon in hemelsnaam de reden zijn? Ik zocht in mijn kantoor en vond een boekwerk en zocht de betreffende buurt op. Mijn hart sloeg over toen ik duidelijk de woorden "Tipperary Road" zag geschreven op het deel dat deze weg markeerde. Ik was er kapot van. Verslagen.

Het leven zou nooit meer normaal worden. Het was alsof ik een kaartje voor een kermis had gekregen vol met vreemde attracties. Ik zat vast op de kermis en hoe ik ook probeerde, ik kon de uitgang naar mijn normale leven niet vinden, waarvan ik wist dat het buiten de muren bestond. Ik zwierf verdwaasd rond en probeerde een normaal leven te leiden terwijl ik in het spiegelpaleis woonde. Alles was misvormd. Het normale kon niet bestaan.

Mijn geest werd overstroomd door beelden die niet altijd ergens op sloegen. Een terugkerende herinnering was dat ik met Da en drie andere Grijzen over een soort galerij liep. We keken naar beneden naar een enorme kamer vol veldbedden. Ze stonden allemaal op een rij met nauwe paden ertussen, en op de veldbedden lagen soldaten, de meeste in uniform. Ze waren allemaal bewusteloos. Da legde uit waarom ze in een andere staat van bewustzijn werden gehouden. Het was gemakkelijk, zei hij, om troepen die aan het vechten waren op te pikken. De gemiste tijd zou niet opgemerkt worden, en ze konden een heel regiment voor langere tijd vasthouden zonder dat iemand het zou opmerken.

Ik ging naar de verdieping eronder en liep tussen de veldbedden door. Ik keek naar de slapende gezichten van deze mannen, waarvan de meesten zo jong waren dat het pijn aan mijn hart deed. Ze waren bijna allemaal gekleed in wat oerwouduitrusting moet zijn geweest. Ze waren vies en vuil. De meesten leken Amerikanen, maar er waren een aantal troepen van de andere kant. Ik begreep niet waarom ze mij dit lieten zien, en mij werd ook niet verteld, tenminste in mijn herinnering, wat de reden was dat al deze soldaten waren opgepikt. Mijn instinctieve reactie was dat ze even verlost werden van de gruwelen van de oorlog, een kans om hun geest en lichaam te laten rusten. Misschien kregen ze een dosis "menselijkheid".

Gelijke of slachtoffer?

Mijn herinneringen begonnen in twee categorieën te vallen. Er waren er zoals die hierboven beschreven waarin ik duidelijk de gelijke was van mijn ontvoerders. In sommige gevallen voelde het alsof ze toestemming vroegen voor de dingen die ze deden en hulp bij de beste manier om hun "werk" te doen. Ik heb me vaak afgevraagd of deze wezens inderdaad mijn voorouders waren aangezien de verbinding zo sterk voelde. Ik had inderdaad een soort verwantschap met hen, maar ik heb de oorsprong daarvan nooit begrepen.

En dan waren er al die andere keren waar ik het slachtoffer van hun "werk" leek te zijn. Uit mijn auto, bed of speelplaats gehaald en aan fysieke en emotionele tests onderworpen. Hoe vaak ik ook werd meegenomen, het begon altijd als een vijandelijke ervaring. En mijn angsten werden altijd gekalmeerd door in hun ogen te kijken of hun aanraking te voelen.

Hun behandeling varieerde van koude ongevoeligheid tot overweldigende liefde en respect. Gedurende de jaren ging ik begrijpen dat alles draait om waarneming, maar toen ik in het begin probeerde deze ervaringen in mijn leven in te passen, worstelde ik vrijwel constant met dit aspect van de ontmoetingen. Nadat ik het punt van aanvaarding had bereikt en het fenomeen niet meer kon ontkennen, voelde ik een sterke behoefte om een conclusie te trekken of deze wezens goed of slecht waren. Dus daarom verlangde ik ernaar elk inzicht te verkrijgen dat ik kon in een poging te leren over deze wezens. Ik speelde de gebeurtenissen waarvan ik wist dat ze waar waren steeds maar weer af, op zoek naar aanwijzingen over wie en wat deze wezens waren. Toen mij werd gevraagd om door te gaan met het onderzoek door weer onder hypnose te gaan, ging ik daar graag op in. Elk stukje kennis dat ik kon verkrijgen zou welkom zijn voor mij. Ik moest erachter komen wie mijn ontvoerders waren en bepalen waarom dit gebeurde.

Tweede hypnosesessie

Er werd een nieuwe sessie gepland met meneer Mitchell om de gebeurtenissen rondom de ontvoering langs de kant van de weg verder te onderzoeken en om duidelijkheid te verkrijgen over een aantal onduidelijke punten. Dus reden mijn man en ik opnieuw naar Chicago en onderging ik een nieuwe sessie. Deze ging makkelijker en was bij lange na niet zo traumatiserend als de eerste keer, aangezien ik wist wat ik kon verwachten. De eerste sessie had een paar uur geduurd, aangezien meneer Mitchell een procedure had gebruikt die erom bekend stond het meest effectief te zijn bij het achterhalen van de waarheid bij de getuige zonder deze te leiden of suggestief te zijn. Ik was tijdens die eerste sessie in totaal drie keer door de ervaring heen geleid. Terwijl de herinneringen naar boven kwamen, mocht ik de ervaring gewoon opnieuw ervaren met alle bijbehorende emoties. Ik maakte bewegingen en gebaren alsof ik de ervaring op dat moment beleefde.

Don vertelde me later dat ik rilde van de kou toen ik in het schip was, en dat ik beefde van angst toen ik mijn ontvoerders zag. Mijn stemde trilde van emotie en angst terwijl ik vertelde wat ik ervoer. Hij zei dat het hartverscheurend was om te zien. Nadat ik door het hele verhaal was gegaan, waarbij ik eindigde in Vicky's huis, haalde meneer Mitchell me uit de hypnose voor een pauze voordat hij me weer onder hypnose bracht om er een tweede keer doorheen te lopen.

Deze keer bracht hij me in een diepe staat van hypnose en liet mij de gebeurtenis als waarnemer bekijken. Het was alsof ik een getuige was die naar de gebeurtenis keek terwijl deze plaatsvond, en ik kon kalm blijven en een beetje afstandelijk. Ik mocht "een gordijn dichttrekken" als er iets te traumatiserend werd. Bij deze regressie was ik beter in staat om details te achterhalen van de ontvoering en van alles wat er was gebeurd. Aan het einde werd ik opnieuw uit hypnose gehaald en mocht ik even rusten voordat hij me weer onder hypnose bracht om voor de derde en laatste keer door de ervaring heen te lopen.

Deze keer was ik volledig ondergedompeld in wat er met mij gebeurde, en mij werd gevraagd te delen wat ik dacht en voelde. Op een bepaalde manier was dit vertellen zelfs moeilijker dan de eerste keer, aangezien ik werd aangespoord om mijn gevoelens te onderzoeken en uit te drukken. Ik merkte dat mijn gedachten een warboel werden terwijl ik worstelde om te begrijpen wat er met mij gebeurde.

Ik kon vooral dat gevoel dat ik mijn ontvoerders kende en bij ze wilde blijven niet rechtzetten. Dat vond ik erg verontrustend terwijl ik mijn geest afzocht om te begrijpen waar dat allemaal over ging en waar het vandaan kwam. Ik ben er vrij zeker van dat ik die details voor mezelf hield, omdat ik zelfs in die staat van bewustzijn op de een of andere manier wist dat die gedachten erg privé waren en misschien raar zouden worden gevonden door mijn onderzoekers.

Dus in vergelijking met de eerste regressie was deze tweede sessie met meneer Mitchell heel makkelijk en helemaal niet traumatisch. Er waren een paar maanden verstreken nadat ik de eerste verontrustende sessie had gehad en ik was zo gewend geraakt aan de ontvoeringservaring als maar kon. Er kwamen kleine details over de gebeurtenissen naar de oppervlakte, maar over het algemeen was het grootste deel van de ervaring opgehaald tijdens de eerste sessie. De rit terug naar Wisconsin was lang niet zo pijnlijk en verwarrend als de eerste was geweest, hoewel het klopte dat het een aantal jaren duurde voordat mijn gedachten niet meer werden gedomineerd door deze herinneringen.

Je pijn is het breken van de schaal die jouw begrip omvat.
Kahlil Gibran

Hoofdstuk 5:
Dat is geen engel. Dat is een buitenaards wezen!

Interview met Vicky – zomer 1987

Er kwam een punt tijdens het onderzoek waarop Don Vicky wilde ontmoeten en direct van haar wilde horen wat haar herinnering was aan die dag in 1968. Dus kwamen we op een zondagmiddag allemaal samen bij mij thuis, en Vicky deelde wat ze zich herinnerde over niet alleen die gebeurtenis, maar ook over andere vreemde dingen die in diezelfde tijd waren gebeurd. Vicky herinnerde zich duidelijk dat ik twee uur te laat was aangekomen, over een ruimteschip had gepraat en had geprobeerd haar mee terug te nemen om het te zien en de inzittenden te ontmoeten.

Ik had een gemengde reactie op het feit dat ik haar erover hoorde praten. Aan de ene kant voelde het goed om het bizarre verhaal min of meer bevestigd te zien, maar aan de andere kant haatte ik het feit dat een dergelijke gebeurtenis in mijn leven werd bekrachtigd. Ik wilde nog steeds dat ik gediagnosticeerd zou worden met een geestelijke ziekte, aangezien ik dacht dat ik daar gemakkelijker mee om zou kunnen gaan.

Terwijl we daar zaten en met Vicky praatten over die tijd, kon ik niet ontkennen dat ik nogal wat andere zaken had meegemaakt die behoorlijk vreemd waren. De stukjes kwamen langzaam naar de oppervlakte alsof ze in mijn hoofd achter een muur of blokkade hadden gezeten die mij ervan had weerhouden het complete plaatje te zien. We begonnen onze aantekeningen over sommige van deze vreemde gebeurtenissen met elkaar te vergelijken, en het was niet gemakkelijk om te accepteren hoe zeer deze wezens aanwezig waren geweest in mijn leven.

Ontvoering van boerenerf – winter 1968-1969

Er was specifiek één periode waarover ik me altijd had afgevraagd hoe het zat. Nu viel alles op zijn plaats en wat ik mij herinnerde was kristalhelder. Het was in de winter van 1968-1969 gebeurd, na de ontvoering langs de kant van de weg in mei. Ik vroeg Vicky of ze zich een nacht herinnerde waarin ik uren nadat we waren gaan slapen weer in bed kroop – met bevroren en kapotte voeten met alleen een T-shirt aan. Terwijl ik sprak, kwamen de gebeurtenissen weer naar boven met toenemende duidelijkheid.

Ik herinnerde me dat ik wakker werd, uit bed ging en het huis uitliep naar een ruimteschip dat op de kleine heuvel ten oosten van het huis stond. Dit was een veel groter schip dan die van mijn ontvoering langs de kant van de weg. De aanblik ervan was opnieuw onwerkelijk. Hoe het daar op de heuvel stond met licht dat uit de vele poorten stroomde die het schip omringden, was het een verbazingwekkend ding om te zien. Ik liep er zonder angst naartoe. Ik kan me niet herinneren dat iemand mij begeleidde. Ik leek uit eigen vrije wil te lopen. Er stonden een of twee wezens bij de open laadklep. Het licht dat uit die opening kwam was fel, en ik kon de wezens in de schaduw zien staan, maar ik kon niet duidelijk uitmaken wie of wat ze waren.

En toen – BAM! – werd ik door hen afgezet. Ze lieten me vanaf meer dan een meter uit de lucht vallen, en ik viel met een dreun op de grond en zakte in elkaar. Ik keek op tijd omhoog om het schip recht omhoog te zien gaan en stilletjes weg te zien flitsen over een hoog gebouw heen. Ik schreeuwde dat ze terug moesten komen, maar ze waren natuurlijk weg en ik bleef achter in de kou en het donker.

Ik keek om me heen en probeerde uit te vinden waar ik was, maar ik kon geen steek voor ogen zien. Ik was vlak daarvoor in het felverlichte binnenste van het ruimteschip geweest, en nu zat ik in complete duisternis. Ik was volledig gedesoriënteerd en ik was bang dat ik dood zou vriezen. Ik was ervan overtuigd dat ze een fout hadden gemaakt en me op de verkeerde plek hadden neergezet. Ik stommelde rond terwijl ik probeerde de weg te vinden. Mijn voeten begonnen meteen pijn te doen omdat de grond was bevroren en er stukken sneeuw en ijs op lagen.

Ik stak mijn armen uit en voelde een metalen hek dat om mij heen leek te zitten. Mijn ogen begonnen gewend te raken aan het donker en ik kon de omtrek van een schuur zien. Ik was woedend op ze dat ze me daar gewoon hadden achtergelaten en mijzelf maar moest redden. Ik bibberde van de kou en van woede terwijl ik over een metalen poort klom en hard op wat bevroren grond en ijs landde en daarmee mijn voetzool bezeerde. Ik liep om wat ik dacht dat het melkhuis was heen, maar ontdekte later dat het de varkensschuur was. Ik was enorm opgelucht om Vicky's huis recht voor me te zien. Ze hadden me op een omheinde weide gedropt, achterop het boerenerf!

Tegen die tijd deden mijn voeten echt heel erg zeer en trilde ik oncontroleerbaar. De veiligheid van het huis leek een kilometer ver weg, maar in werkelijkheid was het ongeveer 70 meter, en ik hobbelde snel over het erf naar de warmte van de ingang. Net als bij veel boerenbedrijven was er een gootsteen en wasruimte voor als de boer het huis in kwam. Ik wikkelde mijn voeten meteen in de handdoek die naast de gootsteen hing en wreef er flink over in een poging ze warm te krijgen. O, wat deden ze pijn.

Hoe konden ze dat doen? Het was ijskoud buiten; ik had gemakkelijk dood kunnen gaan als ik de weg terug niet had gevonden van achter die schuur.

Ik begon in de war te raken. Tot nu toe leek het alsof mijn woede tegen hen de herinnering aan wat ik net had meegemaakt in leven en in mijn gedachten had gehouden, maar nu begon deze snel weg te vallen.

Wat was ik op deze tijd 's nachts buiten aan het doen geweest – met amper kleren aan? Had ik geslaapwandeld?

Dat had ik nog nooit gedaan.

Wat deed ik achter de schuur?

Ik herinnerde me duidelijk dat ik daar was en over de poort klom.

Terwijl ik de kraan openzetten en wachtte tot het water warm werd, leunde ik naar voren over de gootsteen en keek goed naar mijzelf in de spiegel. Ik keek diep in mijn ogen en probeerde heel erg te zien wie ik werkelijk was. Ik wist dat ik niet was wie ik zag. Er lagen geheimen achter die bruine ogen, en die geheimen had ik vlak daarvoor nog gekend. Ik probeerde ze te pakken te krijgen, maar het was alsof ik een vlinder probeerde te vangen. Ik strekte me uit om ze aan te raken, maar ik kon ze nooit helemaal te pakken krijgen. Op zijn best voelde ik de zachte aanraking van de vleugels tegen mijn hand, waardoor ik wist dat het echt was – het was er – maar ik kon mijn vingers er nooit omheen vouwen.

Ik maakte een deel van de handdoek nat in het warme water en maakte mijn voeten zo goed mogelijk schoon. Ze waren bevroren en de warmte van de handdoek zorgde ervoor dat ze nog meer pijn deden. Ik huilde terwijl ik ze schoonwreef, maar dat was niet alleen door de pijn. Het kwam door de verwarring die ik voelde. Ik had een gevoel van verlatenheid over me gekregen en een overweldigende diepgewortelde droefheid. Ik had heimwee. Ik wilde naar huis – niet naar het huis van mijn ouders, maar naar huis.

De oppasontvoering

Vicky herinnerde zich ook een gebeurtenis die in dezelfde tijd in 1968 plaatsvond. We waren op de boerderij, maar niet in het hoofdgebouw. Haar oudere zus woonde met haar man en jonge zoontje in een klein tweede huis op het boerenerf. Het was een avond in het weekend en we waren aan het oppassen op haar neefje. Ik herinner me dit grotendeels, maar Vicky hielp me de gaten te vullen. Het huis was heel klein, en de baby lag in bed te slapen. Wij zaten in de kleine woonkamer TV te kijken en frisdrank te drinken.

Ik herinner me dat ik me heel angstig en nerveus begon te voelen.

"Ze komen me halen", zei ik tegen Vicky.

"Wie? Wie komt je halen?" vroeg ze.

Ik wist het niet. Ik keek gewoon naar haar en probeerde een antwoord te vinden.

"Je moet me beschermen. Laat ze mij niet meenemen!" hoorde ik mijzelf zeggen.

Ze wist niet wat ze moest zeggen.

Ik sprong op en zei: "verstop me in de kelder."

Ik rende naar de kelderdeur en trok deze open. Ik keek naar beneden in de donkere, vochtige ruimte en wist dat dat niet zou werken. Ik gooide de deur dicht en ging naar de slaapkamer. Ik was panisch. Ik wist dat ze er waren en dat ze me kwamen halen.

"Schiet op!"

We haastten ons naar de slaapkamer en sprongen op het bed van haar zus en bedekten ons met de beddensprei. Het bed stond tegen een buitenmuur en dat was de kant waar ik lag. Ik duwde mijn rug tegen de muur en Vicky was voor mij aan de andere kant als blokkade. Ik keek naar buiten naar de deur om ze te zien.

Er was een hard zoemgeluid en het gevoel alsof er elektriciteit in de lucht zat. Nu waren ze heel dichtbij.

O nee! Hoe kon ik zo stom zijn! Ze zouden me gewoon door de muur heen meenemen.

En met die gedachte raakte ik elke herinnering kwijt, behalve een heel vaag beeld van een vliegende schotel die op de heuvel stond waar hij altijd landde als hij voor mij naar de boerderij kwam. Maar hier is het intrigerende deel: Vicky herinnert zich dit allemaal precies hetzelfde, inclusief het luide zoemgeluid – wat ze heel goed beschrijft als meer een soort trilling – maar ze viel in slaap en werd enige tijd later wakker, en ik was weg.

Het eerstvolgende dat we allebei wisten, was dat haar zus en haar man in de deuropening stonden en tegen ons uitvoeren omdat we in hun bed waren gekropen. We zeiden tegen hen dat er een UFO was geweest en dat we hadden geprobeerd om ons ervoor te verstoppen, maar ze lachten ons uit. We sjokten slaperig naar het hoofdgebouw en naar Vicky's slaapkamer.

Geen van ons beiden was deze gebeurtenis ooit echt vergeten, maar het is net als met alle andere vreemde herinneringen: je begraaft ze gewoon. Je denkt er niet aan. Als je geen parameters hebt om de gebeurtenis mee te vergelijken en geen werkelijkheid om het mee te verbinden, dan is de neiging om het gewoon helemaal op te geven. Vergeet het zo goed als je kunt en kijk er niet te goed naar, want er zijn geen antwoorden. Voeg hier de blokkeringsmethodes van de buitenaardsen aan toe en voor je het weet is de gebeurtenis zo'n vage herinnering die net zo goed een droom kan zijn.

Het voorval met de bijen

Ongeveer rond dezelfde tijd maakten Vicky en ik opnieuw een heel vreemde gebeurtenis mee. Het was een hete zomerdag, en als typische tieners brachten we deze door met in de zon liggen. Maar rond 2 uur hadden we er genoeg van en de zon was toch over zijn hoogtepunt heen, dus besloten we een stukje langs de weg te gaan lopen. Ik denk niet dat we dat ooit eerder hadden gedaan, dus we moeten ons behoorlijk hebben verveeld om daar zelfs maar op te zijn gekomen, maar we gingen op pad met als doel tot de dichtstbijzijnde kruising te komen, wat zo'n anderhalve kilometer verderop moet zijn geweest. Terwijl we langs de stille landweg liepen, praatten we vooral over de jongens waar we verliefd op waren en met wie we uitgingen of wilden uitgaan – typische gesprekken voor 17-jarige meisjes. Ik denk dat we geen enkele auto of vrachtwagen tegenkwamen op onze middagwandeling, dus we slenterden verder terwijl we midden op de weg liepen.

We waren ongeveer halverwege de plaats waar we om zouden keren toen een bij mij plotseling begon aan te vallen. Ik ben niet bang voor bijen hoewel ik een paar keer ben gestoken, maar ik weet dat hij eerst op je moet landen voordat hij kwaad kan doen, dus normaal gesproken raak ik niet in paniek, maar ontwijk ik hem gewoon of ik wuif hem weg. Ik geloof ook niet dat je ze onnodig moet doodmaken, maar deze bij was op een zelfmoordmissie. Hij ging op mijn gezicht af, probeerde op mijn neus te landen, zoemde voor mijn ogen en raakte zelfs verstrikt in mijn haar. Het was belachelijk. Hij was net een gekke kamikazepiloot. Ik probeerde van alles, maar rende uiteindelijk de weg af in een poging om bij hem weg te komen. Ik ben nog nooit in mijn leven zoiets tegengekomen, en dat is waarom ik mij die dag zo goed kan herinneren. Het was, nou ja, gewoon zo belachelijk. Vicky en ik noemden het later "De dag dat de bij ons achtervolgde op de weg".

De reden dat ik deze gebeurtenis meld, is vanwege de manier waarop het uitstapje eindigde. Het werd nogal vreemd. Ik liep een heel eind voor Vicky terwijl ik probeerde van de bij af te komen, dus ik was bijna aan het einde van deze weg en bij de kruising waar we wilden omkeren toen ik besloot dat ik een kleine zijweg in moest gaan die iemands oprit was en hun huis moest bekijken. Een vreemde hoge pieptoon die meer een trilling was begon in mijn oren te klinken, en ik voelde me er heel angstig door.

Ik herinner me dat Vicky achter mij naar mij riep en vroeg wat ik aan het doen was, en ik zei iets heel raars. Ik zei dat deze mensen op vakantie waren en dat ik ervoor moest zorgen dat het huis veilig was. Zelfs toen ik het zei en die woorden hoorde, wist ik dat ik onzin uitkraamde. Ik had geen idee wie daar woonde, en ik wist zeker niet of ze op vakantie waren, maar ik liep die kleine oprit op en sloeg onderaan de helling af, waarna ik uit het zicht van Vicky verdween.

Opeens stond ik tussen een paar struiken naar de bomen te kijken en mezelf af te vragen wat ik deed. Het voelde alsof ik net wakker was geworden. Ik was in de war en verbijsterd terwijl ik probeerde te begrijpen wat er gebeurde. Het voelde alsof ik uit een diepe, donkere plek kwam terwijl ik mij langzaam de wandeling herinnerde die Vicky en ik hielden. Mijn hoofd duizelde terwijl ik uit de bosjes sprong waar ik in zat en terugrende naar de grote weg. Vicky stond nog steeds waar ik haar had achtergelaten, en terwijl ik naar haar toe rende, ging ze naast mij lopen en we renden terug naar haar huis.

Na een tijdje stopten we en liepen we allebei langzaam naar de boerderij, maar er was iets "niet goed". We waren allebei erg stilletjes en het levendige gesprek dat we tijdens het lopen hadden gehad, was weg. Ik voelde me heel erg moe en voelde nog steeds het angstige, verontrustende gevoel, maar het was meer dan dat. Er klopte iets niet. De heldere zonnige dag was overgegaan in lange schaduwen, en ik keek op mijn horloge maar dacht dat het kapot was, want het was zeker twee uur later dan het had moeten zijn.

Ik wilde Vicky er net naar vragen toen we haar vader de melkmachines in de schuur aan hoorden zetten.

O mijn god, ging hij melken?

Ik keek weer naar mijn horloge en zei tegen Vicky dat het nu op de een of andere manier bijna 5 uur was. We keken elkaar in paniek aan. Ik zocht de zon en vond hem achter mij – laag genoeg aan de horizon om de tijd te bevestigen. Het sloeg nergens op, maar we hadden niet de kans om het te analyseren. We moesten haar vader helpen met klusjes, dus we renden zij aan zij naar het huis om ons te verkleden en naar de schuur te gaan.

Ik denk niet dat we ooit veel over de gemiste tijd hebben gesproken. We hadden het wel over de bij met zelfmoordneigingen, maar na een paar zwakke pogingen om erachter te komen waar de gemiste tijd was gebleven, lieten we het gewoon los. Er was geen rationeel antwoord, dus het had geen zin om het te bespreken.

Ik kwam er uiteindelijk achter dat de bezoeken van mijn mannen, de Grijzen, meestal bestonden uit een aantal ontmoetingen gedurende een bepaalde periode, en daarna verdwenen ze langere tijd uit mijn leven. Het voorval langs de kant van de weg vond plaats toen ik zeventien jaar oud was en het was overduidelijk door zowel mijn pasverworven herinneringen als Vicky's herinneringen dat ik een flink aantal keren door hen was bezocht gedurende een periode van 12-18 maanden. Voor zover ik kon uitmaken, waren ze er twee maanden tot meer dan een jaar en gingen dan maanden of zelfs jaren weg.

Toen ik zwanger was, waren ze duidelijk meer betrokken. Hun bezoeken waren incidenteel en willekeurig met 2-4 keer per week ontvoeringen en dan dagenlang niets. Hun bezoeken vonden zowel overdag als 's nachts plaats. Ik bracht tussen de 1-3 uur met hen door, maar er waren keren dat ik meer dan acht uur achter elkaar weg was. Dit waren allemaal fysieke ervaringen, niet de astrale bezoeken die later normaal zouden worden.

Korte rust – Huwelijk, verschillende bewegingen 1970

Het leek erop dat de grote activiteit die ik tijdens het jaar 1968 had ergens de volgende lente of zomer ten einde kwam, en ik had relatief rust in mijn leven tot 1970 toen ik besloot te trouwen terwijl ik slechts negentien jaar oud was. Ik was nog niet zo lang getrouwd toen ik voelde dat we absoluut ons eerste kind moesten krijgen. Dat was niet ons plan, aangezien mijn man nog studeerde en het financieel gezien niet haalbaar was. Maar toch bleef ik aandringen en pleiten totdat Tom uiteindelijk toegaf.

Ik was duidelijk geprogrammeerd door de Grijzen om op dat moment ons gezin te beginnen, tegen elke rationele gedachte in. Terugkijkend is het gemakkelijk om te zien dat Da en zijn club toen terug waren in mijn leven aangezien ik hetzelfde soort gedeeltelijke herinneringen heb, vreemde herinneringen aan ontmoetingen en gemiste tijd die op hun aanwezigheid wijzen. Het lijkt erop dat ze langere tijd aanwezig waren tijdens de eerste jaren van mijn huwelijk en mijn moederschap.

Thanksgiving voorval – 1971

Het was Thanksgiving in 1971. Ik was twintig jaar oud en nog steeds pas getrouwd. Mijn man en ik woonden in een goedkoop appartement met twee slaapkamers in een kleine gemeenschap buiten Madison. We waren nog maar pas naar dit appartement verhuisd en hadden nog niet eens alles uitgepakt. We verhuisden om de paar weken, en als je me had gevraagd waarom we dat deden, zou ik geen precies antwoord hebben gehad, maar ik vond altijd een excuus.

We waren minder dan een jaar getrouwd en waren al vijf keer verhuisd. Dit patroon herhaalde zich gedurende de eerste vier jaar van ons huwelijk. We verhuisden zelfs wel negentien keer in die vier jaar. Mijn man werd het zat en had genoeg van al het geplaag door onze familie.

Eén keer heb ik zelfs alles ingepakt en verhuisd zonder het tegen hem te zeggen. Dat was tijdens zijn eindexamens, en aangezien ik hem toen vrijwel niet zag, had ik nooit een kans gehad om het tegen hem te zeggen. Ik liet gewoon een briefje voor hem achter op de deur waarop stond waar ik ons naartoe had verhuisd, plus een kaart zodat hij me kon vinden.

Ik weet dat dat moeilijk te geloven is, maar het is waar. Ik probeerde me natuurlijk te verstoppen, maar zelfs ik begreep het toen niet. Het kwam al snel zover dat onze vrienden en familie ons niet meer wilden helpen, maar dat maakte niet uit. We hadden maar heel weinig, en we konden de klus zelf binnen een dag of twee klaren.

Ik was thuisgekomen uit mijn werk en probeerde iets te vinden om eten mee te maken. We waren heel arm en af en toe werden onze kasten nogal leeg. Dit was zo'n moment.

Mijn man was op school examens aan het doen, maar zou later die avond thuiskomen. Ik stond in de keuken toen ik een geluid hoorde in de slaapkamer achter. Ik liep weg bij de kast en liep naar het midden van de kamer om te kijken naar de plek waar het geluid vandaan was gekomen, toen er een enorme lichtflits uit de tweede ongebruikte slaapkamer kwam en tegelijkertijd was er een keihard gekraak alsof een gigantisch slaghout een honkbal had geraakt.

Ik herinner me beweging in de extra slaapkamer en het geluid van dribbelende voeten – het appartement had hardhouten vloeren, en het klonk alsof een paar eekhoorns aan het rondrennen waren.

Mijn hart begon snel te kloppen, en ik draaide me om om de deur uit te rennen toen ik achteromkeek over mijn schouder naar de slaapkamer. Wat ik zag werd volledig afgewezen door mijn verstand. Ik heb alleen een vage herinnering aan een paar kleine wezentjes die uit de tweede slaapkamer kwamen. Ze kwamen heel snel naar mij toe met snelle, schokkerige bewegingen die niet echt leken plaats te vinden. Dat wil zeggen, het leek op een beweging zoals in een time-lapse film. Het ging zo snel dat ik me niet kon concentreren op hoe ze eruitzagen toen ze me vastgrepen.

Vervolgens was alle tijd weg tot later toen ik uit de tweede slaapkamer kwam stommelen. Ik herinner me dat ik me afvroeg wat ik daar deed.

Was ik iets aan het zoeken geweest in één van de dozen? Ja, dat moest het zijn. Ik moest op zoek geweest zijn naar iets.

Maar het voelde raar, en volgens wat ik nu zie als een patroon, ging ik naar de badkamer en staarde naar mijzelf in de spiegel alsof ik het antwoord op mijn verwarring kon vinden als ik maar lang genoeg in mijn eigen ogen keek. Ik was nogal gedesoriënteerd toen mijn man terugkwam uit school, doodop van de examens en het werk.

Ik begon hem lastig te vallen en drong erop aan dat we de liefde zouden bedrijven. Hij probeerde eronderuit te komen omdat hij doodmoe was, maar ik hield niet op. Ik hoorde mezelf zeggen dat dit de beste tijd was om zwanger te worden en dat het heel belangrijk was dat we het NU zouden doen!

Ik herinner me duidelijk dat ik me afvroeg waarom ik dat dacht.

Hoe zou ik zoiets eigenlijk moeten weten? En ten slotte, waarom hield ik zo vreselijk weinig rekening met de gevoelens van mijn man?

Terwijl ik mijn argumenten aanvoerde, voelde het alsof de woorden niet van mij waren, maar in mijn geest waren geprogrammeerd. Nu heb ik daar geen enkele twijfel over.

Onze oudste dochter werd die avond verwekt. Altijd als ik terugdenk aan die bizarre nacht, herinner ik me het vreemde gevoeld dat iemand ons bekeek. Ik klaagde bij mijn man dat ik er zeker van was dat iemand naar binnen gluurde en ons bespioneerde. Hij stond op en controleerde de ramen, maar ik wist dat ze daar niet waren – ze waren in de kast. Dus stond ik op en opende de kast om iemand te zoeken – zo sterk was mijn gevoel.

Ik heb vaak nagedacht over de vreemde gebeurtenissen van die nacht, maar dat overweldigende gevoel van bekeken worden was zo sterk dat ik dat het beste onthield – beter dan de sterke lichtflits of het gigantische geluid dat onwerkelijk was en meer dan het griezelige geluid van de dribbelende voeten.

Ik pakte alles in en verhuisde ons binnen een paar dagen na deze gebeurtenis uit ons appartement. Ik was heel, heel bang geworden om daar te zijn en werd angstig zodra ik het gebouw binnen moest gaan. Mijn herinnering aan die nacht was wazig, en ik heb het nooit aan iemand verteld. Het werd lange tijd vrij goed geblokkeerd, maar vanwege mijn angst over die plek bleef ik proberen uit te zoeken wat er was gebeurd.

Ik wist dat er een herinnering was, maar het leek alsof ik die gewoon niet kon bereiken. Een ding was zeker – wat het ook was, ik werd er doodsbang van. Dus verhuisden we voordat we zelfs maar hadden uitgepakt. We hadden er minder dan drie weken gewoond.

De ontvoering uit het stenen huis – februari 1972

Deze keer verhuisden we naar een koude, vochtige boerderij, en ik beloofde mijzelf opnieuw een tijd te blijven en deze plek tot een thuis te maken. Tom was niet de enige die moe was van het verhuizen. Ik was geïrriteerd over mijzelf en moe van de grappen.

We woonden minder dan drie maanden in dit stenen huis toen ik een ontmoeting had die ik in mijn bewustzijn kon houden – nou ja, in ieder geval de delen die tot de ontvoering leidden en alles meteen erna. Het was februari 1972. Mijn man was nog steeds student aan de universiteit, en hij reed ook af en toe met een vrachtwagen om te helpen ons te onderhouden. Ik was ongeveer twee maanden zwanger van ons eerste kind en werkte als assistente in de verkoeverkamer bij een lokaal ziekenhuis.

Het was vroeg in de ochtend, en Tom was voor zonsopgang weggegaan voor zijn werk en voor school. Mijn dienst begon om 7.30 's morgens, dus ik moest om 6.45 vertrekken om op tijd te komen. Ik was wakker geworden met een gevoel van kramp in mijn onderbuik, en ik zag bloed, dus ik belde mijn dokter. Terwijl ik wachtte totdat ik werd teruggebeld, belde ik ook naar mijn werk om hen te vertellen dat ik die dag niet zou komen. Ik hing snel de telefoon op om het telefoontje van de dokter niet te missen. Ik was alleen in huis en deed mijn best om rustig te blijven.

Al snel ging de telefoon en ik sprak met mijn gynaecoloog. Hij zei dat ik die dag in bed moest blijven en naar hem toe moest komen als het erger werd. Hij verzekerde mij dat dit niet ongebruikelijk was, en dat ik waarschijnlijk geen miskraam had, hoewel dat wel mogelijk was. In elk geval kon ik niets anders doen op dit punt dan rusten.

Ik zat aan de keukentafel en concentreerde me sterk op elk woord dat hij zei, terwijl mijn hart bonkte en ik worstelde om niet te huilen. Het huis was koud en ik zat in elkaar gekropen onder een deken met het snoer van de telefoon uitgerekt vanaf de telefoon door de kamer naar waar ik zat met mijn gezicht naar de muur. Nadat de dokter had opgehangen, bleef ik voorovergebogen zitten in mijn stoel, met mijn rug naar de kamer en de telefoon in mijn handen. Ik huilde zachtjes en zei een gebed, waarin ik vroeg om mijn baby te beschermen en in mij te laten groeien, toen ik mij plotseling bewust werd van een schuifelend geluid dat uit de buurt van de achterdeur kwam.

Het bewoog heel, heel snel en stopte achter mij; er stond iemand achter mij. Ik maakte een beweging om mij om te draaien, maar er werden handen op mijn schouders gelegd die me tegenhielden. Mijn naam werd zacht uitgesproken, en mij werd gezegd me niet om te draaien.

Toen, zoals altijd, de woorden: "het is tijd".

Het eerstvolgende dat ik wist, was dat ik wakker werd, maar ik was niet meer in de keuken. Ik lag ergens opgerold op een bed. Ik duwde mezelf met beide armen omhoog en keek in het rond. Mijn hoofd was wazig, en ik was gedesoriënteerd. Ik kon niet plaatsen waar ik was, maar ik zag dat het licht in de kamer schemerig werd. Er was een raam aan mijn rechterkant, en ik keek naar de donker wordende lucht, en probeerde het te begrijpen. Ik wist dat het geen ochtend meer was – dat was duidelijk door hoe de lucht eruitzag.

Langzaam besefte ik dat ik in onze slaapkamer was, maar ik was gedesoriënteerd omdat ik ondersteboven in bed lag. Mijn hoofd lag aan de rechter onderkant, en mijn voeten lagen aan de bovenkant. Mijn gedachten waren zwaar, en het voelde alsof ik uit een gedrogeerde staat kwam.

Toen zag ik mijn man op de grond liggen bij de deur die naar de slaapkamer ging. Ik schrok ervan, omdat hij eruitzag alsof hij de kamer in was komen lopen en gewoon om was gevallen. Hij had geen natuurlijke houding, maar voordat ik daar verder over kon nadenken, zag ik iets in de spiegel die boven het dressoir hing.

Er was een vrouw te zien in de spiegel. Ik keek er een tijdje naar om er zeker van te zijn dat ik het beeld echt zag, en toen draaide ik mij om om haar recht aan te kijken. Het was dezelfde vrouw van de ontvoering langs de kant van de weg, maar dat wist ik toen natuurlijk niet aangezien die herinnering nog begraven was en dat nog zeventien jaar zou blijven. Ze droeg een kledingstuk met een lichte kleur dat tot onder de knie kwam, maar haar voeten waren niet zichtbaar. Ze vervaagde gewoon vlak boven haar enkels.

Jaren later vertelde ik mijn dochter het verhaal van hoe een engel die eruitzag als een zieke Indiaanse vrouw naar mij toe was gekomen aan het begin van mijn zwangerschap en liet weten dat alles in orde was.

Haar precieze woorden waren: "Maak je geen zorgen. Je zult de baby niet verliezen. Het is belangrijk dat ze wordt geboren."

En toen vervaagde ze. Ik ben die gebeurtenis nooit vergeten. Ik dacht echt dat het een engel was, hoewel de engel er niet bepaald uitzag als wat ik in mijn hoofd had als een voorbeeld van de ideale boodschapper van God.

Ik hield ervan het verhaal met mijn dochter te delen omdat ik dacht dat het een prachtig voorbeeld was van hoe er over ons gewaakt wordt door onze Hemelse Vader. Dat veranderde uiteraard toen ik de hypnosesessie in Chicago onderging en het verband legde. Dat was geen engel – dat was een buitenaards wezen.

Uiteindelijk vertelde ik Don over deze gebeurtenis. We probeerden te beslissen welke ontvoeringsherinnering we nu zouden onderzoeken, en dit leek me een goede keus. Ik had bewuste herinneringen tot aan de gebeurtenis en erna. Ik had absoluut gemiste tijd – ik was meer dan acht uur kwijt! En er waren getuigen die me het verhaal over die dag en mijn ontmoeting met de Indiaanse engel hadden horen vertellen.

Na het incident in de stenen boerderij verhuisden we opnieuw. Net als eerst kon ik het niet langer aan om in dat huis te zijn. Mijn angst kwam iedere keer dat ik het moest betreden naar boven, en ik kon het niet aan daar alleen te zijn. Deze keer gingen we naar een motelkamer. Ik was door alle opties voor appartementen in dat gebied heen, en dit was het beste wat we konden verzinnen op korte termijn.

Voorval in het motel

Ik heb me altijd een bepaalde nacht herinnerd waarin ik behoorlijk tevreden was omdat ik het eigenlijk fijn vond om in één kamer te wonen – het voelde veilig. Het beste was nog dat ik een badkuip had waar ik een bad in kon nemen! Het was vroeg in de avond toen ik de badkuip vol liet lopen met water en mezelf voorzichtig in deze warmte liet zakken. Ik worstelde altijd met de kou en voelde me zelden comfortabel, zelfs in de zomer. Ik liet het warme water me als een deken bedekken. Ik lag een tijdje zo voordat mijn ogen op mijn buik rustten. Je begon het net te zien, en mijn handen streelden mijn kleine bobbeltje beschermend terwijl ik dacht hoe geweldig het was dat er leven in mij groeide.

Toen vielen mij een paar rode plekjes op. Ik keek beter en zag dat het acht littekens van naalden waren in een cirkel op mijn buik. Ik staarde er vol ongeloof naar. Ik kon het bloed in mijn oren horen kloppen terwijl ik bewegingloos zat te proberen het te begrijpen. Hoewel ik in warm water zat, werd ik koud van de angst. En toen werd ik hysterisch.

Mijn geschreeuw kaatste terug van de kleine badkamermuren. Ik vervloekte ze. Ik ging tegen ze tekeer terwijl ik al die tijd niet wist tegen wie ik mijn woede ventileerde, maar op de een of andere manier, ergens, in de diepe krochten van mijn geest, wist ik het. Ik wist het. Ik worstelde met het idee om de volgende ochtend mijn dokter te bellen. Ik wist dat ik dat zou moeten doen, maar ik wist niet zeker of dit iets was wat hij zou kunnen verklaren, en ik was zo verschrikkelijk bang.

Verstoppen voor de realiteit

Nu ik erop terugkijk, zie ik duidelijk dat ik probeerde me te verstoppen voor de realiteit van de littekens die ik daar op mijn buik had gezien aangezien de implicaties te verontrustend waren om onder ogen te zien. Ik kon er gewoon niet mee omgaan. Het idee dat mijn baby iets kon overkomen was meer dan ik wilde accepteren. Dus terwijl ik twijfelde wat te doen, loste de zaak zichzelf op – de cirkel van rode littekens van naalden waren eind van de ochtend van de volgende dag verdwenen.

Ik deed mijn best om mezelf ervan te overtuigen dat ik helemaal niets had gezien – dat het gewoon mijn verbeelding was geweest. Ik had het echt nodig dat het niet waar was, maar ik kon nooit zo goed tegen mijzelf liegen – en ik kon mijzelf nooit zover krijgen om het aan iemand te vertellen. Het was mijn angst dat als ik de woorden hardop zou uitspreken, dat het echt zou maken. Beter om er nooit over te praten. Ik hield me met alle macht vast aan de woorden van mijn "Indiaanse engel" en bad dat haar garantie echt was. En in de tussentijd vervloekte ik de demonen die mijn baby zoiets aan zouden doen.

Ik heb nooit het verband gelegd tussen de littekens van naalden en wat er daarvoor bij de stenen boerderij was gebeurd. Al die jaren, en ik heb de twee gebeurtenissen nooit met elkaar verbonden of er vragen over gesteld. Dat wil zeggen, totdat ik onder hypnose ging en zag dat de vrouw die aanwezig was bij die ontvoering langs de kant van de weg dezelfde vrouw was die in de hoek van mijn slaapkamer had gestaan.

Nu heb ik begrepen dat ze bijna altijd aanwezig is tijdens mijn ontvoeringservaringen. Dat is hoe vreselijk vreemd dit hele fenomeen is. Ik heb altijd moeite gehad met de manier waarop ze mijn bewustzijnsniveau konden blokkeren. Dat wil zeggen, het zou "normaal" zijn als iemand naar een aantal van deze ervaringen zou kijken – of het nu om gemiste tijd of gedeeltelijke herinneringen gaat – en obsessief zou proberen de punten met elkaar te verbinden of er iets van te begrijpen. Maar dat gebeurt niet met de ontvoeringservaring. Je ziet de enorme vreemdheid niet, of als je dat wel ziet, is dat van korte duur. Het vervaagt sneller uit je gedachten dan een toevallige ontmoeting met een kennis bij de groenteboer.

Toen Don en ik bespraken welke ontvoeringsherinnering we nu wilden onderzoeken, was de keus eenvoudig voor mij omdat ik precies wilde begrijpen wat er was gebeurd. Er gebeurden veel vreemde dingen tijdens mijn zwangerschap, en ik wilde antwoorden.

Mijn mooie, lieve dochter werd ongeveer drie weken te vroeg geboren toen ik zwangerschapsvergiftiging kreeg en de weeën werden ingeleid. Het werd een spoedkeizersnede toen alles riskant werd, maar alles was uiteindelijk perfect.

Ze was zeventien jaar oud toen ik de reis naar Chicago maakte om hypnose te ondergaan in een poging te begrijpen welke rol, als die er al was, de Grijzen hadden gespeeld bij het ontstaan van haar leven. Ze was zich niet bewust van deze gebeurtenissen omdat ik geen enkele van deze verhalen ooit met haar had gedeeld, behalve het verhaal van de "Indiaanse engel". Ik probeerde mijn dochters te beschermen tegen de onwerkelijke gebeurtenissen in hun moeders leven, maar dat bleek niet zo eenvoudig te zijn.

Als je aan het eind van je touw komt, leg er dan een knoop in en houd je goed vast.
Franklin D. Roosevelt

Hoofdstuk 6:
Blauwe lichten en blauwe plekken

Toenemende voorvallen

De toenemende duidelijkheid van mijn ontvoeringservaringen samen met de uiteindelijke erkenning dat er iets heel vreemds aan de hand was, zelfs toen ik nog worstelde om de herinneringen te accepteren, was bijna meer dan ik kon verdragen. Het legde zware druk op mijn huwelijk, mijn relatie met mijn familie, mijn dochters en mijn werk. Ik voelde me helemaal alleen en zeer kwetsbaar. Ik had bijna mijn breekpunt bereikt, maar ik wist dat ik voor mijn dochter sterk moest blijven. Ik had geen idee dat de reis pas was begonnen, en dat de grenzen die ik zou moeten opzoeken nog niet eens in zicht waren.

De nacht van het blauwe licht – juni 1988

Het was een warme vrijdagavond in juni 1988 toen er een voorval plaatsvond dat we uiteindelijk "De nacht van het blauwe licht" zouden noemen. Mijn dochters hadden allebei iemand bij ons te logeren. Ik had ze aangemoedigd om zoveel mogelijk bij vrienden te logeren of om vrienden bij ons te laten logeren om een extra beveiligingslaag voor ze toe te voegen. Tom werkte meestal tot laat op vrijdagavond, maar hij was vroeg weggegaan van zijn werk om naar huis te gaan. Ik had eerder op de avond dat angstige "ze komen eraan" gevoel gekregen en ik had hem gebeld en hem gevraagd alsjeblieft zo snel mogelijk thuis te komen.

Het was ongeveer 2.30 uur 's nachts toen ik wakker werd van de geur van zwavel, alsof iemand een lucifer had aangestoken. Ik was heel diep in slaap, en ik had moeite om mijzelf eruit te halen. Ik ging rechtop zitten in bed en snoof aan de lucht. Het leek te vervagen, dus ging ik weer liggen. Toen werd het weer heel sterk, dus ik ging weer rechtop zitten – dit was moeilijk omdat ik me letterlijk gedrogeerd voelde. Ik deed dit drie keer voordat ik mijzelf er uiteindelijk van overtuigde dat ik wakker moest worden, want het huis kon in brand staan! Tom was diep in slaap.

Ik hoorde onze hond huilen buiten in de tuin. Het was half een blaf, half een jankgeluid dat ik nog nooit van hem had gehoord, en het was heel verontrustend.

Ik weet nog dat ik dacht: arm beest. Het is alsof hij weet dat hij moet blaffen om ons te beschermen, maar dat hij overduidelijk doodsbang is voor iets.

Vervolgens hoorde ik schuifelende geluiden van beneden, dus sprong ik uit bed om te gaan kijken. Terwijl ik door de slaapkamer liep en naar het balkon dat over de woonkamer uitkeek, zag ik een blauw licht door de bovenlichten en het raam van de slaapkamer in het westen heen schijnen. Het was spookachtig. Het leek te pulseren. Ik ging naar beneden en hoorde geluid komen uit de slaapkamer van mijn jongste dochter.

Allebei mijn dochters en hun vrienden waren uit bed en keken door de jaloezieën voor het raam. Ze praatten allemaal door elkaar, en het was duidelijk dat ze bang waren. Ze zeiden dat iemand met een blauw licht in het raam had geschenen en hen had geroepen.

Ze hadden hem op een zangerige manier oren zeggen: "Hallo... hallo".

Ik liet ze alle lichten in huis uitdoen en ging naar buiten op onderzoek. Ik was er zeker van dat één van de vrienden van mijn dochter een grap uithaalde, een heel wrede grap. Toen ik de voordeur uitliep, ging er een schok door mij heen die het huis omringde. De deurbel maakte een grappig zoemgeluid en leek door te branden. Alle vier de meisjes renden de slaapkamer uit toen ik mij omdraaide en terugsprong in de hal. Ik begon de trap op te rennen om Tom te halen toen hij uit de slaapkamer kwam en de trap afrende. We vertelden hem wat er was gebeurd en hij snelde de voordeur uit en zocht rondom het huis om te zien wie er kon zijn.

Aangezien hij niets vond, pakte hij onze auto en reed heen en weer de weg af, terwijl hij probeerde uit te vinden of een paar grappenmakers hun auto in de straat geparkeerd hadden staan of dat er kinderen wegrenden van ons huis. Hij vond opnieuw niets. En dat was het, behalve dat onze hond een aantal dagen zoek was. Het arme beest moet doodsbang zijn geweest en hebben besloten er vandoor te gaan.

Een paar jaar later, toen ik mijn oudste dochter vroeg wat haar herinnering aan die nacht was, vertelde ze me dat toen ze iemand hoorden die hen riep, ze dachten dat het een vriend was, maar toen ze naar buiten keken, zagen ze daar een klein mannetje met vreemd lange armen staan alsof hij in de houding stond, en hij riep haar naam.

Ze herinnerde zich ook dat ik op het balkon boven had gestaan met een vreemde blik in mijn ogen en had gezegd: "Ze zijn er" voordat ik mij omdraaide en terugging naar mijn slaapkamer.

Er waren nog andere tegenstrijdigheden – iets waarvan ik heb geleerd dat het typisch is voor deze ontmoetingen, aangezien de zeer emotionele staat waarin je dan bent je waarneming kleurt. Plus de Grijzen gebruiken schermen en blokkeringstechnieken om je te beschermen.

De ochtend na het "blauwe licht" voorval kwamen mijn jongste dochter en haar nichtje van buiten naar binnen rennen en vroegen me om mee te komen om ergens naar te kijken. Voorbij ons goed bijgehouden grasveld, waar het gras lang kon groeien, was een rond stuk waar het gras in een spiraalvorm was platgeslagen. Het had een diameter van maar ongeveer vier meter, maar ik wist meteen wat het was. Dit was ten westen van het huis – de kant waar het blauwe licht de afgelopen nacht vandaan was gekomen. Het was nog meer fysiek bewijs dat wat er gebeurde niet alleen maar een verzinsel van mijn geest was. Dit waren echte eerlijke fysieke ervaringen – alsof ik nog meer bewijs nodig had.

Mijn dochter en haar nichtjes wilden weten of hier een UFO was geland. Ik zei: "Nee, het lijkt mij dat hier wat regen is gevallen en een natuurlijke spiraal heeft gevormd."

Mijn dochter zei: "Ik denk dat ze hier zijn geland. Net als eerder. Weet je nog dat je Amy en mij liet zien waar ze landen – dat zag er net zo uit als dit."

De ontdekking van de tekening van mijn dochter

Al mijn moederinstincten kwamen naar boven, en ik herhaalde mijn verklaring van daarvoor, maar ze accepteerde deze niet. Ik keek diep in haar bruine ogen terwijl ze geestdriftig uitlegde hoe ik haar en haar zus een paar jaar geleden had meegenomen naar deze plek en hen de plaats had laten zien waar een UFO was geland. Ze zei verder dat ik hen zelfs aan de keukentafel had laten zitten en een tekening had laten maken van hoe zij dachten dat een vliegende schotel eruitzag, en ook de inzittenden!

Ik was met stomheid geslagen.

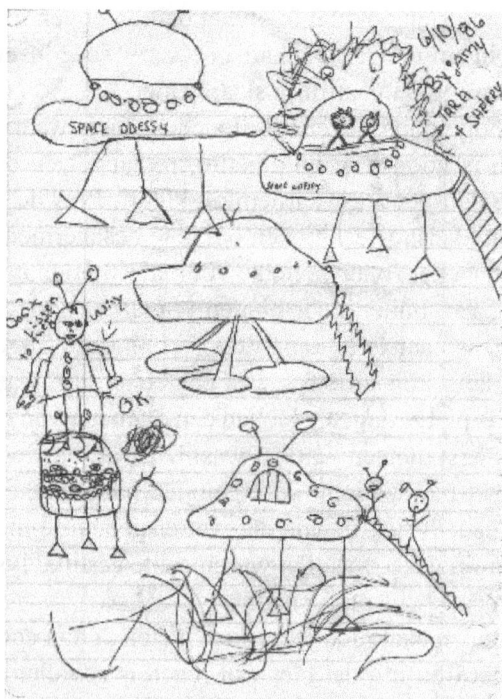

Waarom zei mijn kind die dingen? Haar nichtje luisterde hier met grote ogen naar, maar zei niets. Ik stond perplex.

Toen zei mijn lieve dochter: "Je wilde niet dat we bang zouden zijn als we ze zagen, weet je nog?"

Ik wist het zeer zeker niet meer. En dat klonk niet als iets wat ik zou doen, niet als ik goed bij mijn hoofd was.

"Je hebt de tekening in je dekenkist bewaard, zodat je die als bewijs had."

Mijn hemel! Dit werd steeds gekker.

"Juist, laten we even gaan kijken", zei ik.

En we liepen alle drie het huis in om het bewijs te zoeken waarvan ik wist dat het er niet was. Maar het was er wel. Het was een stuk gelinieerd papier waar ik de datum op had gezet en had bewaard. Er stond een kinderlijke tekening op van een buitenaards wezen en ruimteschepen.

Mijn dochter was weer aan het praten en zei: "Weet je nog, je zei dat we niet bang moesten zijn als we hen zagen. Je zei dat ze ons geen kwaad zouden doen, maar dat ze er eng uit konden zien omdat ze er niet uitzien zoals wij."

Mijn dochter was nu bijna dertien jaar oud. Dus dat betekende dat ze toen ongeveer elf jaar was en haar oudere zus bijna veertien toen ik ze die tekening had laten maken, aangezien hij was gedateerd met juni 1986 – een heel jaar voordat alles was begonnen. Ik kon het niet geloven.

Als ik dat stuk papier niet zelf had gezien, had ik nooit geloofd dat ik zoiets zou doen. Met mijn eigen dochters! Ik begrijp nu dat ik weer was geprogrammeerd om dit te doen, maar het is beangstigend om te bedenken dat die dingen gebeurden zonder mijn instemming of toestemming. Dat het alleen mij betrof was al een ding, maar dit waren mijn kinderen. Twee onschuldige kinderen. Ik werd er misselijk van.

Ik neem aan dat je kunt beargumenteren dat het was gedaan in een poging om het trauma te verminderen mochten ze getuige zijn van mijn ontmoetingen, maar ik werd er nog steeds zeer boos van. Er welde angst voor mijn kinderen in mij op en de woede die ik voelde voor deze indringers liep weer uit de hand.

Ik bleef achter met de vraag: wat was er nog meer in mijn leven gebeurd dat ik mij niet herinnerde? Hoeveel missende puzzelstukjes waren er? Had iedereen met dit soort dingen te maken, maar was het mij op de een of andere manier gelukt om de deur ernaartoe te openen?

En dan weer de laatste gedachte – ik moest wel volledig gestoord zijn.

Na deze laatste gebeurtenis leken de laatste gebroken stukjes van mijn leven in mijn handen tot stof te vergaan. Het overweldigende bewijs was dat dit werkelijk gebeurde en mijn hele leven al gebeurde. Het was moeilijk om te accepteren. Het idee ging continu door mijn gedachten terwijl ik heen en weer ging van proberen te doen alsof er niets aan de hand was naar elke stukje bewijs onderzoeken om te proberen te begrijpen wat dit allemaal was. Het was dodelijk vermoeiend. Ik had heel erg geprobeerd me vast te houden aan een bepaalde vorm van normaliteit in mijn leven, maar nu voelde het alsof ik volledig in een andere dimensie terecht was gekomen. Dit komt uit het dagboek dat ik destijds bijhield:

Ik ben nog steeds met stomheid geslagen door alles wat er is gebeurd en nog steeds gebeurt. Ik wil concrete antwoorden, maar realiseer me dat ik die waarschijnlijk nooit krijg. En soms raak ik daarvan in paniek. Ik begrijp het niet. Is dit echt? Ik weet gewoon niet wat ik hiervan moet maken. Ik weet, of ik denk tenminste dat ik weet, dat bepaalde dingen echt zijn – fysiek echt. Maar geloven gekke mensen niet in hun realiteit? Ik ben zo in de war, en ik word boos want ik wil het gewoon begrijpen.

Een voordeel van deze ontmoetingen

Ik was echter in staat een goede kant aan deze ontmoetingen te ontdekken – nou ja, uiteindelijk vond ik er een paar, maar één van de positievere aspecten waar ik mij al snel van bewust werd, was de bonus die je krijgt als je gedurende langere periodes aan de hogere trillingen wordt onderworpen. Ik was moeder van een energieke tiener, en het was soms handig om in staat te zijn gebruik te maken van een aantal geschenken die mij door die blootstelling waren gegeven.

Ik was meerdere keren in staat om mijn gedachten op mijn dochter te richten om "haar te checken" en te kijken of alles goed was. Er was een avond waarop ik het gevoel had dat ze niet was waar ze had gezegd dat ze heen ging. Ik was er vrij zeker van dat ze samen met een jongen was die ik destijds echt niet oké vond. Het was een keer gebeurd dat hij haar had afgezet bij de voordeur in een staat waarin geen enkele moeder haar dochter wil aantreffen, dus ik had haar gezegd dat ze geen tijd met deze jongeman mocht doorbrengen.

Die avond was het heel gemakkelijk voor mij om mijn bewustzijn naar buiten te "duwen" op zoek naar mijn dochter. Ik had een sterk voorgevoel en ik moest gewoon weten of ze in orde was. Ik zat in mijn slaapkamer op de rand van mijn bed en stuurde mezelf uit mijn lichaam en ging snel over de vallei naar de locatie van mijn dochter. Het was net zo makkelijk als een gedachte hebben. Het ging heel gemakkelijk en spontaan.

Al heel snel zweefde mijn bewustzijn boven wat bomen en keek naar wat een huis met drie verdiepingen leek met een paar auto's die voor de deur geparkeerd stonden. Ik herinner me dat de hond naar me blafte. Ik vond het interessant dat hij mijn energie daar kon voelen of zien terwijl ik dichter naar het huis toe ging. Het leek alsof ik door een raam heen keek, maar dat deed ik niet.

Ik was daar in de kamer en keek neer op mijn dochter die languit op de grond lag voor de TV. Er zat nog een stel op de bank. Ik nam het patroon van het tapijt en de kleur van de bank in me op; om de een of andere reden viel me dat op en bleef me bij. Ik hoorde de jongeman, dezelfde jongeman die ik mijn dochter had verboden te zien, haar uit de andere kamer roepen. Toen kwam hij de kamer binnenlopen en gaf haar een bord met een tosti met kaas erop. Alles leek onschuldig, dus ging ik weg, maar ik kwam in mijn lichaam terug om mijn dochter op te halen.

Later, toen ze vroeg hoe ik wist dat ze daar was, vertelde ik haar van mijn ervaring en was heel overtuigend toen ik de kamer en wat ze had gezegd in detail beschreef. Daarna neigde mijn dochter ernaar mij wat beter te gehoorzamen. Dus niet alles wat met de Grijzen te maken heeft, kan pijnlijk of beangstigend worden genoemd. Er waren zeker een aantal positieve aspecten.

Geen droom

Ongeveer twee weken na het voorval met het blauwe licht had ik een heel vreemde ervaring. Ik had een droom dat ik een droom had. Alleen wist ik dat het geen droom was. Ik was "wakker" geworden tijdens een ontvoering. Vijf kleine werkmannetjes droegen me door het lange gras achter ons huis. Ik smeekte ze steeds opnieuw om me neer te zetten. Ze hadden hun handen overal en dat vond ik vreselijk. De nacht was koel en vochtig. Het natte gras kwam tegen mijn rug en ik had het koud.

Toen leek het alsof ik wakker werd uit een droom, en ik herinner me dat ik dacht: "O mooi, het was maar een droom."

Maar ze waren er nog steeds, alleen waren we nu in de slaapkamer en legden ze me terug in bed. Hun handen zaten weer overal aan me, waren met me bezig. Het was zo'n hulpeloos gevoel. Ik haatte het. Zo'n schending, zo veeleisend en opdringerig. Ik kon niets doen, ik was hulpeloos.

Ik werd opnieuw wakker uit mijn droom. Deze keer waren ze weg en lag ik natuurlijk in mijn bed. Ik dacht een heel tijdje na over die herinnering. Ze plaatsen je duidelijk in een andere staat van bewustzijn die veel op slaap lijkt, maar in dit geval was ik in staat er een aantal keer uit te komen. En het voelde als wakker worden uit een droom, alleen was het zeer zeker geen droom. Dit was echt. Ik wist het toen, en ik herinnerde me het de volgende ochtend volledig. Het was een heel verontrustende ervaring.

Bezoek van zwarte helikopters

De meeste van mijn ontvoeringservaringen vonden overdag plaats, dat waren tenminste de ontmoetingen waar ik de duidelijkste herinnering aan had, maar ik had zeker genoeg nachtelijke ontmoetingen. Als ik tijdens mijn leven alleen nachtelijke ontvoeringen had gehad, was het veel gemakkelijker voor mij geweest om dit allemaal weg te zetten als alleen maar dromen, nachtelijke verlamming of een soort hallucinaties, maar omdat zoveel van mijn ontmoetingen overdag plaatsvonden – en ik zulke duidelijke herinneringen en in sommige gevallen getuigen had – kon ik ze niet zo gemakkelijk wegwuiven. Deze nachtelijke ervaring was zeldzaam, maar ik kon hem niet wegzetten als droom. Niet met het oog op alles wat er in die periode in mijn leven was gebeurd. Alle onderdelen waren aanwezig om aan te tonen dat het een echte, fysieke ervaring was.

Het was ook kort na het voorval tijdens de "Nacht van het blauwe licht" dat ik de zwarte helikopters rondom mijn huis ging zien. Dit gebeurde de hele tijd. Wekenlang zoemden ze boven mijn huis, waarbij ze soms recht boven mijn dak hingen. Meestal was het er maar één, maar in sommige gevallen waren er wel drie. Ik vroeg me vaak af wat mijn buren ervan vonden, aangezien het je echt niet kon ontgaan. Het nam na een paar maanden af, maar het eindigde niet helemaal totdat de ontmoetingen met de buitenaardsen stopten. Ik sprak er met Don over en hij kwam er later achter dat het waarschijnlijk het leger was dat mij en mijn bezoekers in de gaten hield.

Klaar voor derde hypnosesessie – herfst 1988

Om te proberen om te gaan met en te begrijpen wat er met me gebeurde, wilde ik een derde hypnosesessie met meneer Mitchell ondergaan. We reisden opnieuw naar Chicago laat in de herfst van 1988. We hadden al besloten dat we ons zouden focussen op de "Indiaanse engel" periode, aangezien ik me vrij veel bewust herinnerde van de gebeurtenissen die eraan voorafgingen en ook van wat er daarna gebeurde. Iedereen die mij na stond had het verhaal gehoord, alsook mijn ontreddering over wat er die dag echt was gebeurd. Ik was bang voor wat er uit de regressie zou komen omdat dit niet alleen mijzelf betrof, maar ook mijn lieve kind. Ook al wist ik dat alles goed was met haar, was het nog steeds verontrustend te denken dat buitenaardse wezens op de een of andere manier een rol hadden gespeeld bij haar verwekking en misschien aanwezig waren geweest tijdens mijn zwangerschap.

Tegen deze tijd had mijn man zich voor een groot deel teruggetrokken uit ons huwelijk. Ik weet dat hij mijn verstand in twijfel trok en bang was voor de dingen die bij ons thuis waren begonnen plaats te vinden. Ik geloof dat hij zijn best deed om er voor me te zijn; hij had alleen niets om op terug te vallen. Hij was klaar om zich terug te trekken, en ik denk dat ik hem dat niet kwalijk kon nemen. Ik had mij ook verstopt als ik dat had gekund!

Tom had zijn eigen ontmoeting met een vliegende schotel gehad op een nacht waarin hij met de oplegger reed aan het begin van ons huwelijk. Het had grote impact op hem en hij was erdoor van slag geraakt. Hij praatte er niet graag over. En er was natuurlijk die keer die hij deelde met onze jongste dochter toen ze de vliegende schotel boven ons huis zagen in dezelfde nacht dat ik de grote witte bol met oranje lichten had gezien tijdens de UFO-golf. Ik denk dat hij in zijn hoofd nog steeds een manier had gevonden om het te rationaliseren – te minimaliseren – en het op de een of andere manier goed te praten door zichzelf ervan te overtuigen dat ik degene was die gek was.

Restaurant voorval met Tom

Er was een dag dat we samen gingen lunchen, en ik had het vreselijk moeilijk. Ik voelde me echt alsof ik niet meer verder kon. Het binnendringen van ons huis door deze wezens was niet iets waarvan ik voelde dat ik ermee om kon gaan. Het was allemaal zo verwarrend en onbeheersbaar. Niets had meer enige betekenis, en de pure verschrikking ervan putte mij uit. Ik had zo erg geprobeerd een manier te vinden om al dit UFO-gedoe van me af te zetten, maar met wat er in ons huis gebeurde werd het steeds moeilijker voor mij om het als misplaatste herinneringen of foute herinnering te markeren terwijl ik onder hypnose was.

De tekens stonden op mijn lichaam en al het toenemende bewijs was moeilijk te ontkennen. Het voelde alsof ik gedwongen moest toegeven – op de een of andere manier gedwongen om het ongelofelijke te geloven. Tijdens de lunch begon ik mijn angsten en zorgen aan mijn man te uiten, maar hij keek naar me met lege ogen, en ik wist dat hij niet meer over deze gekheid wilde horen.

Ik werd boos. Ik had iemand nodig die de spanning en stress die ik voelde begreep. Mijn God, in mijn herinnering was ik de nacht daarvoor bij buitenaardse wezens. Wat moet iemand met dat soort informatie? Werd er echt van mij verwacht dat ik daar gewoon zou zitten en over het weer zou praten?

Opeens stopte ik met praten. Ik keek bewust even naar hem en zei toen zachtjes: "Stroop je mouwen op."

De angst stond meteen in zijn ogen. Op de een of andere manier wist hij waar ik naartoe wilde. Hij zat doodstil.

Ik siste opnieuw naar hem: "Stroop je mouwen op!"

Deze keer deed hij het. Ik strekte me uit en draaide zijn polsen om, en op zijn onderarm stonden blauwe plekken in de vorm van vingers. De tekens die door de buitenaardsen worden achtergelaten als ze je bij je armen meeslepen terwijl je óf bewusteloos bent, óf met ze aan het worstelen. Het was al een heel ding om ze op mij te zien, maar iets heel anders om ze op zijn eigen lichaam te zien.

Dat was wat ik wilde. Ik wilde dat iemand anders wist dat het echt was. Niet een verhaal. Geen inbeelding. Ik kon zien dat mijn man diep geschokt was, maar hij rolde zijn mouwen langzaam en welbewust op, stond op en liep rustig het restaurant uit. We hebben er nooit over gepraat. Hij trok zich juist nog meer terug.

Ik begrijp niet echt hoe ik wist dat die vingerafdrukken op zijn onderarm zouden staan. Dat is weer onderdeel van de enorme vreemdheid rondom dit onderwerp. Wist ik het omdat ik in de diepe, donkere hoeken van mijn geest een herinnering had aan het feit dat hij door hen uit bed werd gesleept? Verschenen de blauwe plekken omdat "zij" ze daar hadden geplaatst in een poging mij te steunen? Heb ik ze op de een of andere manier laten verschijnen? Ik zal het misschien nooit weten, maar met verloop van de tijd lijkt het erop dat mijn vragen wel beantwoord worden, dus ik denk dat het redelijk is om te veronderstellen dat deze uiteindelijk ook verklaard zal worden.

We besloten Chicago in te gaan de avond voor de regressie. Het was koud en het sneeuwde toen we naar een hotelkamer zochten die binnen rijafstand lag van het kantoor van CUFOS. We dachten dat het goed voor ons zou zijn om er even uit te gaan en wat tijd voor onszelf te hebben. We hadden onze dochters achtergelaten bij vrienden en we waren vastbesloten het beste te maken van dit kleine uitje. Maar de spanning en stress van de afgelopen maanden hadden hun tol geëist en we waren als vreemden voor elkaar. We checkten in, gebruikten een lichte avondmaaltijd en gingen vroeg slapen.

Men in Black (MIB) voorval

Als ik had geweten wat mij te wachten stond, was ik nog geen honderd kilometer in de buurt van die hotelkamer gekomen. Mijn herinneringen aan die nacht liggen diep begraven, en daar wil ik ze graag houden. Ik heb vage flitsen van drie lompe mannen die de kamer inkomen. Ze zijn groot en stevig, gekleed in ouderwetse donkere pakken met gilets en hebben hoeden op en broeken met wijde pijpen.

Ze raakten me in mijn ziel. Dat is de enige manier waarop ik het kan zeggen. Ik had voor dit voorval nog nooit gehoord van het fenomeen dat bekendstaat als "De men in black" (MIB). Het is één van de bizarste aspecten van het verhaal van ontvoering door buitenaardse wezens. Ik heb geen idee hoe ze in het programma passen, maar ze leken in ieder geval een gevestigd belang te hebben bij wat er met mij gebeurde.

Ik was geprogrammeerd met een boodschap die ik aan Don Schmitt moest geven, en dat was alles wat de volgende ochtend uit mijn mond bleef komen – als een bandje dat steeds opnieuw werd afgespeeld. Ik hoorde de woorden die ik uitsprak en wist dat die niet van mij waren. Mijn stem klonk zelfs anders.

Ik was fysiek en emotioneel uitgeput. Tom deed zijn uiterste best om niet de kamer uit te rennen. Ik prijs hem ervoor dat hij bij mij bleef. Het was als het kijken naar de gevolgen van een vreselijk ongeluk – moeilijk om naar te kijken, maar nog moeilijker om weg te kijken.

Ik was niet in staat om iets anders dan deze "boodschap" over te brengen waar ik mee was geprogrammeerd. Het was één van de vreemdere dingen die ik tijdens mijn ervaringen heb doorstaan. Met heel veel moeite kon ik iets anders dan de boodschap zeggen, maar dat was pas nadat ik die drie keer had afgespeeld. Uiteindelijk kon ik van het bed opstaan, maar het was heel moeilijk, want mijn lichaam voelde zo zwaar en onderdrukt. Ik voelde me gedesoriënteerd, alsof ik uit mijn lichaam was gegaan en het aan een andere entiteit had gegeven. Maar ik was er nog wel, alleen had ik geen controle meer.

Tot op zekere hoogte geloof ik dat dat precies is wat er is gebeurd, maar hoe dat kan, kan ik niet uitleggen. Ze hebben me fysiek geen pijn gedaan, hoewel ik niet mezelf leek. Ik leek op een "versie" van mijzelf. Mijn man was ongerust, en ik bleef maar in de spiegel kijken om mijzelf ergens in die ogen te vinden. "Ik" zat ineengedoken in een hoekje van mezelf en verstopte me voor de monsters die onze kamer waren binnengekomen en me bedreigden.

De boodschap voor Don was vijandig. Het kwam er in de basis op neer dat ze mij niet meer onder hypnose mochten brengen om herinneringen op te halen en dat Don geen idee had waar hij mee te maken had. Ze hadden mijn familie al generaties lang bestudeerd en de ambities van een "kleine"

UFO-onderzoeker mochten hun werk niet in de war schoppen. Er stond te veel op het spel. Ik leverde de boodschap af, maar was in staat om een aantal vervelende neerbuigende opmerkingen eruit te halen die persoonlijk aan Don gericht waren.

En het was waar, als Stanley Mitchell probeerde me mee terug te nemen naar de onderdrukte herinneringen aan het voorval met de "Indiaanse engel", werd ik bijna hysterisch. Ik ging die herinneringen echt niet ophalen. Het enige dat ik kreeg was de boodschap: ze hebben een aantal eigenschappen van het DNA van mijn kind versterkt.

Dat verontrustte mij zeer, en toen ik protesteerde dat ze het recht niet hadden om met mijn kind te knoeien, werd mij duidelijk gezegd: "Niet knoeien. We hebben bepaalde eigenschappen versterkt."

Later, toen ik terugkeek op wat de boodschap van de MIB was geweest, raakte ik daar behoorlijk van van slag. Ze hadden gezegd dat mijn familie al generaties lang werd bestudeerd.

Wat betekende dat? Hadden ze zich met mijn voorouders bemoeid? En wat waren de gevolgen voor mijn kinderen – en hun kinderen?

De behoefte om te weten of deze wezens kwaadaardig waren kreeg ineens nieuwe betekenis en urgentie. Ik hoefde niet lang en hard na te denken om mij bepaalde voorvallen uit mijn kindertijd te herinneren die leken te bevestigen wat ze zeiden.

UFO's gezien door mijn moeder – eind jaren '50

Ik herinnerde mij een dag midden of eind jaren '50 toen ik binnenkwam en mijn moeder bij het keukenraam zag staan terwijl ze intens naar buiten keek over de vallei naar de heuvels verderop. Ik vroeg haar iets, ik weet niet meer wat, maar ze draaide zich niet om van het raam om mij antwoord te geven.

Ze bleef zoekend kijken alsof ze iets zocht. Ze gaf vaag antwoord en wuifde met haar hand naar me alsof ze me weg wilde vegen. Ik stond een tijdje naar haar te kijken terwijl ze afwisselend ging zitten in haar stoel en weer opstond, maar ze draaide zich nooit af van het raam of keek weg van waar ze dan ook naar keek. Het leek erop dat ze iets zocht, want ze leunde naar voren en keek naar het westen en draaide haar hoofd toen omhoog om naar de lucht te kijken.

Uiteindelijk ging ik naar de andere kamer en ging rustig in boeken zitten kijken totdat mijn vader thuiskwam uit zijn werk. Ik weet niet of ze zich er wel van bewust waren dat ik in de buurt was toen ik mijn moeder met zeer opgewonden stem aan hem hoorde vertellen dat ze eerder die dag een vliegende schotel had gezien die boven de heuvel tegenover ons huis zweefde.

Ik wist niet wat een vliegende schotel was, maar ik wist dat het iets heel speciaals moest zijn door de manier waarop mijn moeder erover sprak. Ze gebruikte een toon die ik haar nog nooit had horen gebruiken, en mijn vader stelde vragen op een heel beheerste, rustige manier. Dat maakte mij bang. Er was iets aan de hand, en ik ging langzaam terug naar de kamer.

Toen ze mij zagen, joegen ze mij weg en stuurden me naar mijn kamer. Ik sjokte langzaam de trap op en ging halverwege zitten om te luisteren naar wat ze zeiden, maar ze fluisterden nu. Dat verontrustte me nog meer.

Die avond vroeg ik bij het avondeten verlegen wat een vliegende schotel was, en ik kreeg een uitleg die nogal luchtig was. In de loop der jaren ontkende mijn moeder nooit dat ze een UFO had gezien, en ze vertelde hoe hij boven de heuvels recht tegenover ons huis had gezweefd. Vervolgens schoot hij gewoon omhoog en was hij weg.

Lente 1966

Jaren laten zag ze er opnieuw één. Het was in de lente van 1966. Mijn oudste broer deed eindexamen op de middelbare school en we waren op de weg terug naar ons huis na de diploma-uitreiking aan het praten toen mijn moeder ineens stopte en omhoog wees naar boven de bomen.

Op een heel opgewonden manier vroeg ze of iemand van ons dat ding in de lucht zag. "Wat is het? Zie je het?" vroeg ze.

Ik keek, maar ik zag niks. Ze was heel opgewonden en ongerust over wat ze zag, terwijl ze haar vinger wijzend in de lucht stak. Mijn jongste broer liep met ons mee en zei dat hij het ook zag. Ze beschreven het als een ding in de vorm van een metalen cilinder met een lichtstraal die uit de onderkant bijna tot aan de grond scheen. Mijn moeder zag iets in de lichtstraal omhooggaan. Ik probeerde het maar ik zag helemaal niets. Ik was gefrustreerd, maar aangezien ik een tiener was, kon het me niet zoveel schelen.

Ze stonden er een paar minuten naar te kijken totdat het verdween. Ik heb nooit geweten of hij wegvloog of gewoon verdween omdat ik het gewoon opgaf en verderliep naar huis. Ik geef toe dat ik twijfelde over wat ze zeiden, hoewel ik wist dat mijn moeder nooit zou liegen. Ik dacht gewoon dat ze zich vergiste over wat ze dacht dat ze zag. Ik dacht altijd dat mijn broer er gewoon in meeging. Ik bedoel hij moet ongeveer dertien zijn geweest, dus wat wist hij nou?

Na een bijeenkomst van de Orde van de Oosterse Ster – jaren '60

Voor zover ik weet, zijn dat de enige twee keren dat mijn moeder een UFO heeft gezien, behalve dat ik mij herinner dat ze een verhaal vertelde over dat ze in de avondschemering terugreed na een bijeenkomst van de Orde van de Oosterse Ster die in een nabijgelegen dorp was gehouden. Terwijl ze naar huis reed over de bochtige wegen begon het mistig te worden en toen zag ze iets heel vreemds.

Er stond een uil langs de weg. Ik herinner me dat ze dit verhaal vertelde door hoe ondersteboven ze was door dit alles. Ze herinnerde zich dat ze betoverd was door deze uil en zijn grote ogen. Ze zei ook dat hij wit was, helemaal wit, en dat hij daar gewoon stond en naar haar keek terwijl ze langzaam voorbijreed.

Ik zou zeggen dat ze een ontvoeringservaring heeft gehad omdat het verhaal eindigde met het feit dat ze totaal in de war was omdat ze een aantal uur tijd kwijt was en geen herinnering had aan hoe dat kon zijn gebeurd. Ze rationaliseerde het door te zeggen dat ze misschien de weg was kwijtgeraakt in die mist en veel langer had rondgereden dat ze zich had gerealiseerd. Dit voorval vond ergens in de jaren '60 plaats, maar ik weet echt niet wanneer. Mijn moeder sprak er af en toe over, maar ik vroeg haar nooit om het jaar waarin het gebeurde aan te geven. Het leek gewoon niet zo belangrijk. Het was gewoon een van de verhalen die je hoort als je opgroeit, en het bleef me bij omdat ze het een aantal keren herhaalde en altijd met dat vragende gevoel van verwarring die hoort bij dat soort afwijkingen.

Mijn "onmogelijke" geboorte

Een ander verhaal dat mijn moeder mij vertelde dat mij nooit zo had geraakt, maar dat mij nu een beetje begon te verontrusten, kan wel of niet gelinkt zijn aan UFO-activiteit. Het ging over mijn geboorte. Blijkbaar had mijn moeder ongeveer een jaar voor mijn geboorte een miskraam gehad en daarom zei ze dat ze nooit wist waar ik vandaan kwam.

Wat ze daarmee bedoelde was dat ze na de miskraam geen enkele seksuele activiteit had, en toch werd ze zwanger van mij. Ik werd geboren op kerstochtend in 1950, maar volgens mijn moeder was mijn komst eigenlijk onmogelijk. Dat vreemde fenomeen is voor zover ik weet tenminste nog een keer in mijn familie opgedoken, dus ik ben niet de enige die is geboren onder die vreemde omstandigheden. Ik kan geen conclusie trekken die specifiek naar de betrokkenheid van de Grijzen wijst, en toch vermoed ik sterk dat er een link kan zijn.

Te worden verteld dat je familie bestudeerd wordt door een ras van wezens die niet van deze aarde zijn, is op zijn zachtst gezegd een verontrustende bewering. Dat het van die monsters, de MIB kwam, maakte het een nog beangstigender idee om te aanvaarden. Ik heb er relatief in kunnen berusten door troost te vinden in het feit dat niemand van ons vreemd of ongewoon leek – dat wil zeggen, tenzij je me vreemd vindt omdat ik dit boek schrijf. Maar toen ik nader onderzoek deed naar de gebeurtenissen uit mijn leven nu en in het verleden, vond ik wel stukjes die erop wezen dat alles niet zo vreselijk was. Dat wil zeggen, er waren een aantal goede dingen die uit mijn omgang met de Grijzen voortkwamen. Zo heb ik de kans gehad om heel veel dingen van hen te leren, waarvan niet de minste "De Drie Belangrijke Dingen die je moet Weten" waren.

Jouw begrip is geen belangrijke bijdrage aan de waarheid.
Een Cursus in Wonderen

Hoofdstuk 7:
Verspreide puzzelstukjes

Stigma's van ontvoeringservaringen

Ik was verbonden gebleven met de kleine groep die ongeveer elke week bij elkaar kwam om te mediteren. Ze hielpen mij om mijn ervaringen vanuit een totaal ander gezichtspunt te zien, één zonder angst. Het was gemakkelijk om me veilig en enigszins beschermd te voelen als ik bij hen was, maar als je 's morgens wakker wordt met blauwe plekken op je armen of een spiraalvormig patroon van platgeslagen gras in het veld naast je huis, samen met een vage herinnering aan een zilveren schip dat daar stond – nou, dan ben je dat vredige gevoel snel kwijt. Ik daagde de buitenaardsen nu uit door ze te vragen overdag te komen zonder me in een andere staat van bewustzijn te brengen.

Ik leerde te mediteren, en dat leek op de een of andere manier een communicatiekanaal met hen te openen. Ik vertrouwde het eerst niet, en ik heb de echtheid ervan lang in twijfel getrokken, maar ik begon me de ontmoetingen met hen zeker te herinneren zonder de hulp van hypnose, en ik was me er ook een beetje van bewust als ze me kwamen halen. Het leek erop dat ze altijd een beetje roekeloos waren geweest bij het op tijd "blokkeren" van mij, want ik had heel veel bewuste herinneringen aan dat ze verschenen op willekeurige tijdstippen in mijn leven. Plus er was iets geks dat ze soms doen; dat wil zeggen dat ze drie keer hard kloppen voordat ze de kamer inkomen om mij te halen. Ik hoorde later dat dit een algemene eigenaardigheid van ze is. Ik wist dat het betekende dat ze er waren, maar om de een of andere reden werd ik er nooit bang van. In plaats daarvan leek het een kalmerend effect op mij te hebben.

Ze kwamen 's nachts toen ik in bed lag en probeerde in slaap te vallen, toen ik mij bewust werd van een Grijze die bij mijn bed stond. Ik opende mijn ogen en was niet eens zo bang toen ik zag dat hij zich over mij heen boog. Ik herinner me duidelijk dat mijn linkerarm onder de dekens lag, maar mijn rechterarm niet, en ik keek toe terwijl hij zich uitstrekte en mijn arm aanraakte.

Ik kon de woorden bijna samen met hem zeggen: "Sherry, het is tijd."

Hoewel de bezoeken traumatiserend waren, denk ik dat het stigma dat met het hele fenomeen gepaard ging nog erger was. Ik werd heel waakzaam en teruggetrokken nadat ik mij al snel had gerealiseerd dat dit niet iets is dat anderen gemakkelijk accepteren. Het heeft allemaal te maken met de "schaamtefactor" waar ik het eerder over had. Ik sprak niet met mijn beste vrienden over wat er met mij gebeurde, en mijn familie had zich grotendeels teruggetrokken. Ik was niet meer de zelfverzekerde persoon die ik was geweest voordat dit allemaal in mijn leven opdook. Ik voelde me een beetje paranoïde en begreep de wereld waarin ik leefde niet meer.

Er waren meerdere mensen die me vertelden dat in het dorp rondging dat ik gek was geworden. Ik had geluk dat ik nooit zoveel belang had gehecht aan wat andere mensen van mij zouden denken, dus dat deed me niet zoveel, maar ik was bezorgd over mijn kinderen.

Mijn vader leek ook bezorgd over hoe dit kon worden gezien door anderen in de gemeenschap. Hij vertelde me dat de directeur van de lokale bank hem op het matje had geroepen en had gezegd dat hij met mij moest praten – dat ik dit hele UFO-gedoe onder controle moest krijgen voordat mijn bedrijf eraan ging. Dit raakte mijn vader zeker, maar ik dacht er amper over na. Op dat punt kon mijn bedrijf mij niets schelen. Het stond laag op de schaal van mijn zorgen.

Ik werd depressief, terwijl ik dacht dat ik niet meer dan een proefkonijn was voor een of ander ras of een monster dat ze bestudeerden. Waarschijnlijk werd ik vooral gedwongen om mijn plek in de wereld en waar ik stond opnieuw in beschouwing te nemen.

Waar was God als zoiets als dit kon gebeuren?

En ik was boos. Heel erg boos. Ik was boos op de buitenaardsen maar ook op mijn familie. In mijn hoofd hadden ze me laten vallen. Ik herinner me dat ik op een familiebijeenkomst was terwijl de herinneringen en blauwe plekken van een ontvoering door buitenaardsen die de nacht ervoor had plaatsgevonden nog vers in mijn geheugen en op mijn lichaam stonden. Ik wilde naar hen allemaal schreeuwen dat ze moesten kijken – naar me moesten luisteren – om te begrijpen dat dit niet mijn fantasie was die met mij op de loop ging. Dit was echt, het gebeurde, en ik had het nodig dat ze er iets om gaven.

Mijn meditatiegroep werd mijn familie, net als lieve Marion van de CUFOS-groep. Ze veroordeelde me niet en liet me niet in de steek. Soms is dat alles wat je nodig hebt – alleen maar één persoon die naar je luistert en je accepteert.

Opdracht om ontvoeringservaringen te delen – eind jaren '80

Eén van de meer ongebruikelijke dingen die plaatsvonden tijdens de 18-24 maanden van intense activiteit die ik ervoer eind jaren '80, was een schijnbare opdracht van de Grijzen om mijn ontvoeringsverhalen te delen met een kleine groep uitgekozen mensen. Ik kreeg een lijst met namen en de instructie om contact op te nemen met deze mensen en met hen te praten over mijn ervaringen. In eerste instantie nam ik niet aan dat dit van de Grijzen kwam. Het was gewoon te vreemd en voelde niet als iets dat ze van mij zouden vragen. Het sloeg toen nergens op, en ik snap het nu nog steeds niet echt. Ik bood lang weerstand tegen dit verzoek, totdat ik het niet meer kon negeren.

Ik zal proberen uit te leggen hoe dit verzoek en het opvolgen ervan door mij werd ervaren. Het werd ervaren als "pushen". Dat wil zeggen, ik kan me niet herinneren dat Da of iemand anders mij mondeling heeft gezegd dit te doen. In plaats daarvan wist ik het gewoon, samen met een duidelijke lijst met namen. Ik herinner me dat er ongeveer zes mensen waren aangewezen. Ik kende iedereen op de lijst. Velen van hen waren zakenrelaties; dat wil zeggen, ze hadden vastgoed verhandeld via mij, of ze werkten in een branche die een relatie had met die van mij. Er stond maar één persoon op de lijst bij wie ik mij enigszins op mijn gemak voelde om mijn verhaal te delen. Bij de rest was het idee om over zo'n absurd onderwerp te praten allemaal behoorlijk intimiderend.

Ik kan je niet zeggen hoe bang ik daarvan werd. Ik probeerde mij er zo erg van te overtuigen dat het idee van ergens uit mijzelf kwam en onmogelijk van hen kon komen. Ik praatte het zo lang mogelijk goed, maar uiteindelijk werd het "pushen" ondraaglijk. Wat er gebeurt is dat het een obsessieve gedachte wordt. Het stond mijn dagelijkse werkzaamheden in de weg en werd sterker en sterker. Het was alsof er tegen mij werd geschreeuwd en de herinneringen om dit te doen maakten me gek – of gekker.

Denk niet dat ik mij niet bewust was en bewust ben van hoe maf dit klinkt. Ik heb gehoord over de gek die een bedrijf binnenloopt en willekeurig mensen neerschiet omdat een stem in zijn hoofd hem had gezegd dat hij dat moest doen. Hij geloofde dat het God of de duivel of het een of andere wezen was.

Deze opdracht van hem maakte me doodsbang. Je vindt het misschien moeilijk om te geloven, maar ik bood echt weerstand hiertegen – niet alleen omdat ik mijzelf niet wilde vernederen bij deze mensen, maar nog meer omdat ik niet wilde gehoorzamen aan die schijnbare opdracht. Het leek te veel op de verdediging die de gekken die over het randje waren gaven die mensen afslachten omdat de een of andere stem in hun hoofd hen heeft verteld dat ze dat moesten doen. Ik dacht dat dit slechts een mildere versie van dezelfde gekheid was, en dat dit misschien was hoe het allemaal begon voor die arme zielen. Maar ik begon uiteindelijk te begrijpen dat als mijn mannetjes iets wilden, ze het niet lieten gaan. En ik kwam op geen enkele manier onder deze opdracht uit.

Dus begon ik met zeer, zeer veel tegenzin bijeenkomsten met deze mensen te regelen om dit vreselijk ongemakkelijke gesprek te voeren. Ik begon natuurlijk met de vrouw bij wie ik me het meest op mijn gemak voelde. We spraken af tijdens de lunch, en ik denk dat ze verwachtte dat ons gesprek over haar vastgoed ging, aangezien ik onlangs haar huis had verkocht. Ik moet zeggen dat het een heel interessant gesprek werd toen ik eenmaal over mijn eerste schaamte heen was om zo'n beladen onderwerp ter sprake te brengen. Het bleek dat haar zoon één van de kinderen was die ik later herkende als een deelnemer aan boord van het schip – hij was een mede-ontvoerde. Deze mevrouw en ik werden redelijk hecht met elkaar en steunden elkaar aangezien we allebei worstelden om de betekenis en het doel van deze ervaringen te vinden. Dus deze bijeenkomst was positief genoeg om mij aan te moedigen naar de volgende naam op de lijst te gaan.

Het volgende gesprek ging bijna net zo goed. Deze persoon had te maken gehad met een gevoelig onderwerp dat enorm moeilijk voor haar was, en ze zag mijn aanbod om zo'n persoonlijk, pijnlijk onderwerp te delen als een opening om met mij te praten en daarbij wat van haar eigen pijn te verwerken. We werden uiteindelijk heel hechte vrienden. Ik begon te zien dat er misschien een idee zat achter deze gekheid. Dat wil zeggen, er leek een hoger doel achter dit hele idee te zitten. De les zou kunnen zijn geweest dat ik gewoon niet zo moeilijk moest doen.

Uiteindelijk bleef er nog maar één naam over op de lijst, en het was een zakenrelatie die ik zo respecteerde, dat ik mijzelf gewoon niet zover kon krijgen het te zeggen. Ik weigerde, maar de druk was bijna pijnlijk. Wat er gebeurde is dat ik op een dag bij deze man was toen we naar wat erfafscheidingen aan het kijken waren. Hij was landmeter en deed vrijwel al het werk voor mijn kantoor. We zaten in zijn wagen en hobbelden rond terwijl we naar het land keken, en het was de perfecte kans om het onderwerp aan te kaarten.

Het leek alsof mijn hoofd ging ontploffen terwijl "zij" mij bleven pushen om mij open te stellen en te gaan praten. Ik weet niet of het te zien was – God, ik weet zeker dat dat wel zo moet zijn geweest! Het voelde in ieder geval alsof mijn hele hoofd was gegroeid en hij keek verwachtingsvol naar mij. Ja, het was alsof hij wist dat ik iets ging zeggen, maar ik weigerde het toe te staan.

Na die dag lieten ze het gaan. Hij was de enige met wie ik niet had gepraat, maar ik zou er spijt van krijgen. Ik kwam er later achter dat hij zeer geïnteresseerd was in het onderwerp en de verhalen over mij had gehoord. Ik denk dat hij heel erg open zou hebben gestaan voor wat ik had te vertellen. Het had mij zelfs wat rust kunnen geven als hij zijn acceptatie van en interesse in het onderwerp had getoond, maar mijn trots had mij van de ervaring weerhouden.

Les geleerd. Nu spijt het mij zeer te moeten zeggen dat deze geweldige man een paar jaar later vrij onverwachts is overleden. Er zijn niet veel dingen in mijn leven waarvan ik zou willen dat ik terug kon gaan om ze te veranderen. Ik heb gewoon niet dat soort spijt, maar ik zou willen dat ik mijn eigen ego had kunnen overwinnen om iets van wat er met mij gebeurde met hem te delen.

Nogmaals, ik heb geen idee waar dat allemaal voor was – misschien om ervoor te zorgen dat ik mij op mijn gemak voelde over de ervaringen? Me op mijn gemak voelde om erover te praten? Wie weet? Ik besteed geen tijd meer aan het analyseren van dingen; het blijkt tijdsverspilling te zijn. Ik accepteer dat het een doel had. Misschien was het voordeel niet voor mij bedoeld, maar voor degenen met wie ik sprak. Ik wilde het gewoon in dit verhaal meenemen omdat ik het een interessant stukje van de puzzel vind.

Vermiste tijd overdag

Tijdens deze hele periode van twee jaar toen deze ontmoetingen plaatsvonden, miste ik overdag tijd. Het was willekeurig en heel subtiel – dat wil zeggen, er was geen schip te zien of enige andere rode vlag. In plaats daarvan was er gewoon tijd weg.

Ik herinner me dat ik meteen na de lunch over een grote weg in ons dorp reed. Ik ging terug naar mijn kantoor toen ik opeens op een heel andere plek was en de zon niet meer recht boven mijn hoofd stond. Het was ongeveer drie uur later dan wat het net was geweest. Ik was zo geschokt dat ik stopte langs de kant van de weg en daar ging zitten.

Het is iets raars om uit te leggen, maar zelfs met alles wat er gebeurde met de ontmoetingen en de herinneringen zat ik daar en probeerde ik uit te vogelen wat er in hemelsnaam net was gebeurd.

Ik dacht echt niet: o, zij zijn het weer. Ik moet net zijn ontvoerd.

Nee, zo gaat het niet. Ik zat daar en probeerde het te rationaliseren en een verklaring te vinden. Het kwam zelfs lange tijd niet bij mij op dat ik waarschijnlijk net was ontvoerd. Zo goed waren hun blokkeringsmethodes.

Algehele verwarring over het ervaren van een ontvoering

Ik zal proberen de algehele verwarring uit te leggen die je ervaart door het zo te zeggen. Als ik de ontvoering als kind gebruik, die ene waarbij ze me meenamen in de ruimte en me lieten zien hoe de aarde werd vernietigd, kan ik die het beste beschrijven als stukjes van een puzzel. Je legt alle puzzelstukjes op tafel. De meest liggen met de goede kant omhoog, dus zie je een kleurrijk stukje van een plaatje, maar aangezien deze met niets anders is verbonden, kun je er niets van maken. Het is gewoon een mooi, kleurrijk stukje van iets. Misschien kun je een bloem of een stukje van een bloem op het puzzelstukje zien, maar het is grotendeels onzin.

De herinnering die ik had aan het voorval uit mijn kindertijd was net zo in stukjes verspreid. Er was een stukje waar ik mij herinnerde dat ze mij lieten zien hoe de aarde werd vernietigd. Ik ben dat beeld nooit vergeten, maar ik had geen idee waar ik het had gezien. Ik wist heel zeker dat het geen droom was. Ik zag het uiteindelijk als een voorgevoel dat ik had gehad, maar ik had ook herinneringen aan Da die achter mij stond en mijn naam zacht uitsprak terwijl ik naar de kruisbessenstruik stond te kijken. Ik wist niet dat hij het was, maar ik wist dat ik een ervaring had gehad waarbij iemand achter mij was komen te staan toen ik daar bessen aan het plukken was op een heel warme zomerdag. Dan was er nog de enge herinnering aan mijn broer die bevroren stilstond op de zandstenen rotsen. Die was in mijn hersens gebrand.

Dus dat zijn drie hele duidelijke herinneringen – puzzelstukjes, maar ik had de drie stukjes nooit met elkaar verbonden tot nadat ik in regressie was geweest. Ze pasten niet in elkaar totdat Stanley Mitchell me de suggestie had gegeven de deur open te laten zodat ik mij andere onderdrukte ontvoeringsherinneringen kon herinneren. Het is fascinerend, maar het was altijd een bron van angst omdat het betekende dat ik geheimen had, een geheim leven waar ik mij niets bewust van herinnerde. Dat vond ik een zeer beangstigend idee.

Overige ontvoeringen
Verrassingsfeest voor verjaardag – eind jaren '70

Er was nog een voorval dat plaatsvond voordat mijn ontvoeringsherinneringen naar boven kwamen. Het gebeurde eind jaren '70, en ik denk dat het een goed voorbeeld is van hoe krachtig hun blokkades zijn. Er was een feest voor de verjaardag van mijn zwager, en het feest werd gehouden bij het clubhuis van de boogschutters. Dit clubhuis bevindt zich net voorbij de heuvel bij de boerderij waar Vicky opgroeide en vlakbij waar mijn ontvoering langs de kant van de weg had plaatsgevonden in 1968. Het huis was vol met familie en vrienden die samenkwamen voor de feestelijkheden. Ons werd verteld er op een bepaalde tijd te zijn, want het was een verrassingsfeest. Typisch voor ons kwamen we laat aan, maar ruimschoots op tijd voor het feest.

Er was een live band en eten. Aangezien we niet zo'n uitgebreid sociaal leven hadden, had ik echt naar dit feest uitgekeken. Ik wilde dansen, een beetje te veel eten, en misschien een beetje te veel drinken! We kwamen aan toen de band net begon, en bijna iedereen had al gegeten, dus we gingen naar het buffet en ik stapelde een bord vol. Ik vond een plekje om te zitten en schrokte mijn eten naar binnen terwijl ik naar de band keek die aan het opwarmen was, toen mijn schoonzus eraan kwam en zei dat ik mee moest komen naar buiten om iets te zien. Ik sloeg het af. Ik wilde eten en klaar zijn om te dansen zodra de band hun eerste liedje speelde.

Toen boog ze zich over mij heen en fluisterde: "Ik denk dat er UFO's zijn – je moet meekomen en kijken."

Nou, dat vond ik interessant – denk eraan dat dit voor de regressie was, voordat mijn herinneringen naar boven waren begonnen te komen. Dus zette ik mijn bord neer, vroeg aan Tom of hij erop wilde letten, en ging naar buiten om te kijken. Er waren meer mensen buiten – vooral kinderen, en ze keken naar het zuiden naar wat lichten die in de lucht ronddansten. Het was moeilijk te onderscheiden hoeveel verschillende schepen er konden zijn geweest omdat de lichten bleven bewegen. Er verschenen wel vier of vijf rode lichten tegelijkertijd, maar ze bewogen en schoten heel snel in het rond. Ik herinnerde me niet ooit eerder zoiets te hebben gezien. Aangezien de buitenaardsen alle ontmoetingen en herinneringen zo goed kunnen blokkeren, had ik toen geen idee dat ik ooit een UFO had gezien, laat staan dat ik erin was geweest.

Ik wist niet wat ik hiervan moest denken – ik was een beetje teleurgesteld omdat ik meer wilde zien dan alleen lichtjes, hoewel die zeker vreemd waren – dat konden absoluut geen vliegtuigen zijn. Ik herinner me dat mijn schoonzus aan mij vroeg wat ik dacht dat het waren, en zonder mijn ogen van de dansende lichtjes af te halen, antwoordde ik vaag dat het UFO's zouden kunnen zijn, maar dat ik het niet wist.

Ik wilde terug naar het feest, terug naar mijn eten, en terug naar het dansen dat net was begonnen – ik kon horen dat de band met hun eerst liedje begon. Ik draaide mij om om tegen mijn schoonzus te zeggen dat ik naar binnen ging, maar ze was er niet. Gek genoeg was iedereen die met mij buiten naar de lichtjes had staan kijken nu weg. Ik was alleen. En het was stil – er was geen muziek. Hoe was iedereen zo snel verdwenen? Ik keek rond op zoek naar hen en riep de naam van mijn schoonzus.

Toen realiseerde ik me dat ik niet buiten voor het gebouw stond, maar dat ik ergens anders was. Ik wist niet waar ik was. Ik was gedesoriënteerd en verward door deze vreemde omstandigheden.

Waar was iedereen? Waar was ik?

Ik stommelde rond terwijl ik probeerde het te begrijpen. Ik stond op een open plek naast de weg, maar nu was ik omringd door bomen. Ik keek rond en zocht naar iets herkenbaars en zag dat ik in lang gras en onkruid stond op een heuvel vol bomen. Ik zag een glimp van de lichten van het clubhuis beneden en liep ernaartoe naar een open plek. Ik kwam uit achter een schuur en zag dat daar beneden auto's stonden geparkeerd.

Ik rende nu in paniek naar de auto's en vond die van ons. Ik keek rond. Het was ruim 300 meter van waar ik een seconde eerder had gestaan. Ik voelde dat mijn hart hevig in mijn borstkas begon te kloppen terwijl ik probeerde hier iets van te begrijpen. In wanhoop riep ik weer naar mijn schoonzus en begon naar het verlichte gebouw te rennen en naar wat als veiligheid voelde.

Ik zag er gehavend uit. Ik trok aan mijn kleren om ze goed te krijgen, en ik probeerde mijn haar te kammen en mijzelf weer toonbaar te maken. Op de een of andere manier wist ik dat ik er niet uitzag. Ik deed mijn best om rustig te worden voordat ik het gebouw inliep. Ik ging rechtstreeks naar mijn schoonzus en eiste haar mij te vertellen waar ze naartoe was gegaan, maar ze keek me aan alsof ik gek was. Ik was gedesoriënteerd en panisch terwijl ik snel wegliep.

Ik ging terug naar waar ik zat voordat ik werd geroepen om naar buiten te gaan, maar mijn bord met eten was er niet. Alles was raar. Er klopte iets niet.

De band was aan het inpakken. Niet alleen mijn bord was weg, maar al het eten op de tafel was weg, en mensen gingen weg – er waren er zelfs al veel weg. Mijn kinderen renden naar mij toe en vroegen waar ik was geweest. Ze hadden me gezocht – mijn jongste was erg van slag, en Tom was razend dat ik het feest had gemist. Hij eiste te weten waar ik was geweest. Ik stond daar totaal verward en verontrust. De paniek kwam langzaam in mij op terwijl ik mijn jongste dochter knuffelde en probeerde haar te kalmeren.

Ik vroeg: "Wat gebeurde er? Waarom ging iedereen weg? Was er iets gebeurd?"

Maar Tom stond recht voor mij en eiste dat ik hem vertelde waar ik naartoe was geweest. Ik kon hem geen antwoord geven, ik begreep de vraag niet. Ik probeerde uit te leggen dat ik naar buiten was gegaan om naar een paar lichtjes in de lucht te kijken, maar toen viel ik gewoon stil. Ik verstijfde. Ik had overduidelijk last van een of ander geheugenverlies, maar wat kon dat hebben veroorzaakt?

Had ik een beroerte gehad? Was ik gevallen en had ik mijn hoofd gestoten?

Er is geen enkel stukje herinnering over aan wat er met mij is gebeurd tijdens die vermiste tijd. Ik was ruim twee uur kwijt – misschien drie! Ik heb er nooit veel tijd aan besteed om te proberen deze te achterhalen. Ik werd er te bang van als ik er te diep op inging, maar ik kan je verzekeren dat een ontvoering door buitenaardsen niet iets was wat ik destijds ook maar had overwogen. Nu, na alles wat ik heb meegemaakt, is het duidelijk dat mijn mannen daar waren en mij hadden opgepikt.

Ik vind het nogal gedurfd dat ze tijdens een familiebijeenkomst kwamen. Heel dapper van ze. Ik dacht ook na over de nabijheid van deze ontmoeting met degene die ik had toen ik 17 was. Ik leek een idee diep in mijn hoofd te hebben dat er bepaalde gebieden waren waar het gemakkelijker voor hen was om in onze dimensie te komen. Ik vraag me af of het feit dat ik daar was het gewoon te gemakkelijk maakte om de gelegenheid voorbij te laten gaan.

De blokkade die met die gebeurtenis gepaard ging was heel diep, aangezien ik zeer overstuur was door deze situatie, en toch dacht ik tegen de tijd dat we die avond thuiskwamen amper meer aan de gemiste tijd of alle vreemde dingen die hadden plaatsgevonden.

In bed vallen ontvoering – zomer 1979

In precies dezelfde tijd – ik denk zelfs dat het een paar dagen na de ontvoering tijdens het verjaardagsfeest gebeurde – had ik wat ik de "In bed vallen" ervaring noem. Mijn dochters waren vijf en acht jaar oud en we waren pas verhuisd naar een oude, gammele boerderij die we aan het opknappen waren. Het was zomer, en mijn man was al naar zijn werk gegaan terwijl de meisjes en ik nog sliepen in onze slaapkamers boven. Wat ik mij herinner is dat ik heel vroeg in de ochtend op mijn bed viel. Ik sliep, maar werd wakker op een plek vlak onder het plafond en voelde dat ik een seconde door de lucht viel voordat ik hard het waterbed raakte.

Mijn jongste dochter was blijkbaar in mijn bed gekropen, en zij vloog de lucht in toen mijn lichaam op het matras klapte. We gilden allebei en grepen elkaar vast om ervoor te zorgen dat we niet op de grond vielen. Tegelijkertijd was er een heel hard kraakgeluid alsof er een donderklap was in de kamer.

Toen hoorde ik mijn oudste dochter een harde schreeuw uiten vanuit haar slaapkamer verderop in de gang, en ze kwam mijn kamer inrennen. Alles bij elkaar was het een chaos. Mijn kleintje krijste, mijn oudste wreef over haar hoofd en huilde dat ze net op haar bed was gevallen en haar achterhoofd aan het hoofdbord had gestoten. Ik keek en ja hoor, er begon een bult te komen aan de onderkant van haar hoofd. Ze had pijn van het stoten, maar ze was nog meer overstuur door een angstige droom die ze had gehad – iets over haar hond, clowns, de weg kwijt zijn en niet in staat zijn de weg terug naar huis te vinden.

Ik probeerde ze allebei te sussen, maar de feiten schoten door mijn hoofd en ik probeerde ze te begrijpen. Ik wist dat ik in bed was gevallen, en nu zei mijn dochter hetzelfde. Hoe kon dat? Ik besloot uiteindelijk dat dit oude huis aan het verzakken moest zijn en dat we er zo snel mogelijk uit moesten. Ik verzamelde mijn beide dochters en rende met ze naar buiten de tuin in. Ik zocht rondom het huis naar de plek waar het inzakken was begonnen. Het leek logisch dat het onder mijn slaapkamer was, maar ik kon niets vinden dat op enig bouwkundig probleem leek. Ik rende rond het huis, terwijl ik goed naar de fundering keek, en toen ik niets vond, wist ik dat de kelder in moest om daar te kijken.

Er kon geen ander redelijk antwoord zijn op wat er was gebeurd. Zowel mijn oudste dochter als ik hadden een gevoel van in bed vallen gehad. Het enige wat dat kon veroorzaken, was dat het huis onder ons vandaan was gezakt. Het kon onmogelijk iets anders zijn. Mijn dochters begonnen zich druk te maken over het feit dat ze buiten in de tuin stonden in hun pyjama. Ze wilden ontbijten, en ik keek met angst en beven naar de trap naar de kelder.

Ik wilde daar niet ingaan. Wat als het huis instortte terwijl ik daar beneden was? Ik kon niet alleen vast komen te zitten, maar erger nog, mijn dochters zouden getuige zijn van die vreselijke gebeurtenis. Ik kon het risico niet nemen. Ik deed nog één rondje rondom het huis, en omdat ik niets verontrustends zag, gingen we allemaal weer naar binnen. Ik ging meteen alle muren af om te zien of er scheuren of gaten in zaten. Er was opnieuw niets te zien.

Ik belde mijn vader en legde uit wat er was gebeurd. Hij zei rechtuit dat het nergens op sloeg, maar ik drong aan. Ik wist wat ik wist. Allebei onze bedden waren onder ons weggevallen, en mijn dochter had een bult op haar achterhoofd om het te bewijzen. Door wat ik had ervaren, dacht ik dat de vloer minstens 1 tot 1,5 meter was gezakt.

Mijn vader ging uiteindelijk akkoord om naar ons toe te komen en naar het huis te kijken nadat we hadden besloten dat ze misschien weer aan het werk waren gegaan in de grindgroeve verderop en dat een grote explosie door dynamiet mijn huis misschien had laten schudden. Het was vergezocht, maar het was het enige wat we logisch konden bedenken.

Ik maakte snel iets te eten voor mijn meisjes en liet ze weer naar buiten de tuin in lopen om op mijn vader te wachten. Hij kwam al snel en de lieve schat besteedde er een heleboel tijd aan om overal in en rond te kijken, zelfs in de kelder, maar er was geen bewijs van enige inzakking of problemen met de fundering.

Ik besprak het die avond met mijn man toen hij thuiskwam uit zijn werk. Ik weigerde die nacht in het huis te slapen, maar ik wist niet waar we naartoe moesten of wat we moesten doen. Hij keek in de kelder rond met een grote zaklamp, en er was nog steeds geen enkel bewijs te vinden om mijn verhaal te ondersteunen, behalve een nare bult op mijn dochters hoofd.

Ik weet echt niet meer of we daar die nacht sliepen of niet, maar ik werd opnieuw gedwongen om alles gewoon te vergeten. Er was geen logische verklaring voor wat er was gebeurd, dus ik zette het uit mijn hoofd hoewel onze oudste nog lange tijd over de vreemde en beangstigende droom praatte die ze had gehad, omdat ze er zo overstuur van was geraakt. Ik luisterde terwijl ze die droom steeds maar weer herhaalde en niets wat ik deed leek haar angst te verlichten.

Deze herinneringen en vele andere kwamen allemaal naar boven in die zomer van 1988 – nadat de regressie had plaatsgevonden, en ik ervoor had gekozen "de deur open te houden". Er waren momenten waarop ik spijt had van die beslissing, maar toen ik die nam, dacht ik echt dat ik alleen duidelijkheid zou krijgen over het voorval langs de kant van de weg in 1968. Ik had absoluut nooit kunnen raden dat ik die ontvoeringen al mijn hele leven had. En ik had zeker nooit verwacht dat ik ontmoetingen zou krijgen waar ik mij volledig van bewust was.

Rechtstreekse ontmoetingen – eind jaren '70

Denk eraan dat ik niet eens wist dat zulke dingen gebeurden. Een verhaal over ontvoeringen door buitenaardse wezens was mij totaal vreemd. En de reden daarvoor is dat zij, dat zijn de Grijzen, mij zo hadden geblokkeerd dat ik niet eens in staat was het idee te begrijpen. Echt, ik herinner me dat Tom me meenam naar een drive-in film eind jaren '70. "Close encounters of the third kind" draaide. Destijds was ik ongeveer 26 of 27 jaar oud, dus ik had mijn eigen "close encounter of the third kind" (directe ontmoeting) net gehad toen we daar naar die film zaten te kijken.

Of ik kan beter zeggen: ik probeerde ernaar te kijken. Wat er gebeurde was zeer vreemd en frustrerend voor mij. Ik zag een scherm met alleen maar vage beelden, en de woorden waren net zo door elkaar gegooid. Het sloeg allemaal nergens op. Het was alsof iemand de film had gepakt, deze in tientallen stukjes had gesneden en ze willekeurig weer aan elkaar had gezet. Het was bizar. Ik wilde met iemand gaan praten [over het door elkaar gegooide scherm], en ik vroeg mij af waarom niemand anders klaagde. Ik drong er bij Tom op aan dat hij moest toeteren of tenminste weg moest gaan. Ik zag geen enkel duidelijk beeld of woord. Ik bleef Tom vragen wat er aan de hand was, want ik snapte maar niet hoe iemand het kon begrijpen. Het was zo overduidelijk een puinhoop. Tom bleef zeggen dat ik stil moest zijn.

Uiteindelijk werd ik zo gefrustreerd dat ik besloot er met iemand over te gaan praten. Ik liep naar het eetkraampje en eiste uitleg waarom de film zo'n puinhoop was. Hoe moesten we ernaar kijken als het zo vervormd was... en het geluid was al net zo erg!

De twee jonge mensen die daar werkten keken naar mij alsof er hoorns uit mijn hoofd groeiden. Toen draaiden ze zich om, keken naar het scherm, keken weer naar mij, en zeiden: "Mevrouw, waar heeft u het over?"

Ik stond daar zwijgend te proberen de situatie te begrijpen, maar ik kon er niet tegen hoe ze naar me staarden, dus ik ging terug naar de auto, kroop op de achterbank en ging slapen.

Pas tientallen jaren later toen ik de video van de film zag, begreep ik het. Nu begrijp ik waarom ze niet wilden dat ik het zag! Die film bevat veel waarheden. Iemand moet persoonlijk iets weten over de ontvoeringservaring door buitenaardse wezens om die film te kunnen maken!

Tom gaat verder

Niet lang na de derde hypnosesessie en de ontmoeting met de MIB vertrok Tom. We probeerden het nog een aantal jaren, dan weer bij elkaar en dan weer niet, maar in principe was ons huwelijk voorbij. Ik denk dat het heel moeilijk voor hem was te weten dat hij zijn gezin niet kon beschermen tegen deze indringers. Het was gewoon makkelijker voor hem om weg te gaan. Ik weet dat hij tegen mensen had gezegd dat ik gek was geworden en hallucineerde. Ik kon het hem niet kwalijk nemen, het was gewoon zijn manier om afstand te creëren tussen hemzelf en wat er met mij gebeurde. En toch geloof ik dat ook hij de gebeurtenissen die elkaar steeds sneller opvolgden niet kon wegrationaliseren.

Proberen het te begrijpen

Nu begon ik extra hard te proberen intellectueel te begrijpen wat er aan de hand was met deze wezens. Ik las boeken, woonde UFO-conferenties bij, en ik ging naar lokale bijeenkomsten van mensen die de een of andere UFO-ervaring hadden gehad. Ik bood mijzelf ook aan als vrijwilliger om andere "slachtoffers" van UFO-ontvoeringen te helpen door met de onderzoekers mee te gaan en geruststelling te bieden waar ik kon.

Het hielp mij om anderen te helpen. Vaak waren de slachtoffers kinderen of tieners. De angst, ontreddering en verwarring die met dit fenomeen gepaard gaan zijn enorm. Proberen de ervaring in je leven te integreren en een soort van normaal door te gaan is vrijwel onmogelijk. Soms leek de ontvoering eenmalig en andere keren was het net als bij mij een serie gebeurtenissen gedurende het hele leven.

Ze volgden wel tot bepaalde hoogte een patroon, en ze waren altijd heel erg vreemd – dat wil zeggen, de Grijzen. En we hoorden vrijwel altijd dat het de Grijzen waren die zulk vreemd gedrag vertoonden waardoor je aan hun verstand ging twijfelen. Ik had altijd gedacht dat ze een verder gevorderde beschaving moesten zijn omdat hun technologie zoveel verder was dan die van ons, maar hun gebrek aan medeleven en begrip over wat ze hun "slachtoffers" aandeden, was niet te bevatten.

Meerdere van mijn ontmoetingen eindigden ermee dat ze mij van hoge afstand op de grond of vloer lieten vallen – zoals bij het voorval bij de boerderij! Ik had daar dood kunnen vriezen! Zulke dingen brachten me danig in de war. Hoe kon ik geloven dat ze om mijn welzijn gaven als ze zulke dingen deden? En de blauwe plekken? De prikplekken? De littekens?

Toen ik nog heel klein was, mocht ik nog maar pas alleen in bad, dus hoe oud was ik dan? Misschien zes of zeven? Ik was geobsedeerd met mijn pink in een gaatje steken dat ze in mijn rechterkuit hadden achtergelaten. Gek, ik wist wat het was. Ik kan me gewoon herinneren dat ik in de badkuip zit en het puntje van mijn pink in dat deukje stak en nadacht over hoe ze het hadden gedaan. Het deed geen pijn. Ze hadden tegen me gezegd dat het geen pijn zou doen, en dat deed het ook niet. Het bloedde zelfs niet, het genas gewoon meteen en liet dit kleine gaatje achter. Ik vond het niet echt erg dat ze het hadden gedaan. Ze legden uit dat het nodig was om ervoor te zorgen dat ik gezond bleef. Ik had dat kleine gaatje jarenlang en heb er alleen nog een heel klein litteken aan overgehouden.

Het leek erop dat hoe meer ik antwoorden zocht, hoe meer ik in de war raakte. Uiteindelijk besefte ik dat de antwoorden niet "daar buiten" lagen. Ik kon alle boeken van de wereld lezen, elke lezing bijwonen, elke bijeenkomst, elke conferentie, en ik zou nog steeds alleen maar vragen overhouden. Geen wonder dat het zo gemakkelijk is om te zeggen dat het ontvoeringsfenomeen alleen maar pure hallucinatie is, of dromen, nachtmerries, of fantasie.

Tijd om de touwtjes in handen te nemen

Hoe meer ik zocht, hoe gefrustreerder ik raakte. Ik besloot me weer op de meditatiegroep te richten. Gek genoeg moedigden zowel Don als de groep mij aan om ongeveer hetzelfde te doen in een poging om een soort controle te krijgen over de gebeurtenissen die plaatsvonden. Ze zeiden tegen mij dat ik de touwtjes weer in handen moest nemen.

Nadat Tom was vertrokken, was mijn angst beheersbaar geworden. Ik was doodsbang om alleen thuis te zijn. Ze kwamen steeds vaker, en toen ik Don om hulp vroeg, zei hij dat ze camera's neer konden zetten, maar dat had ze nog nooit tegengehouden, en niemand was ooit in staat geweest iets op film vast te leggen. Dat verbaasde me niets, wetende dat ze uit een dimensie met een andere trilling kwamen, was het logisch dat we ze niet op film konden vastleggen. Vaak voelde ik dat ze dichtbij waren en werd ik panisch.

Ik reed een keer als een gek naar Madison in een poging om aan ze te ontsnappen. Plotseling was het alsof ik wakker werd toen ik besefte dat ik me niet voor ze kon verbergen, maar mijn dochters waren thuis – alleen. Wat voor moeder was ik? Ik werd gek van angst, zo'n moeder was ik – terwijl ik tegen een vijand vocht waar je niet tegen kon vechten. Ik moest hier anders mee omgaan.

Ik begon de Grijzen uit te dagen. Ten eerste reed ik naar een huis dat ik kende een paar kilometer verderop op het platteland. Het was een verlaten boerderij met een heel lange oprit. De boerderij lag geïsoleerd – geen buren in zicht. Het werd donker buiten. Er was een vage maan, maar er waren geen sterren. Ik stapte uit mijn auto en begon tegen ze te praten.

Het was een eenzijdige dialoog toen ik ze riep en ze uitdaagde zich te laten zien. Ik wist dat ze in de buurt waren, en ik wist dat ze me konden horen. Ik liep de oprit op en af. Mijn smeekbede liep uit op een huilbui en vervolgens razen en tieren terwijl ik mijn vuist naar ze opstak en ze lafaards noemde. Ik was er klaar mee in angst te leven. Ik was er moe van dat ze in het donker naar binnen glipten en me uit mijn huis sleepten. Moe van wat ze met mijn leven hadden gedaan – de verwoesting die ze hadden veroorzaakt bij mij en in de levens van de kinderen. Ik wilde dat ze zich lieten zien en uitlegden waarom dit gebeurde. Me het lieten begrijpen. Ik keek omhoog naar de nachtelijke hemel en smeekte om een antwoord. Dat waren ze me wel verplicht, na alles wat ze van mij hadden afgenomen.

Ze waren er. Waarom lieten ze zichzelf niet zien? Ik huilde en ging er een heel tijdje mee door, terwijl ik de weg op en neer liep, tegen stenen schopte, met mijn vuisten op mijn auto bonkte, ze verwensingen toeriep en al mijn woede en frustratie uitte totdat er niets meer over was. Ik wachtte in de donkere stilte op een antwoord. Ik verwachtte er ergens eentje. Afgepeigerd door de emoties, zakte ik in elkaar op de grond en huilde. Ik sloeg mijn armen om mijzelf heen en wiegde heen en weer midden op de grindweg, en met nauwelijks hoorbare stem bleef ik vragen: "Waarom?... waarom?"

Ik sluit mijn ogen om te kunnen zien.
Paul Gauguin

Hoofdstuk 8:
Leven met één been in een andere dimensie

Mijn huis terugwinnen

Een paar dagen later deed ik wat mijn groep en Don mij hadden aangeraden. Ik ging elke kamer van mijn huis in en verklaarde deze veilig en niet toegankelijk voor hen. Ik ging naar buiten in het donker en liep rondom mijn huis met een zaklamp of het licht van een tuinlamp.

Ik bleef herhalen: "Dit is veilig. Dit is mijn huis, en het is mijn veilige plek."

Het was moeilijk. Toen ik begon, wist ik dat het niet waar was – het was zeer zeker niet veilig, maar ik bleef om mijn huis heen lopen totdat het makkelijker werd, en de angst en twijfel werden vervangen door een gevoel van controle en macht. Ik voelde dat het gespannen gevoel in mijn borst en mijn lichaam weggingen toen het zware gewicht van de angst van mij afviel. Het was zo'n opluchting dat het onthutsend was. Ik zakte bijna in elkaar door het gevoel. Die nacht sliep ik beter dan ik maanden had gedaan.

Daarna was het anders. Ik ging een nieuwe ruimte binnen die voelde alsof ik iets te zeggen had over wat er met mij gebeurde – niet het vermogen om de ervaringen te stoppen, maar meer alsof ik een belofte nakwam die ik lang, lang geleden had gedaan. Een overeenkomst die ik was aangegaan om deze rol te spelen en deze ervaringen toe te staan hoewel ik me het niet bewust herinnerde.

Mijn gezichtspunt was veranderd. De angst was niet helemaal weg – ik wist niet of dat ooit zou gebeuren – maar het koude, rauwe gevoel van slachtoffer zijn werd minder. Er leek een subtiele verandering te zijn in hun houding tegenover mij. De communicatie werd opener. Ik begon Da's stem te horen zelfs als hij niet fysiek aanwezig was. Ik leefde met één been in deze dimensie en één been in die van hen. Dat is hoe het voelde, en als ik terugkijk op die tijd, denk ik dat het een vrij goede manier is om uit te leggen wat er met mij aan de hand was.

Ontmoeting met een paranormaal genezer

Het was rond deze tijd dat ik een goede vriendin meenam naar een paranormaal genezer. Ze had MS en we dachten dat er niets te verliezen was als we dit probeerden, aangezien haar dokters niet veel voor hadden kunnen doen. De genezingssessie werd gehouden bij de spirituele leraar die ik onlangs had ontmoet thuis.

Kort nadat we waren aangekomen, nodigde de gastheer mijn vriendin uit om mee te komen naar een achterkamer voor haar sessie, en ik bleef alleen aan de keukentafel zitten toen een man die ik niet kende de kamer in kwam lopen. Ik kwam er later achter dat hij de genezer was. We knikten naar elkaar toen hij langs me heen liep om iets te drinken te pakken, maar hij stopte, stond een paar seconden stil en liep toen terug.

Hij keek ingespannen naar mij en zei: "Zo zeg, met jou is veel aan de hand, of niet?"

Ik keek terug terwijl ik probeerde uit te maken of ik eerlijk zou antwoorden of gewoon een beleefd antwoord zou geven.

Maar voordat ik iets kon zeggen, zei hij: "Weet je dat je amper hier bent? Je leeft vooral in een andere dimensie. Je hebt amper een voet in deze wereld."

Ik was met stomheid geslagen. Ik zei tegen hem dat dat precies was hoe ik me voelde.

"Hoe weet je dat? Kun je me vertellen waar het allemaal over gaat?"

Hij zei: "Maak je geen zorgen over je ervaringen. Als je ze niet wilt in je leven, hoef je er niets mee te maken te hebben."

Ik stelde de vraag waar ik continu mee zat: "Zijn ze goed of slecht?"

Hij antwoordde: "Je zult weten wat je positie of rol is als de tijd rijp is. Je bent je hele leven door hen getraind en onderwezen. Het is jouw levensdoel. Het is alsof je een capsule in je hoofd hebt, en deze lost langzaam op om alle informatie aan je te onthullen."

"Maar zijn ze goed of slecht?" vroeg ik.

Hij ontweek mijn vraag opnieuw en zei: "Je werkt met twee verschillende groepen."

Toen draaide hij zich om, pakte zijn sapje, en ging de kamer uit.

Ik wilde wanhopig meer met hem praten, maar ik wist dat ik alle informatie had gekregen die hij wilde delen. Zijn inzichten waren interessant, en ik stopte de ervaring weg bij alle andere vreemde dingen in mijn leven. Ik hield me er niet te veel mee bezig omdat het vreemd klonk en onwaarschijnlijk, gebaseerd op mijn gezichtspunt in die tijd. Naarmate de tijd verstreek bleek zijn bewering dat de capsule aan het oplossen was zeer raak.

Het deel dat ze niet in mijn leven hoefden te zijn, bleek nooit waarheid te worden, maar ik heb sindsdien begrepen waarom dat het geval is. Wat het werken met twee groepen betreft, dat valt nog te bezien. Op dit moment heb ik geen enkele herinnering aan andere buitenaardsen dan de Grijzen.

Rond die tijd begon ik echt het gevoel te krijgen dat ik grond begon te winnen met de buitenaardsen en een soort gevoel van controle en begrip – hoewel minimaal – toen ik de meest verwoestende klap kreeg.

Ontdekken van betrokkenheid van dochter – 1988

Ik stond op een zomerochtend in 1988 in mijn keuken te proberen een excuus te vinden waarom ik niet naar kantoor kon. Ik was doodop door alle activiteit en zeer verdrietig door het uiteenvallen van mijn huwelijk. Ik voelde me verslagen. Ik leunde tegen de bar en probeerde mezelf kracht te geven voor de dag toen mijn oudste dochter in de gang aan kwam lopen. Mijn hart liep over van liefde toen ik dit prachtige, tere, slungelige meisje slaperig de keuken in zag komen stommelen.

Ze had een nachthemd aan, haar blonde haar zat helemaal door de war, en ik kon het niet nalaten terug te denken aan toen ze een peuter was. Ze sliep altijd diep, en zoals gewoonlijk wreef ze in haar ogen om wakker te worden.

Ik glimlachte naar haar toen ik vroeg waarom ze zo vroeg wakker was – het was niet echt heel vroeg, maar voor een 17-jarige die vakantie had van school was het vroeg. Ze zei dat ze me wilde vertellen over een droom die ze had gehad – het was zo'n coole droom! Ze was door een paar mannen meegenomen naar een kamer waar ze haar een heleboel beelden uit haar leven hadden laten zien. Ze werd heel opgewonden toen ze me vertelde over al de beelden die ze kon zien, en ze ging van het ene voorbeeld naar het andere, waarbij ze me vertelde over al die beelden die niet uit een droomleven kwamen, maar uit haar echte leven.

Ik luisterde ingespannen naar haar, en terwijl ze praatte, keek ik naar haar terwijl ze naar de tafel liep – en toen zag ik ze. De achterkant van haar benen zaten vol blauwe plekken – grote ronde blauwe plekken – niet klein – maar heel groot. Ik liep naar haar toe en trok haar nachthemd omhoog en hield mijn adem in, toen ik de enorm bonte en blauwe plekken op haar rug en bovenbenen zag. Ik vroeg haar wat er was gebeurd, met wie ze had gestoeid of wat ze had gedaan dat deze vreselijke blauwe plekken had veroorzaakt.

Ze had geen idee. Ze zei nu dat dezelfde mannen in haar droom haar hadden ondervraagd over de dingen die ze moest leren, en ze hadden tegen haar gezegd dat ze het niet zo goed deed als ze zouden willen. Daar was ze oprecht over van slag. Het was belangrijk dat ze die dingen zou leren die de mannen aan haar hadden verteld, maar ze snapte het gewoon niet. Nu werd ze opgewonden.

Ik probeerde naar haar te luisteren, maar ik werd niet goed van de blauwe plekken en wilde dat ze mij vertelde hoe ze die had gekregen. Ze was er opnieuw heel onverschillig over. Ik was zeer verontrust door wat ik zag en enigszins gealarmeerd door de droom die ze zich herinnerde. Als ik een rationele verklaring voor de blauwe plekken kon krijgen, zou het makkelijker zijn om de droom af te schrijven als niet meer dan dat, een droom. Samen lieten deze twee een beeld zien dat ik niet wilde zien.

Ik onderzocht de akelige blauwe plekken nauwgezet. Het leek duidelijk dat dit niet iets was dat kon gebeuren als ze gewoon ergens tegenaan was gebotst. Ze zaten op haar rug. Het sloeg nergens op – hoe kon je zo blauwe plekken krijgen helemaal op je rug? Het leek alsof iemand een kleine sloopkogel had gepakt en haar daarmee hard had geraakt.

Ik controleerde de rest van haar lichaam en vond verder niets. Ik stopte haar te dwingen antwoord te geven. Ik kon zien dat ze niets voor me verborg. Ze was gericht op de verontrustende droom, en deze blauwe plekken deden haar helemaal niets.

Ik probeerde het onvermijdelijke niet te zien, en ik had het misschien kunnen laten gaan, maar vlak daarna werd ik gedwongen om het te zien zoals het was. Mijn dochter deelde nu te vaak voorvallen met mij die de vreemde aard en kenmerken hadden van ontmoetingen met de Grijzen. Ik had mijn ervaringen heel zorgvuldig weggehouden van de meisjes, maar het was onmogelijk om ze volledig te beschermen tegen alle activiteiten en vreemde dingen die bij ons thuis plaatsvonden. Ik bleef mijzelf ervan proberen te overtuigen dat het gewoon haar overactieve verbeelding was, of dat ze misschien aandacht zocht. Dat zou begrijpelijk zijn geweest aangezien ik zo afgeleid was geweest door alles waarmee ik te maken had, dat allebei mijn dochters zeker een hoge prijs hadden betaald. Maar ze toonde angst – diepe angst.

En dat was iets wat er niet zou zijn als ze haar verbeelding gewoon met zich aan de haal zou laten gaan. Haar verhalen hadden ook de hoge mate van vreemdheid die verbonden is met het hele UFO-ontvoeringsverhaal. Tel hierbij op dat een aantal van haar vriendinnen getuige was geweest van deze vreemde gebeurtenissen, en het was overduidelijk dat er iets niet in orde was. Het deed mij pijn haar verwarring en angst te zien toenemen, maar ik bleef haar in de gaten houden, terwijl ik niet wilde geloven dat het echt met haar gebeurde.

Het antwoord kwam op een nacht toen ik wakker werd met een ziekmakend weten dat mijn dochter niet in haar bed lag. Het waren alleen mijn sterke liefde en gevoel van bescherming voor haar die me in staat stelden volledig wakker te worden uit de diepe slaap waarin ik mij bevond. Die slaap was zo diep dat het mij deed denken aan het soort slaap dat je hebt als je medicijnen krijgt, zoals bij narcose.

Ik weet nu dat het niet de bedoeling was dat ik helemaal wakker zou worden want toen ik dat deed, bracht dat vreselijke angstige gevoel voor mijn kind mij volledig bij zinnen, en ik sprong uit bed en rende de trap af naar haar kamer. Ze was er niet. De dekens op haar bed waren heel netjes opengeslagen, alsof ze was opgestaan en ze daarna netjes had gemaakt. Het misselijke gevoel in mijn maag sloeg om in paniek. Wat moest ik doen – wie moest ik bellen – waar moest ik naartoe? Ik dwong mezelf om redelijk te blijven – dit was misschien niet wat het leek. Ze was tenslotte een tiener, en ik moest rekening houden met de mogelijkheid dat ze uit huis was geslopen om haar vriendje te ontmoeten.

Dus ging ik terug naar boven naar mijn kamer en ging op het bed zitten. Ik had succes gehad met de sterke psychische krachten die ik had ontwikkeld terwijl ik tijd doorbracht met mijn mannen, dus probeerde ik ze nog een keer uit. Ik projecteerde mezelf "uit mijn lichaam" om naar mijn dochter op zoek te gaan, en ik vond haar al snel verfomfaaid op de vloer, met haar rug tegen de muur in een andere staat van bewustzijn. Ik herkende de situatie – ze was bij de Grijzen.

Ik raakte onmiddellijk in paniek. Ik begon Da te roepen en eiste dat hij mijn kindje veilig thuisbracht – NU. Ik was woedend terwijl ik naar hem bleef schreeuwen.

Uiteindelijk werd ik rustig genoeg om zijn antwoord te horen dat ja, ze daar bij hem was, en dat ze haar snel terug zouden brengen. Ze was in orde.

Ik eiste te horen wat ze met haar deden. Waren die blauwe plekken door hen veroorzaakt?

"Ze is onderdeel van het programma, dat weet je", was zijn antwoord.

"Nee, dat mag niet. Neem mij zo vaak mee als je wilt, maar laat mijn kind met rust", eiste ik.

"Dat is niet mogelijk", zei hij zonder emotie.

Ik discussieerde met hem, vervloekte hem, en pleitte bij hem. Ik smeekte en onderhandelde. Niets wat ik zei had ook maar enig effect op hem. Toen het duidelijk was dat ik geen zeggenschap, geen macht, geen enkele manier had om mijn kind te beschermen, vroeg ik of ze haar tenminste voorzichtig wilden behandelen.

Wist hij dat ze terug werd gebracht met blauwe plekken op haar hele lichaam? Ze behandelden haar te ruw! Wist hij dat ze bang was – gekweld door gedeeltelijke herinneringen en "dromen" van hen die haar in de war maakten, waarin van haar werd geëist dat ze bepaalde dingen leerde.

"Als je haar niet met rust kunt laten, moet je mij tenminste beloven dat je voorzichtig met haar zult zijn en haar niets zult laten overkomen. En blokkeer haar! Blokkeer haar zo goed dat ze nooit hoeft door te maken wat ik heb doorgemaakt. Blokkeer haar zodat ze nooit een flauw idee heeft wat er met haar gebeurt. Kun je dat?" smeekte ik.

Hij zei dat hij dat zou doen. Het was een schrale troost.

Ik voelde mij in eerste instantie zeer schuldig over deze situatie. Het kwam door de overtuiging dat ik dit op de een of andere manier bij mijn kind had veroorzaakt – dat ik door mijn betrokkenheid bij de Grijzen op de een of andere manier de deur had opengezet voor deze activiteiten en ze daardoor in het leven van mijn kind had toegelaten.

En ik kon haar niet beschermen – dat is het meest hulpeloze gevoel van de wereld. Er was geen enkele ervaring tot nu toe of daarna die ook maar in de buurt kwam van het trauma en de pijn die ik voelde toen ik erachter kwam dat zij erbij betrokken was. Ik kon mijn kind niet beschermen. Toen was ik ongelofelijk bang om 's avonds te gaan slapen.

Hoe kon ik mijn ogen dichtdoen en gaan slapen als ze haar misschien zouden komen halen?

De angst die ik had ervaren toen ik wist dat ik hun doel was, leek hier in de verste verte niet op. Het kwam er niet eens bij in de buurt.

Ik zou alles hebben gedaan om haar veilig te stellen, en mijn gedachten maakten overuren terwijl ik probeerde manieren te vinden om dat voor elkaar te krijgen. Ik sprak erover met Don, en hij zei dat ik haar in een afgesloten betonnen bunker kilometers onder de grond kon zetten, en dan zouden ze nog steeds bij haar kunnen komen als ze dat wilden. Er was geen enkele manier om de Grijzen tegen te houden of ervoor te zorgen dat deze ontvoeringen niet meer plaatsvonden. Het voelde alsof ik gek zou worden van de hulpeloosheid van de hele situatie.

Ik wist natuurlijk dat er aanwijzingen waren geweest van haar betrokkenheid bij de Grijzen vóór deze ervaring, maar de herinneringen waren zo vers en waren zo snel en heftig opgekomen, dat ik niet echt tijd had gehad om alles te verwerken en een duidelijk beeld te krijgen. Het was allemaal zo overweldigend geweest. Ik was nog steeds door mijn eigen ervaringen met hen heen aan het lopen en aan het analyseren wat ik zeker wist en een betekenis en doel aan het zoeken. Het was te veel geweest en eerlijk gezegd, moet ik toegeven, wilde ik dit niet zien. Het veranderde alles.

De herinnering aan wat de MIB hadden gezegd kwam plotseling weer boven. Ze hadden gezegd dat dit "onderzoek" naar mijn familie al generaties lang aan de gang was, en dat het te belangrijk was om verpest te worden doordat ik mij ervan bewust werd onder toezicht van een "kleine" UFO-onderzoeker. Deze nieuwe onthulling schoot een groot diep gat in het recent verworven gevoel van vrede dat ik had verkregen door mijn huis veilig te verklaren. Dit zorgde ervoor dat ik weer opnieuw kon beginnen, en mijn woede overtrof alles wat ik tot nu toe had ervaren. Het verteerde me.

Terwijl de tijd verstreek, werd het duidelijk dat er vele, vele voorvallen waren waar mijn dochter bij betrokken was, maar ik zal haar verhaal niet vertellen. Ik was zeer terughoudend om wat dan ook over mijn kinderen mee te nemen, en ik weigerde dat te doen totdat het te overduidelijk werd dat ik een groot stuk van de puzzel wegliet. Dit blijft vooral het verhaal van mijn betrokkenheid met de Grijzen, maar het verhaal van mijn dochters betrokkenheid overlapt die van mij zeker. Als één van mijn kinderen nog iets te zeggen heeft, is het aan hen om naar voren te stappen. Ik zal niet voor hen spreken omdat dit een te persoonlijk onderwerp is. Ik weet alleen dat Da zich aan zijn kant van de overeenkomst leek te houden.

Op een dag, ongeveer een week nadat mijn dochter midden in de nacht was verdwenen, zat ik buiten op onze veranda toen ze naar buiten kwam en naast mij op de trap kwam zitten. Op een bepaald moment terwijl we zaten te praten, strekte ze haar armen voor zich uit en draaide ze om. Ze rekte en wreef haar armen onschuldig toen ik de duidelijke blauwe plekken van de vingers van de Grijzen op haar onderarmen zag waar ze haar hadden vastgegrepen. Mijn maag draaide zich om terwijl ik vocht tegen de drang om haar in mijn armen te nemen in een verlate poging haar te beschermen. Ik worstelde om kalm te blijven terwijl ik zag hoe ze met haar hand over haar onderarm wreef. Ze praatte over wat ze de avond daarvoor had gedaan toen ik zag hoe ze haar blauwe plekken opmerkte.

Ze raakte niet in paniek, waar ik bang voor was, maar keek ernaar, tuurde, keek nog beter, en zei toen: "Hmm, ik vraag me af hoe ik hieraan ben gekomen?"

Toen ging ze verder met haar verhaal. Ik was opgelucht en een beetje verbaasd dat ze de punten niet met elkaar verbond, maar was buitengewoon bedroefd dat het bewijs van wat nog steeds plaatsvond daar op haar lichaam stond. Haar blokkade is grotendeels heel sterk gebleven, dus de angst die ze toonde is verdwenen. Daar ben ik in ieder geval dankbaar voor.

Behoefte aan rust – zomer 1988

Het was nu eind van de zomer van 1988, en ik was doodop. Alles had me geraakt. Ik kon nauwelijks functioneren, dus voor het eerst in mijn leven nam ik twee weken vrij van mijn werk. Ik bleef thuis en rustte uit. Proberen te functioneren in een baan waar ik op een professionele manier met klanten moest omgaan, had voor mij een breekpunt bereikt.

Ik herinner me dat ik met een paar mensen buiten was en rondom hun huis liep. Ze waren van plan hun huis bij mij in de verkoop te zetten, en ze lieten me de grenzen van hun perceel zien, maar ik was afgeleid door mijn herinneringen aan een ontmoeting die ik één of twee nachten daarvoor had gehad. Ik probeerde de missende puzzelstukjes te vinden, en ik bleef mijn mouw opstropen om naar de blauwe plekken te kijken die ze op mijn onderarm hadden achtergelaten. Op een zeker moment, toen we bij hun tuin stonden, keek ik weer.

Ja hoor, ze waren er nog. Ik haatte het om ze te zien omdat ze een visuele, directe, onbetwistbare herinnering waren aan wat er met mij gebeurde. Dat deed ik. Steeds maar weer opnieuw kijken en altijd hopen dat ik het mis had – dat ik misschien overdreef of misschien van een muggenbeet de gevreesde kentekens van hun bankschroefachtige greep maakte.

Ik keek naar het stel en probeerde me te concentreren. Ze vertelden me trots over hun boomgaard en hun planten. Ik voelde me wegglippen. Het welde in me op – de woede en frustratie. Ik was verontwaardigd dat deze mensen zo'n fijn en keurig leven hadden – een normaal leven!

Ik wilde naar ze schreeuwen: "Wie kan jullie verdomde bomen iets schelen?! Zien jullie niet dat we met belangrijker zaken te maken hebben! Leg mij eens uit hoe buitenaardse wezens mijn huis in kunnen komen en mijn kind kunnen meenemen? Geloven jullie me niet? Nou, leg deze blauwe plekken dan eens uit! De buitenaardsen hebben die bij mij achtergelaten toen ze me gisteravond uit mijn bed sleepten! Leg dat maar eens uit hè!"

Toen wist ik dat ik rust nodig had. Ik zou een dezer dagen ontploffen, en dat zou niet goed zijn.

Voorvallen tijdens het rijden # 1 & 2
Het doorrijden – 1979

Precies rond die tijd begon ik iets vreemds te ervaren als ik aan het rijden was. Bij bijna elke kruising waar ik kwam, hoorde ik een heel harde klap als ik wegreed, alsof ik hard door een ander voertuig was geraakt. Het was zenuwslopend, en ik kwam er niet achter hoe ik het kon laten ophouden. Mijn moeder was een keer bij mij toen het gebeurde, en ik vroeg haar of ze het had gehoord. Dat had ze niet.

Toen ik er met haar over praatte, werd ik mij er zelfs van bewust dat het een keer aan mij was uitgelegd waarom dit gebeurde. Ik had een aantal aanrijdingen gehad sinds dit hele UFO-gedoe was begonnen, dus het geluid was een herinnering om extra voorzichtig te zijn om me veilig te houden. Ik was afgeleid door alles wat er met mij gebeurde, en ik was zeker gevoelig voor ongelukken. Daar was ik het mee eens – mij blijven concentreren werd erg moeilijk. Dit gedoe met aanrijdingsgeluiden ging een paar weken door, en gedurende die tijd gebeurde er iets heel vreemds.

Ik stond bij de hoofdkruising bij het begin van ons dorp. De snelweg die langs onze gemeenschap loopt is nogal druk, en die dag kwam ik terug naar ons dorp van mijn huis en moest die snelweg oversteken. Ik stopte, keek beide kanten op, of dacht in ieder geval dat ik dat deed, maar toen ik midden de kruising opreed, zag ik met afschuw dat een grote beige auto recht op mij afkwam. Hij reed hard. Ik keek naar de bestuurder terwijl hij dichterbij kwam.

Verdorie, hij zou mij recht raken.

Mijn vingers sloten zich instinctief dichter om het stuur terwijl ik de versnelling intrapte, maar ik wist dat het hopeloos was. Ik zag hem en zijn passagier naar mij toe komen. Ik zag de angst op hun gezichten toen ook zij zich realiseerden wat er zou gaan gebeuren. Ik keek niet weg terwijl ik mij schrap zette voor de klap.

Toen was er stilte. Geen klap.

Wat was er gebeurd? Waar waren ze gebleven? Hij was er gewoon niet. Ik stond nog steeds op de kruising, had goed naar hem gekeken, maar nu was hij weg – gewoon weg. Ik was pas halverwege – blokkeerde eigenlijk beide rijbanen. Het sloeg nergens op.

Ik draaide me snel om en keek de andere kant op. Daar was hij – terwijl hij wegreed. Die beige auto reed weg en bevond zich nog steeds op zijn eigen rijbaan. Ik begreep er niets van. Het was onmogelijk.

Kon hij op de een of andere manier om mij heen zijn uitgeweken en het voor elkaar hebben gekregen weer op zijn eigen rijbaan te komen zonder de controle over zijn auto te verliezen? Kon hij dat allemaal hebben gedaan zonder dat ik het zag gebeuren? Was er eigenlijk wel ruimte voor hem om dat te doen?

Het antwoord op al die vragen is een duidelijk nee. Toen ik mij omdraaide en de auto weg zag rijden, was hij daar echt – niet een paar honderd meter verderop, maar gewoon daar.

Hij was duidelijk op de een of andere manier dwars door mij heen gereden, maar mijn geest verwierp die oplossing volledig. Ik keek naar het gezicht van de man die bij het stoplicht stond en probeerde zijn gezichtsuitdrukking af te lezen.

Had hij gezien wat er was gebeurd? Dat moest wel.

Ik heb er vele malen aan gedacht om naar die man toe te gaan en hem te vragen wat hij had gezien. Hij was iemand uit de buurt, en ik had het zeker kunnen doen, maar ik vergeet nooit meer de manier waarop hij keek. Hij keek recht voor zich uit zonder enige uitdrukking op zijn gezicht – bijna alsof hij droomde. Ik hoefde het hem niet te vragen. Ik denk dat ik vrij zeker wist wat zijn antwoord zou zijn geweest.

Eerlijk gezegd was dit niet de eerste keer dat ik zo'n ervaring had gehad, en het was ook niet de laatste. Ik heb klaarblijkelijk heel goede engelen die over mij waken. Of zijn zij het – de buitenaardsen die hun proefkonijn beschermen?

Automatische scherpe bocht – 1979

Toen ik 29 jaar oud was, werkte ik in de binnenstad van Madison en reed elke dag 30 minuten daar naartoe. Iedereen die mij kent, weet dat ik graag hard rijd – dat heb ik altijd gedaan en doe ik nog steeds. Op een ochtend reed ik met mijn nieuwe Pontiac Grand Prix naar mijn werk en nam mijn gewoonlijke route, die bestond uit achterafwegen – kortere wegen die mij in staat stelden harder te rijden dan was toegestaan. Nadat ik zoals altijd een lange, zacht glooiende helling was afgereden, moest ik een beslissing nemen. Onderaan de heuvel waar het weer vlak werd, was een kruising. Ik kon rechtdoor blijven rijden, of ik kon linksaf slaan. Beide wegen leidden naar mijn eindbestemming.

Ik reed minstens 100 km/u toen ik die heuvel afreed, dus hoewel ik zo'n beetje had gepland om die bocht te maken, besloot ik op het laatste moment gewoon rechtdoor te gaan, omdat ik zo snel reed. Maar dat gebeurde niet. Onderaan de heuvel, precies toen ik de kruising met de weg bereikte die ik had besloten niet te nemen, remde mijn auto plotseling en heel abrupt af.

Ik zal nooit het geluid van de radio vergeten terwijl dit veranderde – het klonk heel erg zoals wanneer je je hoofd onder water doet. De stem van de presentator deed "eeerrruuppp" en werd heel diep en belachelijk traag zoals een bandje dat kapot was gegaan en langzaam tot stilstand kwam. Ik had niet veel tijd om dit allemaal in mij op te nemen, want nu begon de auto te draaien. Ik keek naar mijn handen op het stuur – en dit zal ik nooit vergeten omdat het zo eigenaardig was – maar mijn handen draaiden helemaal niet aan het stuur. Ze bleven precies in dezelfde positie waarin ze stonden – mijn rechterhand bovenop het stuur en mijn linkerhand onderaan het stuur met mijn elleboog op de deursteun.

Er stond een auto bij het stopbord, en er zat een vrouw in. Ik draaide mijn hoofd om naar haar, maar het gebeurde in slow motion.

Ik probeerde naar haar te schreeuwen: "Wat gebeurt er?"

Maar in plaats daarvan vormde mijn mond de woorden heel langzaam, en ze klonken zoals de presentator op de radio. Langzaam – heel, heel langzaam – en diep. Het zou grappig zijn geweest als het niet zo verdomd vreemd en beangstigend was. De hele gebeurtenis voelde alsof een gigantische hand mijn auto vastpakte en deze omdraaide, net zoals ik vroeger deed met mijn speelgoedauto's.

Ik vond het altijd frustrerend als kind dat de voorwielen van de speelgoedauto's niet konden draaien, dus je moest de auto om de hoeken van de zogenaamde wegen heen bewegen. Dat was precies zoals dit voelde – ik werd om de hoek heen gemanoeuvreerd, maar mijn auto was er net zomin bij betrokken als ik! Toen mijn auto volledig de hoek om was en recht vooruit stond, werd deze losgelaten door wat deze dan ook vasthield. De radio versnelde tot het normale geluid en mij auto versnelde meteen tot de snelheid waarop ik eerder had gereden. Mijn lichaam werd in de stoel gedrukt omdat het zo plotseling ging.

Ik trapte snel op de rem omdat ik terug wilde gaan om met de vrouw te praten die bij het stoplicht stond voordat ze wegging. Ik wilde weten wat zij had gezien. Ik keek in mijn achteruitkijkspiegel om er zeker van te zijn dat ze er nog was, en toen zag ik het. Beweging langs de kant van de weg.

Ik draaide mijn hoofd om en keek uit het passagiersraam, en mijn hart begon te bonken bij wat ik daar zag. Er snelde een trein over het spoor! Wat? Was dat spoor in gebruik? Ik wist dat niet. Ik draaide me om en keek naar de kruising om te zien of de bomen dicht waren, maar die waren er niet! Er waren niet alleen geen slagbomen, maar de trein was al midden op de kruising – de locomotief was er zelfs al voorbij. Als ik rechtdoor was gegaan, dan had ik de zijkant van die trein geramd met 100 km/u. Ik zou dood zijn geweest.

Ik stopte langs de kant van de weg. Mijn handen trilden en mijn ingewanden draaiden zich om. Mijn lieve kinderen zouden geen moeder meer hebben; dat is alles wat ik kon denken.

Ik was de hele dag van slag en kon amper functioneren op mijn werk. Op een bepaald moment wilde ik naar mijn supervisor gaan om haar te vertellen wat er was gebeurd, maar ik realiseerde me hoe gek mijn verhaal zou klinken. Ik speelde het de hele dag steeds opnieuw obsessief af. Uiteindelijk werd ik boos. Waarom was er geen enkel bord, geen enkele waarschuwing bij die kruising? Een paar dagen later belde ik wat mensen en probeerde ik het bij iemand te melden, maar ik herinner me dat ik me hulpeloos voelde omdat ik niemand kon vinden die het iets leek te schelen.

Er ging geen dag voorbij gedurende tenminste twee of misschien wel drie jaar dat ik niet aan het voorval dacht. Het was een mysterie voor mij. Ik vroeg me af hoe het was gebeurd. Wie of wat het had laten gebeuren, en ik vroeg mij af waarom mijn leven was gered. Ik vertelde het aan niet zoveel mensen. Ik weet niet eens zeker of ik het aan mijn man heb verteld. Het voelde te heilig. Erover praten leek het te bagatelliseren, en ik denk dat ik het een tijdje tussen mij en God wilde houden.

Ik had nog een verbazingwekkend voorval toen ik in 2008 door de woestijn van Arizona reed, en dat zal ik met jullie delen in een later hoofdstuk. Het was net zo dramatisch en net zo duidelijk, maar het was opnieuw niet mijn tijd. Ik herinner me wel dat ik tegen iemand zei dat er een voordeel zit aan het hele contact hebben met buitenaardsen, en dat is dat er over je wordt gewaakt en dat je wordt beschermd.

Ja, ze nemen je mee aan boord van hun schepen en ze doen vreemde en indringende dingen met je lichaam, maar de andere kant lijkt te zijn dat ze niet toestaan dat je ziek wordt, niets ernstigs. En daar bovenop leren ze je technieken om jezelf te genezen. Ze willen duidelijk niet dat je doodgaat voordat ze klaar zijn met je – dat is tenminste wat ik eruit heb opgemaakt. Ik vond het fijner toen ik dacht dat het een engel of God was die mij redde van mijn slechte rijgedrag, en misschien waren zij het ook wel, maar ik wed dat het de Grijzen waren.

Het eerste en belangrijkste gebod is: laat ze je niet bang maken.
Elmer Davis

Hoofdstuk 9:
Stop me alsjeblieft gewoon in een isoleerkamer

De lessen beginnen – herfst 1988

Het leven met de hoeveelheid bezoeken van de Grijzen was gewoon uitputtend – om niet te zeggen beangstigend, bizar, verontrustend, verpletterend en een levensgrote uitdaging. Het was september 1988 en de herinneringen aan mijn ontvoeringen waren pas vijf maanden onthuld. Het was een snelle verslechtering van mijn leven geweest. Ik voelde me nergens meer veilig. Ik was constant ongerust over mijn kinderen. Mijn huwelijk was zo goed als voorbij. Mijn relaties waren gespannen. Mijn reputatie in mijn gemeenschap was aangetast. Mijn grip op de realiteit en wat ik altijd als de waarheid had beschouwd, was weggespoeld. Het voelde alsof ik nergens naartoe kon voor hulp. Het is moeilijk om de woorden te vinden om uit te leggen hoe groot de worsteling was om elke dag de wereld in te stappen en normaal te doen terwijl deze extreem vreemde dingen in je leven plaatsvonden.

Ondertussen was mijn verhouding met de mannen begonnen te veranderen, en ik werd me steeds meer bewust van hun contact. Die herfst van 1988 begonnen ze een "trainingsproces" bij mij. Het was mij destijds niet duidelijk dat ik werd voorbereid om de een of andere rol of positie uit te voeren die ze voor mij hadden bedacht. Ik wist alleen dat ik zoveel tijd met hen doorbracht dat ik mij een buitenaards wezen in mijn eigen wereld begon te voelen.

Illusie van tijd – het voorval met opeenvolgende tijd

Ze begonnen met mij te leren over de illusie van tijd. Volgens hen bestond tijd niet, alleen het meten van tijd zorgt ervoor dat het voor ons echt lijkt. We denken dat omdat we een apparaat (een klok) hebben dat het eeuwige "nu" moment in schijnbaar losse "nu" momenten op lijkt te delen waardoor het op de een of andere manier lijkt alsof tijd echt is. Dat is het niet. Wij hebben tijd gemaakt, en we kunnen de tijd beheersen zoals hij is.

Deze les ging hand in hand met hun continue gesprekken over de kracht van onze geest. Om mij te bewijzen dat tijd niet bestaat, begonnen ze "golven" met mijn tijd te maken. Dat wil zeggen dat ik tijdloosheid begon te ervaren. Toen het begon, stonden de klokken altijd gelijk om mijn aandacht te trekken, ongeacht wanneer ik keek. Ik werd 's nachts wakker met een sterke drang om op de klok te kijken, en dan was het 1:23 of 2:34 uur of een ander opeenvolgend getal. Soms ging het achteruit – 4:32 leek één van hun favorieten. Ik kon zeker vier of vijf hele dagen de klok niet zien of er stond een opeenvolgend getal – altijd. En ik heb het geprobeerd. Dit zorgde er bijna voor dat ik afhaakte. Het ging zelfs meer dan drie weken door waarin ik zelden naar een digitale klok keek zonder dat deze een opeenvolgend getal toonde. Dat is lang, en het begon als een marteling te voelen.

Ik herinner me een dag tijdens deze training waarop ik aan mijn bureau zat te wachten tot ik absoluut zeker wist dat het niet bijna 12:30 uur was voordat ik ging lunchen. De volgorde 12:34 was de laatste tijd bijzonder veel aanwezig, en ik wist dat ik volledig gek zou worden als ik deze nog één keer zou zien. Ik keek voorzichtig naar de klok aan de muur van mijn kantoor, een ouderwetse klok met wijzers. Ik wachtte tot het tenminste 12:45 was voordat ik naar mijn auto liep om naar huis te rijden.

De dag ervoor was ik vroeg weggegaan, ongeveer om 12:15 uur, terwijl ik dacht dat ik zo de gevreesde 12:34 uur zou mislopen, maar het stond op mijn digitale klok in de auto, zoals altijd. Dus ik dacht dat ik vrij veilig zou zijn als ik zo laat wegging. Toch deed ik mijn best niet naar de klok in mijn auto te kijken, en het lukte me een aantal huizenblokken, maar ik keek toch weer. Ik weet nog precies waar ik was – ik stond bij het stoplicht bij het postkantoor, en ondanks dat ik zo mijn best deed, keek ik omlaag naar de klok. Je vraagt je misschien af hoe dit mogelijk is – hoe ik zoiets simpels niet kon beheersen.

Maar ik wil daarop antwoorden door aan te geven dat dat mijn minste zorg was. Ik kon geen enkel aspect van wat mij overkwam beheersen, laat staan dit schijnbaar kleine ding. Ze wilden dat ik iets leerde, dus ik zou het leren. Einde discussie.

Ik lachte als een boer met kiespijn toen ik 12:34 in groene digitale nummers op de klok zag staan. Ik wilde eigenlijk huilen, schreeuwen, wegrennen. Maar om eerlijk te zijn was ik nogal verslagen tegen die tijd en had alleen nog genoeg energie om een sarcastische lach te uiten.

Ik reed snel de rit van vijf minuten naar mijn huis en stopte in de garage. Ik bleef in de auto zitten. Ik weigerde eruit te komen. Ik wist wat mij in de keuken te wachten stond – nog twee digitale klokken. Ik wist tegen die tijd waar alle digitale klokken waren. Dus bleef ik vijf hele minuten zitten waar ik zat. Toen stapte ik uit en liep de garage uit over het achtererf naar mijn kleine tuin. Ik bracht nog zeker tien minuten door met onkruid verwijderen en een paar tomaten en paprika's plukken. Terwijl ik naar het achterterras liep, wist ik dat ik de digitale klokken zou zien als ik binnenkwam, maar ik wist ook dat het niet mogelijk was dat ze op volgorde zouden staan. Het was al lang geen 12:34 meer, en het was nog geen 1:23 uur. Het voelde alsof ik de vloek misschien verbroken had.

Ik liep naar binnen door de deur van het terras en liep zonder angst door de keuken. Ik wist zo zeker dat ik veilig was. Alle groenten die ik in mijn armen had, vielen op de grond terwijl ik naar de klokken stond te staren. Ze stonden allebei op 12:34. Dat was natuurlijk onmogelijk, maar dat maakte niet uit.

Dit gerommel met de tijd leek eindeloos door te gaan. Het werd zo'n grote afleiding voor mij dat ik ze smeekte ermee te stoppen. En toen dreigde ik zelfmoord te plegen als ze dat niet deden. Ik weet dat het niet klinkt als een vreselijk, afschuwelijk iets om te verdragen, maar dat was het toch. Misschien was het de druppel die de emmer deed overlopen, of misschien was het gewoon de pure waanzin ervan. Ik weet wel dat het een continue reminder was van wat er met me gebeurde. Je kon er gewoon niet aan ontsnappen.

Hoeveel keer per dag keek ik op de klok?

En ik werd in ieder geval één keer, maar meestal vaker, per nacht wakker met een drang om naar de tijd te kijken. Ik denk dat het de onverbiddelijkheid van de ervaring was waardoor ik afgeleid raakte en ik me zo machteloos voelde. Ik begreep, toen ik de ervaring had, niet wat het allemaal betekende.

Ik sprak er met mijn groep over, en we dachten dat bepaalde opeenvolgende nummers misschien bedoeld waren om een vooraf bepaalde emotionele reactie bij mij uit te lokken aangezien we wisten dat ze de mens en al zijn eigenschappen bestudeerden, maar dat klonk voor mij nooit logisch aangezien de enige emotionele reactie die ik had frustratie en woede was.

De langzaam oplossende capsule van herinnering

De duidelijkheid over wat de bedoeling van dit alles was kwam jaren later. De lessen leken heel diep begraven te zijn, maar uiteindelijk kwamen ze naar de oppervlakte en "herinnerde" ik mij bepaalde dingen die mij waren verteld. Nogmaals, ik wist niet altijd van wie, wat, of waar ik deze informatie had gehoord, maar ik omarmde het als waar hoewel het soms schijnbaar vanuit het niets verscheen en soms radicaal inging tegen wat ik daarvoor had geloofd.

Het is moeilijk te omschrijven, maar zo lijkt het te werken. Het is alsof ze een capsule in mijn hoofd stoppen – een pil zoals aspirine – en deze lost heel langzaam gedurende je leven op, en de informatie die in de capsule zit, sijpelt je hersens of bewustzijn binnen en wordt kenbaar voor je. Het voelt bijna alsof je dit stukje informatie altijd hebt geweten en begrepen, maar je weet dat dat niet zo is, in ieder geval niet aan de oppervlakte, en toch is er een gevoel dat het daar zat – alleen heel diep begraven. Het lijkt te hebben gewerkt bij dit gedoe met de tijd want uiteindelijk begreep ik de les, die was dat tijd en ruimte niet bestaan, en dat we echt het vermogen hebben om deze te beheersen.

Toegenomen intuïtie en vermogen om te genezen

Ze hadden mij altijd verteld dat ons lichaam onze geest gehoorzaamde en dat het een eenvoudig proces was om elke kwaal te genezen waarvan we misschien overtuigd zijn dat we die hebben. Ik heb zelfs altijd bewuste herinneringen gehad aan een paar voorvallen van zelfgenezing bij mijzelf waarbij ik de technieken volgde die ze me hadden geleerd. Wat ik nooit heb geweten, tenminste vóór mijn regressies, was wie me die methode had geleerd.

In die periode waarin mijn betrokkenheid bij de Grijzen zo intensief was, merkte ik dat mijn intuïtieve kant en ook mijn vermogen om te genezen allebei veel sterker werden. Ik merkte ook dat ik de gedachten van mensen kon "horen". Het lijkt indringerig, maar het voelde voor mij echt niet zo. Het was nogal verbazingwekkend toen het de eerste keer gebeurde. Het was anders dan een indruk krijgen van wat iemand denkt op basis van hun gezichtsuitdrukking of gedrag. Ik "hoorde" letterlijk de stem van de persoon in mijn hoofd alsof deze hardop had gesproken.

Hun bezoeken waren heel intensief gedurende heel het jaar 1988, maar vooral tijdens de zomer en een deel van de herfst. Ik ervoer gemiste tijd overdag en ook bezoeken in de nacht. Ik ontwikkelde een haat-liefde verhouding met hen. Ik was extreem gefrustreerd dat hun bezoeken zo geheim moesten plaatsvinden, en ik communiceerde naar hen dat ik wilde dat ze op een zondagmiddag naar mijn huis kwamen, aanbelden, en binnenkwamen en me op een correcte manier bezochten.

Hun antwoord was dat ze dat niet konden doen. De verschillen in trilling vereisten dat ik in een andere staat werd gebracht als ik enige tijd in hun aanwezigheid was. En dat ik emotioneel en geestelijk niet zo voorbereid was als ik dacht om ze bij mijn voordeur aan te treffen. De factor angst was nog steeds hoog.

Laat mij uitleggen wat ik bedoel als ik zeg dat ik hen vroeg om naar mijn huis te komen en zij antwoord gaven. De communicatie van geest tot geest die plaatsvond als ik bij hen was, was ook beschikbaar voor mij als ik ze niet fysiek kon zien. Maar er waren zeker momenten waarop ik wist dat ze heel dichtbij waren, en ik werd vrij goed in het zien van de tekenen. De lucht om mij heen leek te tintelen, en er was een sterk zesde zintuig bewustzijn van hun aanwezigheid.

Ik "hoorde" Da ook op willekeurige tijden tegen mij spreken. De eerste keer dat het gebeurde, reed ik mijn oprit af en kwam zijn stem van achter mij. Ik trapte op de rem en draaide mij snel om in mijn stoel in de verwachting hem te zien. Dit voorval vond vroeg in de lente plaats en was waarschijnlijk bedoeld om mij gerust te stellen, maar het had het tegenovergestelde effect.

Wat hij zei was simpel: "Sherry, denk eraan dat je speciaal bent."

Mijn reactie was woede en frustratie, en ik antwoordde door te schreeuwen: "Klootzak! Betuttel mij niet!"

Ik wachtte op een antwoord, maar er kwam er geen. Dus zei ik tegen de stilte: "Laat mij en mijn familie gewoon met rust."

Ik bleef op de oprit staan terwijl ik probeerde mijzelf tot rust te manen. Ik dacht hoe bekend zijn stem voor mij was en hoe ik deze zo vaak tijdens mijn leven had gehoord – vooral toen ik een klein kind was. Ik begon spijt te krijgen van mijn gemene antwoord. Ik heb vaak teruggedacht aan dat voorval en gewenst dat ik anders had gereageerd.

Wat als ik kalm was gebleven en op een beschaafde manier had geantwoord? Wat voor gesprek zouden we hebben gehad? Wat zou ik hebben geleerd? Ik had zeker vragen kunnen stellen of inzicht kunnen verkrijgen in wat er met mij gebeurde.

Ik had ze gesmeekt mij op een bewuste, beschaafde manier te behandelen in plaats van mij in een andere staat van bewustzijn te brengen, maar als hij dat dan doet, word ik hysterisch. Ik was normaal gesproken niet zo, maar gezien tot waar ik gedreven was, denk ik dat het geen volledig onredelijke reactie was.

Voorval met donderende voetstappen

In de periode met de voorvallen met opeenvolgende tijd had ik een heel vreemde ervaring met hen. Het was vrijdagmiddag en ik was alleen thuis. Ik wist dat ze dichtbij waren, en ik begon me daar nogal angstig door te voelen. Ik ijsbeerde heen en weer, terwijl ik wist dat ze later die avond één van hun bezoeken hadden gepland. Ik liep naar buiten op het balkon van mijn slaapkamer die uitkeek op de beboste heuvels achter ons huis en voelde meteen dat ze daar buiten naar mij keken. Ik zweer dat ik ze deze keer echt kon ruiken.

Ze hebben soms een unieke geur. Niet altijd, maar soms wel. Het doet mij denken aan toen ik een kind was, en in de herfst alle gevallen bladeren op een hoop veegde en mijzelf erin begroef. Zo ruiken ze – vochtige gevallen bladeren, maar met een beetje kruidige geur erbij. Dus tuurde ik de bossen in en zocht de heuvel zo goed als ik kon af. Ik verwachtte half hun zilveren schip ergens tussen de bomen te zien staan of boven de bomen te zien zweven.

Ik zei zachtjes: "Ik weet dat jullie er zijn."

Stilte. Maar ik voelde ze dichterbij komen.

Ik zei opnieuw, een beetje harder: "Ik weet dat jullie daar zijn, lafaards."

Niets. Nu begonnen de haartjes achterin mijn nek te tintelen – ze waren heel dichtbij.

Dus opnieuw: "Jullie zijn lafaards – dat zijn jullie! Kijk naar mij! Jullie zijn bang van mij! Jullie moeten wachten tot ik slaap voordat jullie mijn kamer in komen sluipen om me uit mijn bed te slepen. Lafaards!"

De bomen ruisten alsof ze antwoord gaven.

Ik ging door met mijn tirade, terwijl mijn stem oversloeg: "Lafaards!"

Ik begon te lachen. Ik gedroeg me als een gek, dat wist ik, maar het voelde goed om de martelaar te zijn in plaats van de gemartelde. Ik voelde me krachtig. Ik wist dat ze daar naar mij stonden te kijken, en ik wist dat ze mijn uitdaging konden horen. Ik stopte om te luisteren en tuurde in de bomen, terwijl ik ze wilde zien maar ook niet.

Alles was rustig, en er was een zacht briesje. De haartjes op mijn arm gingen recht overeind staan, en ik voelde me heel ongemakkelijk. Ik ging het huis in en ging met mijn benen over elkaar op het bed zitten, met mijn gezicht naar de beboste heuvels. Ik lachte nerveus en ging door met pesten.

Ineens klonk een hard krakend geluid. Ik bevroor.

Wat was dat in godsnaam?

Daar was het weer – het geluid van enorme voetstappen – dat is de beste manier om het vernietigende geluid dat tussen de bomen was begonnen te beschrijven. Het klonk alsof een enorm dier zijn weg baande door de bossen.

Ik weet nog dat ik dacht: zelfs een olifant zou niet zo'n geluid maken. Dit moest een gigantische dinosaurus zijn.

Ik tuurde naar buiten naar de bomen, bang voor wat ik zou zien, maar alles was rustig. En toch ging het geluid door. Het, wat het ook was, kwam dichterbij terwijl het donderende geluid steeds harder werd.

Ik lachte om de absurditeit ervan. Ik was niet van plan ze deze strijd te laten winnen. Ik hield van hoe het had gevoeld – dat gevoel van controle, en ik was niet van plan het zo gemakkelijk op te geven. Ik wist dat ze me geen pijn zouden doen. Het was gewoon een geluid – zij maakten het. Het was onschuldig.

Ik begon weer met mijn tirade terwijl ik boven het lawaai uit schreeuwde: "Ik ben niet bang! Jullie zijn de lafaards."

Dit ging een tijdje zo door. Ik kan je niet precies vertellen hoe lang, misschien wel drie of vijf minuten. Het was verbazingwekkend hoe hard het krakende geluid werd. Ik was er zeker van dat ik zo bomen om zou zien vallen omdat het geluid zo donderend en vernietigend was. Ik sprong van het bed en keek naar buiten, terwijl ik probeerde te zien waar ze waren, te zien wat er gebeurde. Ik kon niet geloven dat er geen verandering was in het landschap. Ik dook terug op mijn bed, vastbesloten vol te houden.

Nu werd het geluid nog harder, zodat het in mij begon te weerklinken. Het drong door alles heen. Het voelde alsof het tegen mijn lichaam beukte en het huis op zijn fundering liet schudden. Het was oorverdovend.

Ineens besefte ik waar ik het tegen opnam.

Wat was ik aan het doen om het tegen deze kerels op te nemen? Was ik gek?

Ik viel op het bed en bedekte mijn hoofd terwijl ik ze smeekte te stoppen.

"Jullie winnen", zei ik nederig. "Jullie winnen!"

Ik voelde ze lachen…

Nieuwe serie lessen

Al snel begonnen ze met een nieuwe serie lessen. De lessen over opeenvolgende tijd hadden het idee bevat dat tijd en ruimte een illusie zijn, alsook een bevestiging van de lessen die ze mij mijn hele leven hadden gegeven over de kracht van de geest de Drie Belangrijke Dingen die je moet Weten. Ze onderwijzen je niet op dezelfde manier als wij les krijgen op school door een leraar. Zoals ik eerder uitlegde, stoppen ze de informatie op de een of andere manier in je hoofd, ongeveer zoals een computer die een nieuw programma downloadt. Maar soms gaan ze door op een programma dat net is gedownload door details en voorbeelden te geven.

Deze voorbeelden komen in de vorm van ervaringen (zoals de beproeving met de klokken met opeenvolgende tijd) die er eenvoudigweg zijn om te versterken wat ze proberen aan je over te brengen en bewijzen zijn van dat wat in de vorm van "weten" aan je wordt gegeven. Dit zijn voorbeelden en/of beeldende ondersteuning van wat je leert. De "ins en outs" van wat ze willen dat je weet, wordt gewoon in je hoofd gestopt via het downloadproces. Dat is waarom je je iets lijkt te herinneren dat je hebt geleerd, maar niet altijd duidelijk weet wanneer of in welke omstandigheden je het hebt geleerd.

Heel vaak wist ik pas dat ik nieuwe informatie had gekregen als ik mijzelf iets hoorde uitleggen waar ik daarvoor nog geen of heel beperkte kennis van had. Een van de vreemdste dingen die ik mijzelf ooit aan een vriend heb horen vertellen was de nogal gedetailleerde werking van de typische vliegende schotel. Ik gebruikte woorden waarvan ik het bestaan niet eens kende terwijl ik behoorlijk lang doorging met complexe details geven van hoe ze werken. Het was interessant, en ik vond het destijds allemaal heel logisch, hoewel ik niet weet of ik die informatie nu zo duidelijk naar boven zou kunnen halen.

Licht readings

Terugkijkend bleek het leren om een "licht reader" te zijn één van mijn favoriete lessen van hen. Nogmaals, toen ik het doormaakte, was ik in zo'n verwarde en angstige staat dat ik er spijt van heb dat ik misschien de kans heb gemist om meer uit de ervaring te halen. Het kwam meteen na de voorvallen met de opeenvolgende tijd, en het betoverde me, beangstigde me, intrigeerde me, en verbijsterde me allemaal tegelijk.

Ik zat aan mijn bureau administratie te doen vroeg in de ochtend op een doordeweekse dag toen een oudere heer en zijn vrouw binnenkwamen om wat vragen te stellen over vastgoed. Hij was heel levendig en jong, net als zijn aantrekkelijke vrouw.

Ik stond op om hen te begroeten, en terwijl ik mijn arm uitstak om hem de hand te schudden, keek ik hem in de ogen en kreeg onmiddellijk de boodschap "Jij zult blijven."

Ik had een heel sterke drang om het hardop te zeggen, maar ik hield mijzelf tegen. Vervolgens begroette ik zijn vrouw, en terwijl ik haar in de ogen keek, kreeg ik dezelfde boodschap. Ik kon hun licht "zien" en wist dat hun "licht reading" heel hoog was. Dus ze zouden blijven. Waar blijven, leek ik op dat moment niet te weten, en ik zorgde dat ik me concentreerde op wat ze zeiden.

Ze stelden vragen over de vastgoedmarkt, algemene vragen die ik gemakkelijk beantwoordde, en toen gingen ze weg.

Ik dacht meteen: wat was dat allemaal?

Tot mijn verrassing kreeg ik een antwoord.

Ik "herinnerde" me meteen dat Da mij had uitgelegd dat ik twee halve dagen licht readings zou doen om me een idee te geven van hoe het zou zijn, mocht het in de toekomst nodig zijn dat ik die zou doen. Hij had uitgelegd dat ik de trillingsenergie van de geest van de persoon zou zien en hoe hoger de trilling, hoe hoger de licht reading. Degenen met een hogere licht reading zouden mogen blijven, en degenen met de lagere licht reading konden niet blijven.

"Er is geen oordeel van goed of slecht hierbij", benadrukte hij. "Degenen met een lagere licht reading hebben gewoon meer tijd nodig om zich te ontwikkelen en hun lessen te leren. Het positieve en negatieve zijn te ver uit elkaar gegaan; ze kunnen niet langer dezelfde ruimte bekleden. Zie het als de uiteinden van twee magneten die bij elkaar worden gebracht."

En terwijl hij dit zei, werd mij een beeld getoond van twee magneten die elkaar afstoten.

"Zie je hoe het positieve en het negatieve niet dezelfde ruimte kunnen innemen? Zo is het ook met de mensheid. Er zijn velen die op het niveau zijn waarop ze klaar zijn om in vrede en harmonie met de planeet en andere bewuste wezens te leven. Maar er zijn anderen met een lagere trilling die nog steeds geloven dat oorlog en geweld noodzakelijk zijn. Hun lessen moeten doorgaan totdat zij ook een hogere trilling bereiken, wat ze zullen doen aangezien iedereen zich moet ontwikkelen."

Ik stond bij mijn bureau dit allemaal te verwerken, gefascineerd door wat ik leerde – of mij herinnerde.

Da ging verder: "Er is niet veel tijd meer, en het lijkt alsof de mensheid het keerpunt niet gaat bereiken, hoewel dit wel kan gebeuren. Als genoeg mensen een bepaald trillingsniveau bereiken, heeft dit als effect dat degenen met een lagere trilling omhoog worden getrokken. De mensheid zal niet worden toegestaan zichzelf te vernietigen of de planeet weer tegen te houden. Als jullie het verzadigingsniveau niet bereiken, zal elk menselijk wezen daarom de keus worden gegeven te blijven of de planeet te verlaten. Het is absoluut zeker dat de aarde naar een hogere trilling gaat, en degenen die niet in staat zijn die verschuiving te overleven vanwege hun lagere frequentie zullen naar een nieuwe plek worden gebracht om hun groei voort te zetten in hun eigen tempo zonder de evolutie van de aarde of het recht van hun medemensen om in vrede te leven in gevaar te brengen."

Ik was verbijsterd. De enormiteit van alles overweldigde me, en ik was ook bang.

Wanneer was deze deadline voor de mensheid precies? Hoe zouden mensen van de planeet worden weggehaald? Zouden er ruimteschepen komen om families te verzamelen – misschien een paar leden van een familie terwijl anderen achter moesten blijven? Hoe kon dat? En de vrije wil dan? Waar was God in dit alles?

Mijn vragen bleven onbeantwoord. Ik wist alles wat ik moest weten voor nu.

De licht readings gingen door tot de lunch. Ik vond het echt geweldig. Het had iets om de geest van een persoon in zijn ogen te zien. Je werd er nederig van. Het bleek dat de eerste man die ik die ochtend had ontmoet de hoogste licht reading had van iedereen die ik ontmoette.

De volgende dag begon het weer opnieuw. Ik kreeg nooit de kans om mijn eigen dochters of mijn binnenkort ex-man te lezen. Dat was goed. Het was interessant hoe het werkte.

Ik keek in iemands ogen, en ik hoefde er niet eens echt bij na te denken. Het was er gewoon, ik "zag" hun licht, en de woorden "Jij zult blijven" of "Jij zult gaan" klonken in mijn hoofd.

Als ik nadacht over de ervaring of als ik Vicky erover vertelde, haalde ik het door elkaar, waarbij ik dacht dat weggaan de beste optie was, dus ik dacht dat de hogere readings moesten weggaan en de lagere readings moesten blijven.

Ik herinnerde me het voorval met hen waarbij ze me hadden laten zien dat de aarde in brand stond. Ik was dat ijzingwekkende beeld nooit, nooit vergeten, dus ik dacht echt dat het nergens op sloeg dat degenen met een hogere trilling degenen moesten zijn die de vreselijke dingen die ik had gezien moesten ervaren. Het leek mij logisch dat de hogere licht readings bij degenen zouden horen die weg mochten om dat trauma niet te ervaren. Jaren later begreep ik beter hoe dit allemaal zou kunnen werken, maar destijds maakte ik me er grote zorgen over.

Hoewel ik het lezen van de trilling van mensen geweldig vond, werd ik verscheurd door de informatie die erbij hoorde. Ik bleef proberen uit te vogelen hoe dit allemaal ging werken. Het klonk te veel als een sciencefiction film, en ik maakte me ernstig zorgen over mijn kinderen en de planeet in zijn geheel.

Geloof in God

Destijds had ik geen duidelijk idee over God. Dat wil zeggen, ik was niet echt tot een conclusie gekomen wat ik geloofde, en daar had ik nu heel erg spijt van. Mijn geloof was onderhanden werk, maar nu had ik iets stevigs nodig om op te steunen, maar ik vond niets. In ieder geval niets dat ging over alle onbeantwoorde vragen die ik had met betrekking tot alles wat ik toen leerde. Ik had de kerk verlaten toen ik vijftien jaar was, wat het vroegste moment was waarop mijn ouders mij van die verplichting wilden verlossen. De godsdienstige lessen vielen niet goed bij mij – al dat gepraat over schuld en zonde.

Ik herinner me dat ik niet ouder dan zes of zeven jaar was toen ik in de kerkbanken zat met mijn lerares van de zondagsschool. We waren aan het oefenen voor het kerstprogramma. Het was zo'n opwindende tijd voor een kind. De kerk rook naar dennenbomen, een goed voorteken van alle goede dingen die zouden komen. Ik hield ervan om omhoog te kijken naar de grote afbeelding van Jezus met de kinderen samen met het lam en de leeuw. Ik staarde er elke keer naar als mijn ouders ons dwongen een lange kerkdienst uit te zitten. Ik hield van Jezus en het voelde alsof ik hem kende.

Op deze dag kon ik hem niet zien van waar ik zat – de grote kerstboom blokkeerde mijn zicht. Ik keek het heiligdom rond en bestudeerde het gebrandschilderde glas. Ik begon één voor één naar de andere afbeeldingen te kijken die ik kon zien vanuit deze nieuwe hoek toen een andere afbeelding achter het orgel mijn blik ving. Ik had die nog nooit eerder gezien. Het was ook een afbeelding van Jezus, maar hij leek pijn te hebben, en daar maakte ik mij zorgen om. Mijn geliefde Jezus bloedde en leed. Waarom zou een kerk in godsnaam een afbeelding van zoiets hebben? Ik vond het gewelddadig en bizar, en ook walgelijk – het leek alsof ze zijn pijn verheerlijkten. Ik was in de war.

Ik vroeg aan mijn lerares van de zondagsschool wat er met hem aan de hand was.

"Hij werd aan het kruis gehangen en stierf", antwoordde ze.

Ik was in shock. "Waarom? Wie heeft dit gedaan, en waarom is er een afbeelding van?"

Ze zei dat ik stil moest zijn, maar ik drong aan.

Uiteindelijk boog ze zich voorover en fluisterde: "Hij stierf zodat jij het eeuwige leven kunt hebben."

"Wat?" Ik was vol afschuw, en ik trok aan haar mouw.

"Waarom?" vroeg ik wanhopig.

"Omdat wij in zonde zijn geboren, en hij moest sterven om ons te redden. Jezus is gestorven om jou van je zonden te redden", zei ze.

Nu mag ik een heel klein kind zijn geweest, maar ik wist wanneer iets onzin was als ik het hoorde. En dat was gewoon niet waar. Later, toen ik ongeveer in de vijfde klas zat, leerde ik het woord "propaganda". Ik besefte dat dat precies het goede woord was voor de onzin die mijn lerares van de zondagsschool mij had verteld.

Voorval met broer

Alles wat er was gebeurd, had uiteindelijk zijn effect op mij. Proberen iets te maken van de voorvallen met de opeenvolgende nummers en dan het hele idee met betrekking tot de informatie die ze me gaven over de lessen met de licht readings was te veel. Het kapotgaan van mijn huwelijk, mijn angst om mijn kinderen, het verliezen van mijn normale leven, en het constant lastig worden gevallen door hen duwde mij over de rand van de afgrond. Ik had mijzelf beloofd dat ik niemand zou belasten met wat ik doormaakte, maar ik verbrak die belofte.

Het was zomaar een vrijdagavond en ik moest met iemand praten. Ik was vreselijk bang. Ik wist dat ze kwamen, en ik rende als een gek rond. Mijn meisjes waren bij vrienden thuis, en ik was alleen. Ik stapte rond 9 uur die avond in mijn auto en begon te rijden. Ik wist niet waar ik naartoe ging. Ik begon naar het huis van mijn ouders te gaan, maar ik wist instinctief dat dat niet goed zou zijn. Ik zou daar geen geruststelling vinden.

Ik scheurde de stad rond als een gek, niet wetend waar ik naartoe moest gaan of wat ik moest doen. Ik zocht in gedachten naar iemand of ergens waar ik naartoe kon gaan en waar het veilig zou zijn. In mijn gekte reed ik voorbij het huis van mijn jongere broer. Ik reed er een paar keer omheen. We waren niet zo hecht, ik zag hem eigenlijk alleen op feestdagen, maar ik was wanhopig. Ik reed zijn oprit op en drukte op de deurbel.

Hij was nog wakker, maar zijn vrouw was al naar bed. Ik begon te praten – wartaal uit te slaan, eigenlijk. Ik betwijfel of ik iets zinnigs zei. Ik vertelde hem over mijn angst en vroeg of ik die nacht daar kon blijven slapen. Zou hij zijn best doen om ze bij me weg te houden?

"Zorg dat ze me niet pakken, alsjeblieft?" huilde ik.

Ik wist dat hij zich bewust was van de dingen die ik had meegemaakt, maar we hadden er nooit over gepraat. Ik was er vrij zeker van dat zijn houding in lijn zou zijn met het standpunt dat mijn ouders hadden ingenomen – dat ik fantaseerde of bepaalde kleine voorvallen buiten proportie opblies. Maar die nacht kon het me niet schelen of hij me geloofde of niet. Ik voelde me zo alleen, zo bang, en zo wanhopig. Hij voelde als mijn enige kans op veiligheid.

Mijn broer sloeg zijn armen om me heen en zei tegen me dat het oké was. Ik was veilig. Dit was precies wat ik wilde horen, en ik brak toen ik die woorden hoorde. Alles smolt van binnen terwijl de angst begon op te lossen. Ik was niet alleen. Ik had een beschermer. Ik wist dat hij ze eigenlijk niet weg kon houden, maar ik zou ze tenminste niet alleen tegemoet hoeven te treden deze nacht. Het was zo'n opluchting.

Ik snikte in zijn shirt en maakte het nat met mijn tranen, toen ik hem een paar woorden hoorde zeggen die nergens op sloegen. Ik hield mijn adem in.

Wat zei hij?

Ik nam wat afstand om het duidelijker te kunnen horen.

Dit gebeurde niet – alsjeblieft God, dit gebeurt niet.

Waarom was hij tegen mij aan het uitvaren?

De woorden waren lelijk en zeiden dat ik altijd had gedacht dat ik beter was dan iedereen.

"Speciaal, dat is wat je denkt dat je bent! Ha! Nou, dat ben je niet! Wie denk je dat je bent? En je dochters ook. Jullie lopen allemaal met je neus in de lucht."

Ik bevroor. Ik smeekte hem te stoppen – het was zo onwerkelijk dat hij zich zo tegen mij keerde. Ik wilde terug naar hoe het slechts een minuut daarvoor was, maar hij hield niet op. Het was alsof hij een kraan had opengezet, en hij kon zichzelf niet tegenhouden, zelfs als hij dat wilde. Jaren van opgekropte woede kwamen eruit, en ik was het doelwit.

Ik rende vertwijfeld de kamer uit, de trap op, en de deur uit terwijl hij me volgde met zijn tirade. Zijn woorden voelden als klappen op mijn lichaam terwijl ik mijn auto in kroop.

Hij stond in de deuropening en ging door met zijn aanval: "Je kunt wegrennen, maar je kunt je niet verstoppen!" schreeuwde hij terwijl hij zijn vuist naar me schudde.

Mijn banden piepten terwijl ik van zijn oprit afscheurde, en mijn hart klopte zo hard dat ik dacht dat hij uit elkaar zou spatten.

Ik besloot zelfmoord te plegen. Het voelde alsof ik eigenlijk geen keus had. Ik reed de stad uit om een mooie grote boom te vinden waar ik met mijn auto op in kon rijden met 150 kilometer per uur. Het was een goed plan. Ik reed het stuk weg af op zoek naar mijn boom. Ik was opgelucht. De pijn en verwarring zouden snel verdwenen zijn. Ik had altijd geweten dat zelfmoord voor niemand een goede keus was, maar ik was echt gek van angst. Ik weet niet veel meer van wat er daarna gebeurde. Ik weet nog wel dat ik met grote snelheid de stad uitreed, maar daarna wordt alles vaag.

Ik herinner me een vaag beeld van mijn dochters die de mist in mijn hoofd binnenkwamen, maar ik geloofde dat ze beter af zouden zijn zonder mij. Het voelde alsof ik degene was die deze vreselijke ervaringen naar ons huis had gebracht, en ik wist dat ik ging doen wat het beste was voor alle betrokkenen. Ik was vastbesloten.

Mijn leven eindigde duidelijk niet die avond. Ik weet niet hoe ik thuis ben gekomen, maar op de een of andere manier kwam ik daar, want ik werd de volgende ochtend wakker in mijn bed met alleen de vreselijke herinneringen aan de avond ervoor. Ik ging zelfs naar beneden om te kijken of mijn auto in de garage geparkeerd stond. Ik kon me niet herinneren dat ik naar huis was gereden, en een deel van mij vroeg zich af of ik niet was gecrasht met de auto en bewusteloos naar huis was gebracht en in bed gelegd. Een belachelijk idee natuurlijk, maar het was de enige logische verklaring die ik kon bedenken. Dus hier was weer iets om in de doos met verwarring te stoppen die de basisstructuur van mijn leven leek te zijn.

Ik worstelde enige tijd met de manier waarop mijn broer me die avond had behandeld. Ik was er vooral heel verbaasd over. Uiteindelijk begreep ik dat hij zijn eigen demonen had en dat ik het hem net zomin kwalijk kon nemen als ik mijn eigen arm kon afsnijden. Mijn broer was een grote vent met een nog groter hart. Ik heb altijd het gevoel gehad dat hij het leven moeilijk vond. Hij gebruikte alcohol om zichzelf te verdoven tegen de wreedheid die hij voelde. Net als ik, leek het alsof hij zich nooit echt thuis voelde in deze wereld.

Mijn broer, de begroeter

Hij overleed vrij onverwacht in 2009. Voor zijn overgang bezocht ik hem in het hospice en vroeg hem wie hij dacht dat hij was, omdat hij zo snel zou gaan.

"Wie zegt dat jij eerst weggaat?" vroeg ik.

Hij antwoordde dat hij werk te doen had – werk aan de andere kant. Ik zou niet verbaasd moeten zijn geweest over zijn antwoord, maar dat was ik wel. Ik vroeg hem wat voor werk het was.

"Begroeter", antwoordde hij.

Daardoor moesten zijn dochter en ik grinniken.

"Begroeter, zoals bij Walmart?" vroegen we.

"Ja, er zullen binnenkort veel mensen de aarde verlaten, en ze zullen hulp nodig hebben om ze allemaal te verwerken. Dat wordt mijn werk. Ik moet gaan oefenen en me klaarmaken."

Op de een of andere manier kon ik niet aan zijn woorden twijfelen.

Aan een heel dun draadje hangen

Vlak na het voorval met mijn broer belde ik Vicky en vroeg haar met mij te ontbijten. Ik weet vrij zeker dat ze nooit heeft beseft hoe dicht ik bij de afgrond was. Ze lachte zenuwachtig toen ik haar vertelde dat ik er zeker van was dat ik gek was. Ik vroeg haar, omdat ze verpleegster was, hoe je opgenomen kon worden. Ik wilde dat ze me naar Mendota bracht, een lokaal psychiatrisch ziekenhuis.

Ik zei: "ik hoor in een isoleerkamer thuis. Echt. Iemand moet me in een isoleerkamer stoppen."

Ik weet dat ze dacht dat ik een grapje maken, en toch moet ze een glimp hebben gezien van hoe ver ik heen was. Ik vertelde haar over de voorvallen met opeenvolgende tijd, over de licht readings, over de constante stroom van nieuwe herinneringen die naar de oppervlakte kwamen, plus de bezoeken die zo vaak plaatsvonden.

Het was meer dan ik aankon. Ik kon horen dat wat ik zei nergens op sloeg, dat ik alleen van de hak op de tak sprong. God zegene haar. Ze probeerde me gerust te stellen, maar wat kon ze zeggen in zo'n situatie?

Ik vroeg te veel. Ik probeerde te kalmeren en een normaal gesprek te hebben terwijl we ons ontbijt opaten. We stonden op om weg te gaan, en terwijl we naar de deur liepen, begon ik weer in paniek te raken. Ik had niets opgelost! Ik kon haar niet laten gaan zonder een belofte van haar dat ze me zou helpen om te worden opgenomen. Terwijl we door de luchtsluis naar buiten liepen, stopte ik en draaide me om naar haar. Ik blokkeerde haar weg naar buiten en eiste opnieuw dat ze me zou helpen. Ik was vastbesloten haar niet te laten gaan zonder besluit.

Ik zag pure angst in haar ogen. Ik was er niet zeker van of ze bang was voor mij, of over mij. Dat raakte me diep. Ik wilde niet dat iemand zo naar mij keek; het enige dat nog erger was, was medelijden. Dus probeerde ik er een grapje van te maken en liep de deur uit, maar toen ik bij mijn auto kwam, kon ik me niet meer bewegen. Ik had zojuist mijn laatste kaart uitgespeeld, en ik had de wedstrijd verloren.

Ik was een wrak. Ik was echt in kleine stukjes uit elkaar gevallen. Ik zocht wanhopig in gedachten naar iemand naar wie ik toe kon gaan – een dokter, een dominee, een adviseur, een vriend of familielid. Iemand. Wie dan ook. Ik besefte hoe raar mijn verhalen waren, en ik wist dat ik niet van Vicky kon verwachten de last te dragen mij door deze ervaring heen te loodsen – dat was gewoon niet eerlijk tegenover haar.

Mijn zus was al lang geleden gestopt met mij te praten over mijn ontmoetingen – niet omdat ze me in de steek had gelaten, maar omdat ze met haar eigen chronische depressie te maken had. Ik kon haar niet ook nog met mijn dingen belasten.

De liefdevolle steun van lieve Marion

Niet lang daarna werd Marion met haar lieve en aardige karakter mijn klankbord, degene naar wie ik ging voor steun. Ze was de enige die steeds opnieuw geduldig naar mij luisterde terwijl ik vertelde wat er in mijn leven gebeurde. Ze liet me niet alleen razen en tieren en doorgaan – terwijl ze al die tijd liefde en steun bleef bieden – maar ze moedigde me ook aan om te praten. Ze stelde vragen en was oprecht geïnteresseerd en bezorgd over mij. Ik hield van haar als van een moeder.

Ze hield af en toe bijeenkomsten bij haar thuis voor CUFOS, en er kwamen mensen die waren geïnteresseerd in het laatste nieuws en mensen die een ervaring hadden gehad. Meestal hadden ze gewoon een of ander schip gezien, maar ik zag hoe ontzettend verontrustend dat voor sommige mensen kon zijn. Ze voelden de behoefte er steeds opnieuw over te praten, terwijl ze probeerden er iets van te maken, een rationele verklaring te vinden. Marion had een eindeloos geduld met hen terwijl ze naar elk woord luisterde en met ze meevoelde.

Ze zei altijd: "Ik wil gewoon antwoorden. Ik wil gewoon weten waar dit allemaal over gaat. Waarom zijn ze hier? Wat zijn ze van plan? Ik wil het gewoon weten voordat ik sterf."

De laatste keer dat ik Marion zag, had ze haar antwoorden nog steeds niet gekregen, en ze was nog net zo nieuwsgierig als altijd. Ik mis haar heel erg.

Vicky en groeps-UFO-waarnemingen

Vrijwel direct na mijn ontbijt met Vicky hoorde ik van Da. Ik was thuis en zat op de trap die naar mijn slaapkamer leidde. Ik had net een telefoontje afgerond en wilde de telefoon ophangen, maar ik bleef zitten waar ik zat op de derde trede.

Ik had mijn hoofd in mijn handen laten vallen en rustte uit toen ik hem hoorde zeggen: "Wat kunnen we doen om je gerust te stellen?"

Mijn hoofd schoot omhoog. Ik had zijn stem gehoord, maar deze was niet hoorbaar, het was in mijn hoofd. Dit was niet nieuw, maar het was anders dan het lichaamloze stemgeluid dat ik de laatste tijd hoorde. Het is een beetje moeilijk te omschrijven. Het is alsof je een gedachte hebt, alleen is het meer een stem in je hoofd, maar het is een stem waarvan je weet dat die niet van jou is. En in dit geval was het absoluut Da.

Deze vorm van communicatie was minder beangstigend voor mij, en nu antwoordde ik hem rustig door te zeggen dat ik mij helemaal alleen voelde. "Konden ze gewoon ophouden met dit alles en me met rust laten om een normaal leven te leiden?"

"Nee, dat was niet mogelijk. Ze hadden te veel geïnvesteerd."

Ik zat daar en wreef over mijn hoofd.

Da ging verder: "Wat zou jou helpen je niet zo alleen te voelen?"

Ik dacht serieus over deze vraag na want ik wist dat dit iets groots was. Dit was mijn kans om hen aan mijn behoeftes te laten voldoen. Het was een beetje een overwinning, weliswaar klein, maar toch een toenadering van hun kant in ruil voor alles wat ze me hadden afgenomen.

Nadat ik even had nagedacht, vroeg ik of ze zich konden laten zien aan mijn meditatiegroep. Er zaten ongeveer twaalf mensen in de groep en ze hadden mij allemaal zo gesteund.

"Zouden ze allemaal een waarneming kunnen hebben?"

"Ja", beloofde Da. "Het zal geschieden."

"En Vicky", zei ik. "Vicky moet ook iets zien. Beloof me dat Vicky een waarneming zal doen."

"Het zal geschieden", antwoordde hij. En daarna was hij verdwenen.

Ik zei tegen niemand iets over mijn deal met Da. Trouwens, het is niet zo dat ik niet wist hoe raar het allemaal was. Ik wist nooit wat ik van die gesprekken moest maken. Net als al het andere dat er gebeurde, had ik moeite om te geloven dat het gesprek of zijn belofte echt waren.

Nou, in de loop van de weken erna had iedereen in de groep, behalve één persoon, de een of andere waarneming. Ze hadden allemaal een ander verhaal om te delen, en ik was op zijn zachtst gezegd onder de indruk. De een zag een sigaarvormig schip, een andere een zwart driehoekig schip, een ander een klassiek zilveren schip, en nog iemand anders zag dansende lichtjes in de avondlucht.

Ik denk niet dat ik ooit iets heb gezegd over het aanbod dat Da me had gedaan, maar ik voelde me zo opgebeurd, alsof er een last van mijn schouders was gevallen. Dit was een heel belangrijk keerpunt voor mij. Mijn ontvoerders hadden me geruststelling aangeboden. Ze hadden me de hand gereikt en gedaan wat ze konden om wat van mijn pijn en gevoelens van eenzaamheid te helpen verlichten. Door ervoor te zorgen dat mijn groep ook waarnemingen had van hun schepen, voelde het alsof de last die ik had ervaren door deze ervaringen was verlicht.

Een ander gezichtspunt

Er vond een andere verschuiving plaats in mijn gezichtspunt, en ik kwam dichter bij de vrede. Ik begreep nog steeds niet wat er allemaal gebeurde, en ik kon het niet tegenhouden, maar ik voelde me niet meer zo alleen. Dat was enorm. Het was een nieuw begin voor mij.

Om steun te krijgen van dezelfde wezens die mij schijnbaar martelden, was een enorme verschuiving in mijn verstandhouding met hen. Het ging niet meer om macht en controle, slachtoffer en martelaar. Er gebeurde meer, en ik wist dat ik het zonder angst moest bezien. Deze vriendelijke en bezorgde daad van hun kant zette alles in een nieuw en ander daglicht. Ik begon naar mijn ontmoetingen met hen te kijken door een bril die niet zoveel angst bevatte. Zodra ik dat deed, veranderde alles. Wat een ongelofelijke ontdekking!

Je gezichtspunt bepaalt alles. En ik besefte dat iemand altijd in elke situatie de optie heeft om het gezichtspunt te kiezen van waaruit een gebeurtenis of interactie kan worden beschouwd. Opeens leken al mijn ontmoetingen anders. Om me geen slachtoffer te voelen nadat ik zo lang in die rol had gezeten, was bevrijdend. Dat wil niet zeggen dat het allemaal zoet geluk met regenbogen en hartjes werd. Nee, dat is helemaal niet zoals het ging, maar het was een enorme stap vooruit in mijn vermogen om de situatie duidelijker te zien.

Toen ik dat principe toepaste in mijn leven, erken ik nog tot op de dag van vandaag dat elke gebeurtenis of interactie met iemand anders een aantal manieren heeft waarop iemand kan kiezen het te zien. We hebben allemaal ons gezichtspunt, maar dat is gebaseerd op onze emoties van dat ogenblik, onze ervaringen uit het verleden, en duizend andere dingen, inclusief wat voor dag we hebben. EN, dit is wat ons allemaal in de problemen brengt – de andere persoon om wie het gaat heeft een gezichtspunt, gebaseerd op de eigen criteria van die persoon.

Dus was ik een slachtoffer? Dit was voor mij vanaf het begin een enorm probleem geweest. Deze gebeurtenis heeft het meeste bijgedragen aan het ontrafelen van dat geloof. En daarmee kwam de vrijheid – de vrijheid om gewoon te beginnen te leren van deze ontmoetingen en een meewerkende deelnemer te zijn in plaats van me met de rol van slachtoffer te identificeren.

Nu ga ik een van mijn meest favoriete verhalen met je delen uit dit hele hoofdstuk van mijn leven. Ik weet niet waarom ik het zo, nou ja, aandoenlijk vind, maar dat doe ik wel. Het was twee of drie dagen nadat de groep bij elkaar was gekomen, en ik was in mijn keuken rond 6 uur 's avonds de vaatwasser aan het leegruimen. Ik stond voorovergebogen een aantal borden uit het onderste rek te halen toen ik de aanwezigheid van Da voelde. Dat wil zeggen, ik voelde het communicatiekanaal opengaan. Het voelt alsof een pijplijn uit de bovenkant van mijn hoofd zich uitstrekt tot in de ruimte. Iemand had zojuist die pijplijn geopend, en terwijl ik opstond, was ik helemaal niet verbaasd Da's stem te horen.

"Is het goed?" was de vraag.

Ik wist wat hij bedoelde. Hij had het over de waarnemingen die mijn groep had gekregen.

"Ja", dweepte ik. "Heel erg bedankt! Dank je wel!"

"Gaat het beter?" vroeg hij.

"Veel beter ja. Dank je wel daarvoor."

Toen vroeg ik: "Waarom kon Garth geen schip zien? Waarom had hij geen waarneming?"

Ik wist dat hij echt graag een waarneming wilde hebben, maar hij was de enige die niets had gezien. Als antwoord op mijn vraag kreeg ik een visioen van Garth – alleen zijn hoofd, en voor zijn open ogen waren vier of vijf heel kleine ruimteschepen zichtbaar – ze bevonden zich letterlijk centimeters van zijn ogen.

En toen Da's stem: "Sommigen zijn er niet klaar voor."

Ik moest daar eigenlijk om lachen. Het werd door het gebruik van dat visioen zo duidelijk aan mij uitgelegd – zoiets typisch voor de Grijzen om te doen! Toen herinnerde ik mij dat ik niets van Vicky had gehoord, en ik wist dat als ze een waarneming van een UFO had gehad, ik de eerste zou zijn die ze zou bellen.

Voordat hij weg kon gaan, zei ik snel: "Wacht! En Vicky? Vicky heeft geen waarneming gehad."

Da's stem kwam duidelijk en sterk terug: "Het is geschied."

Ik denk dat ik hem bespotte toen ik zei: "Het is niet geschied. Ze heeft geen waarneming gehad, anders had ik het gehoord."

"Het is geschied", kwam het korzelige antwoord.

"Stop. Wacht eens even."

En zo liep ik naar de telefoon en draaide Vicky's nummer. Ze nam op nadat de telefoon een paar keer was overgegaan, en toen ik haar stem hoorde, wist ik meteen dat ze flink verkouden was. Ik had besloten haar niet direct te vragen of ze een UFO-waarneming had gehad, maar het bleek dat ik toch geen kans had. Zodra ze hoorde dat ik het was, begon ze heel snel te praten. Ze legde uit dat ze ziek was – dat was duidelijk – en ze ging verder met te zeggen dat ze me al eerder had willen bellen, omdat er iets opwindends was gebeurd.

133

Afgelopen weekend toen zij en haar man naar Madison reden, had ze een UFO gezien. Hoewel ze ziek was, toonde ze flink wat enthousiasme over de waarneming, en ze vertelde me alle details.

Ik voelde me een beetje schuldig toen ik de telefoon ophing. Ik wist dat Da alles had gehoord.

Hij zei opnieuw: "Het is geschied."

"Ja", antwoordde ik. "Het is geschied. Ze heeft haar waarneming gehad. Dank je. Heel erg bedankt."

"Is het goed zo?" vroeg hij.

"Ja, het is goed zo" antwoordde ik.

En daarmee sloot de pijplijn zich.

De sleutel tot groei is het toelaten van hogere dimensies van bewustzijn.
Lao Tzu

Hoofdstuk 10:
Lessen uit de 7de dimensie

Op een bepaald moment in 1989 werden mijn ontvoeringservaringen minder en stopten toen helemaal. Van begin tot eind had deze activiteitenronde ergens tussen de 18 en 24 maanden geduurd met extreem intense bezoeken tijdens de zomer en herfst van 1988. Het was ongebruikelijk heftig omdat ik me zo bewust was van de interactie. Normaal gesproken blijf je als deze ontvoeringservaringen plaatsvinden uitsluitend achter met missende tijd – als je je daar al van bewust bent.

Meestal weten ontvoerden niet eens dat ze een ontmoeting hebben gehad, maar soms is er een gevoel dat er iets niet klopt, dat er iets scheef zit, en je kunt zelfs een gedeeltelijke herinnering hebben aan een vreemd voorval dat nergens op slaat. Vaak is er een lichtflits, een hard krakend geluid alsof de lucht open wordt gebroken, of een wervelend geluid dat meer als een trilling voelt dan als een geluid. Andere keren voel je alleen iets statisch in de lucht – dat zesde zintuig dat er iets gaat gebeuren of net is gebeurd.

Maar deze mannen hebben een verbazingwekkend vermogen om je te blokkeren – dat wil zeggen, om alle herinneringen aan wat je zojuist hebt meegemaakt te bedekken of begraven. Er bestaat zoiets als een "schermherinnering" die ze op kunnen wekken, en het werkt zo:

Je rijdt naar huis na een middag winkelen en boodschappen doen. De zon gaat onder en je bent van plan op tijd thuis te zijn om het avondeten klaar te maken en om 6 uur op tafel te zetten. Opeens zie je een groot hert langs de kant van de weg staan. Zijn ogen zijn enorm en doordringend – het lijkt alsof je je ogen er niet vanaf kunt houden. Je staart in de ogen van dat hert terwijl je langsrijdt en denkt hoe vreemd het is dat hij gewoon langs de kant van de weg staat en niet beweegt en jou zo aankijkt. Je slaat het op in je geheugen om aan je echtgenoot te vertellen.

Het eerstvolgende dat je je herinnert is dat je 800 meter of zo verderop bent, en het is een uur later dan je dacht. Misschien is het helemaal donker geworden buiten. Je speelt wat je de afgelopen paar uur hebt gedaan opnieuw af in je hoofd, en je checkt alle details – waar je was, hoe lang je overal bent gebleven, etc. – en probeert uit te vogelen waar je dat uur kunt hebben verloren. Het is een beetje verontrustend voor je, want je komt er gewoon niet achter hoe je de tijd zo gemakkelijk kwijt kunt zijn geraakt. Je blijft doorrijden en herinnert je het hert, maar nu weet je het niet meer zo zeker. Was het een hert of een hond? Om de een of andere reden lijkt het of je je alleen de ogen herinnert. Misschien was het een wasbeer?

Tegen de tijd dat je je garage inrijdt, ben je het verloren uur helemaal vergeten en de enige herinnering die overblijft aan de rit naar huis is het beklemmende beeld van de ogen van het dier. Je loopt naar binnen, kijkt naar de klok, en bent verbijsterd dat het 7 uur is. Je vraagt je af of het klopt, je verbaast je erover, en dan verdwijnt het snel uit je gedachten. En dat is hoe ze het doen. Je bent ontvoerd, maar er is geen herinnering. Het hert langs de kant van de weg was een scherm – een suggestie of beeld dat in je hoofd is geplant om de werkelijkheid van wat er echt was te bedekken – een buitenaards wezen, een Grijze met grote doordringende ogen.

De activiteit lijkt te stoppen – begin 1989

Nadat mijn ontmoetingen begin 1989 ophielden, voelde ik opluchting – maar ook een vreemd gevoel van bedroefdheid. Kon het zo zijn dat ik ze miste? Is dit zoals slachtoffers van ontvoering hun ontvoerders missen of een gevangene zijn gevangenisbewaker? Er waren zelfs een paar momenten dat ik een boodschap naar ze "stuurde". Ik was verrast dat ik een onduidelijk antwoord kreeg, lang niet hetzelfde als het horen van de stem van Da, maar toch een antwoord, dat zei dat ze er waren, maar niet in mijn buurt.

Het voelde alsof ik niet meer op hun agenda stond, en het niet het moment was waarop ze met mij moesten werken. Ik haat het dit te moeten toegeven, maar ik liep wel rond met een diepgeworteld gevoel van verlating. Ik worstelde echt met die emotie en kon me er niet mee verzoenen. Ik had gebeden en geschreeuwd en gesmeekt dat ze me met rust moesten laten, en nu was dat gebeurd. Hoe kon het dat ik ze miste? Ik vroeg me af of het het gevoel was dat er over me werd gewaakt – voor me gezorgd – dat ik miste, of was het de tijd die ik met hen doorbracht? Ik had geleerd dat in die hogere trilling zijn een beetje een kick gaf. Het had zijn voordelen.

Voorval met klavertje vier

Als ik terugkijk naar alle jaren, zie ik een patroon van de invloed die hogere trilling met zich meebrengt. Er was die dag tegen het einde van ons huwelijk toen Tom met me meeging om te helpen een te koop bord neer te zetten. We hadden nogal wat vijandigheid ervaren terwijl we door ons echtscheidingsproces gingen, en ik denk dat we allebei dankbaar waren even pauze te hebben van de woede die we hadden opgebouwd. We waren in een veld dat bijna tot onze middel vol stond met klaver. Nadat het bord in de grond zat, begonnen we terug te lopen naar de auto. Het was een prachtige dag, dus we treuzelden een beetje, aangezien geen van ons zin had om terug naar ons werk te gaan.

Ik had naar de lucht gekeken en liep langzaam naar de auto toen ik me omdraaide om te zien wat Tom aan het doen was. Hij stond voorovergebogen, met zijn gezicht maar een klein stukje boven de klaver terwijl hij zijn hand zachtjes eroverheen bewoog. Hij deed me op dat moment zo erg aan een klein jongetje denken, en ik werd overspoeld door liefde. Ik keek nog een paar seconden naar hem voordat ik hem vroeg wat hij aan het doen was.

"Ik zoek een klavertje vier", antwoordde hij.

De liefde die ik voelde zwol in mij op, en ik zag hem zoals hij werkelijk is – puur en onschuldig. Dit was onvoorwaardelijke liefde. Het vulde mijn hele wezen en ik wist dat ik een geschenk had gekregen.

Ik keek naar hem en hij hield mijn blik vast toen ik zei: "Kijk, ik pak er één voor je."

Ik stak mijn hand uit en zonder van hem weg te kijken, sloot ik mijn vingers om de steel van een klaverblad. Ik wist dat het niet uitmaakte welke ik koos. Ik voelde een scheut die leek op een stoot elektriciteit door mijn vingers in de plant schieten. Ik kneep even in de stengel voordat ik het klaverblad plukte en stak het hem toe. Ik keek er niet naar.

Ik zei: "hier, neem dit en berg het ergens veilig op – ergens waar je het kunt pakken en ernaar kunt kijken als het leven moeilijk wordt, en het zal moeilijk worden. Er komen uitdagingen voor je aan, maar denk aan dit moment en weet dat wonderen gebeuren. Weet zonder twijfel dat je geliefd bent. Je bent altijd geliefd, en je bent nooit alleen."

Hij nam het klavertje vier aan, en terwijl hij ernaar staarde, vroeg hij me hoe ik dat deed, maar ik had geen antwoord. Er waren meer momenten zoals deze gedurende mijn tijd met de Grijzen. Dit soort ervaringen die voor ons hier in deze dimensie zo wonderbaarlijk lijken, worden in de hogere trillingsniveaus als niets bijzonders beschouwd. Het leven stroomt gemakkelijker als je dichter bij je Bron bent, en dat is waar je bent als je omhooggaat naar de hogere dimensies. Wonderen zoals deze zijn voor ons allemaal beschikbaar als we in een staat van pure liefde kunnen bestaan, want dat is de hoogste trilling die bestaat – onvoorwaardelijke liefde.

Ik mis mijn mannen

Hoewel ik me niet veel herinnerde van wat er werkelijk gebeurde tijdens al die vele uren die ik in hun gezelschap had doorgebracht, herinnerde ik me wel de lessen die ze me hadden geleerd en het algemene gevoel dat het allemaal was om een hoger doel te dienen. Nu miste ik ze, en mijn leven leek te verbleken. Was dit een sleutel tot het ontrafelen van het mysterie? Ik ben er nog niet uit welke rol dit zou kunnen spelen in het zelf hebben veroorzaakt van deze interactie.

Creëerde ik deze ervaringen in een poging om mijzelf belangrijker te voelen?

Ik volgde dat gedachtenspoor diep vanbinnen en keek er zo objectief mogelijk naar. Het was vastgesteld dat de ervaringen die ik had fysiek echt waren. Dat wil zeggen, ze hadden vastgesteld dat het niet in mijn fantasie of dromen plaatsvond. Ik had zeker gewenst dat dat het geval was, aangezien dat iets was waar ik iets mee kon.

Maar dit, het idee dat buitenaardse wezens me voor een uur of twee uur kwamen halen om me voor te bereiden op de een of andere rol die ik moest spelen in het toekomstige drama dat op het punt stond zich te ontvouwen in de ontwikkeling van de mensheid – nou, dat was iets dat ik nooit had kunnen verzinnen. Ten eerste had ik kennis moeten hebben van ontvoeringen door buitenaardse wezens om dit te kunnen verzinnen, en ik was zo onschuldig met betrekking tot alles wat met ufologie te maken heeft. Eerlijk gezegd, als ik al fantasieën over grootsheid zou hebben, dan zou dat niet op deze manier zijn gegaan!

Dit brengt geen enkele gewenste aandacht met zich mee, maar in plaats daarvan spot en etiketten die ik liever niet krijg opgeplakt, zoals gek of waanzinnig. Toen dit allemaal naar boven kwam, was ik een serieuze jonge vrouw die een bedrijf leidde dat vereiste dat ik betrouwbaar en competent was. Het laatste waar ik naar op zoek zou gaan, was een verhaal met een hoog vreemheidsniveau – een verhaal dat gemakkelijk zou leiden tot schande voor mij en mijn familie. Dat zijn de gedachten waar ik in de zomer van 1989 mee worstelde terwijl ik probeerde de hele nachtmerrie die ik had doorgemaakt los te laten.

Verdergaan

Uiteindelijk raapte ik mijzelf bij elkaar en deed mijn best om verder te gaan met een normaal leven. Daar was het weer – die wens om een normaal leven te hebben. Maar wat is normaal? Ik wist het in ieder geval niet meer. Mijn kompas was kapot, en ik zou nooit meer hetzelfde zijn, maar dat hield me niet tegen om het te proberen terwijl ik mijzelf begroef in mijn werk en mijn best deed alles los te laten. Maar ik was niet in staat te vergeten wat ik had doorgemaakt.

Het was er altijd, altijd op de achtergrond, en soms kwam het plotseling naar boven als iets een herinnering opriep of als er een gevoel van weten in mijn bewustzijn opkwam. Gedurende de jaren bleven mijn ontvoeringsherinneringen aangevuld worden, beetje bij beetje. Ik herinnerde me details van de echte ontvoeringen, maar ik herinnerde me steeds meer van de dingen die ze me hadden geleerd, vanaf toen ik een kind was. Het was alsof de schillen van een ui werden afgepeld. Ik was niet meer geïnteresseerd in de details, de ins en outs van wat er met me was gebeurd. Dat leek van ondergeschikt belang.

In plaats daarvan leek het alsof ik wakker werd, en hoe wakkerder ik werd, hoe meer ik me ervan bewust werd hoe belachelijk het allemaal was. Dat wil zeggen, het leven. Er ontbrak iets – iets heel groots dat de meesten van ons leken te missen. Ik moest uitvinden wat dat was.

De kleine meditatiegroep die zo'n grote rol had gespeeld om mij bij zinnen te houden, viel uit elkaar, en de daaropvolgende zeventien jaar volgde ik mijn eigen innerlijke gids terwijl ik naar antwoorden zocht. Ik deed echter vooral mijn best om een normaal leven te leiden. Ik had bedenktijd nodig.

Ik moest schoolgeld betalen, de trouwerijen van mijn dochters plannen, en een nieuw leven als alleenstaande vrouw ervaren. In die tijd had ik momenten waarop ik mij bewust leek te worden van een les of een idee dat duidelijk uit mijn tijd met hen leek te stammen. Het was vaak een manier om het leven te zien die ik niet kon linken aan iets anders dat ik had gelezen of bestudeerd.

Ik was de woorden vergeten die de genezer mij had verteld. Ik zou ze zelfs helemaal zijn vergeten als ik ze niet in een agenda had geschreven die ik vond terwijl ik dit boek schreef. Zijn analogie van de capsule die oploste was een goede, want dat is precies wat het lijkt te zijn. Ongeveer zeventien jaar lang had ik ondanks alles een vrij normaal leven. Maar toen begon er iets te veranderen – heel snel.

Het is mij duidelijk dat alles in mijn leven is gepland. Er is een schema, en ik volg de planning en worstel en vecht niet meer tegen de stroom van mijn leven. Het is mij duidelijk dat ik erin heb toegestemd deelnemer in deze reis te zijn, en ik ben nu graag van dienst. En net zo duidelijk alsof ik een telegram had ontvangen, wist ik dat het tijd was om een boek te schrijven en het verhaal van mijn ontmoetingen met buitenaardse wezens te vertellen, maar het belangrijkste deel van het verhaal zou niet over de angst en het trauma gaan dat ik heb ervaren om vrede te hebben met dit alles of het gesprek over wat ze me mij deden. Nee. Het belangrijkste deel van dit boek zijn "De Drie Belangrijke Dingen die je moet Weten".

Drie Belangrijke Dingen die je moet Weten
#1. We zijn één met onze schepper

Terwijl deze capsule oploste in mijn hoofd, begon ik mij duidelijk te herinneren dat mij deze drie wezenlijke lessen werden geleerd. Ze hadden er veel tijd aan besteed om zeker te weten dat ik elk van deze lessen begreep. Het meest wezenlijke dat ze wilden dat ik wist, en ze begonnen het me al heel jong te leren, ik was niet ouder dan vijf, was dit: We zijn allemaal één met onze schepper.

Deze les is nu een redelijk bekende theorie geworden, maar destijds midden in de jaren '50 was het een behoorlijk radicaal concept. Ik herinner me dat de Grijzen dit punt steeds maar opnieuw herhaalden. Ik snapte het niet. Hoe kon ik een deel van God zijn en deel van alles wat leeft? Maar het begon uiteindelijk vaste grond te vinden toen ze me een visuele demonstratie gaven toen ik ongeveer acht jaar oud was.

Er zat een man aan een keukentafel. Het kan mijn vader zijn geweest. Ik bevond mij achter en boven hem en keek naar beneden over zijn schouders, dus ik heb zijn gezicht nooit gezien. Zijn grote handen lagen voor hem op het rood-wit geblokte tafelkleed, en er lag bestek naast zijn rechterhand. Opeens pakte hij de vork met zijn rechterhand en stak deze diep in zijn linkerhand. Het was choquerend en zeer akelig voor mij om te zien. Het maakte me erg van streek.

Rustig zei Da: "Dit is wat je doet als je iemand anders kwaad doet. Je kunt jezelf net zo goed datgene aandoen wat je denkt dat je de ander aandoet, want dat is precies wat je doet. Je doet het jezelf aan want er is geen verschil tussen jou en elk ander levend wezen. We zijn allemaal één."

Op deze les werd vrijwel elke keer als ik bij hen was doorgegaan. Ze gingen dieper en dieper op het idee in totdat het een kernwaarde voor mij werd.

Ze spraken over hoe deze ene simpele les alles was wat de mensheid eigenlijk moest begrijpen om de wereld te veranderen. Alleen dit ene ding – gekend en werkelijk begrepen door alle mensen – zou het pad van vernietiging waar we ons op bevonden veranderen.

"Hoe kon het dat we dit niet wisten?"

141

Soms kon ik hun frustratie over ons voelen. We zijn allemaal één met onze schepper. Het was zeer belangrijk om te leren. Met het verstrijken van de tijd wordt deze les steeds betekenisvoller voor mij. Ik voelde altijd al een verbinding met de natuur en had een diepe eerbied en liefde voor deze aarde. Als kind voelde ik me vooral beschermend ten opzichte van bomen en ik geloofde dat ik hun energie kon voelen en zelfs met ze kon communiceren.

Ik voel die band tot op de dag van vandaag, maar ik heb me nooit erg verbonden gevoeld met mensen. Ik voelde me altijd alsof God een fout had gemaakt door mij hier te plaatsen. Ik paste hier niet. Ik kan toegeven dat ik de mens in het algemeen nooit erg goed heb begrepen; ze leken in het algemeen nogal egoïstisch en wreed. Mijn gevoelens ten opzichte van de mensheid veranderden uiteindelijk terwijl ik ouder werd, maar tijdens mijn jongere jaren worstelde ik veel met het feit dat ik als mens werd beschouwd.

Gedurende de jaren en tijdens vele, vele ontmoetingen, lieten de Grijzen me op zoveel manieren zien hoe wij één zijn met alles wat leeft – alles wat leeft. Niet alleen de natuur, niet alleen de mooie dingen, niet alleen mensen die we aardig vinden, maar alles wat leeft, alle bewuste wezens overal in het universum. Dit concept moet meer worden dan gewoon een idee, meer dan alleen een bumpersticker. Het moet geïntegreerd worden in ons hele Wezen. En hoe moet dat dan gebeuren?

Door bewustwording. Door te ontwaken uit de onbewuste staat waarin de meesten van ons door het leven strompelen. Sta even stil en kijk hoe we onze levens leiden. We racen door het leven met ons hoofd omlaag – iedereen heeft elke dag haast, dag na dag, terwijl we ons leven leven voor het volgende moment, het volgende grote ding.

Angst is de motiverende factor – angst dat we niet genoeg hebben, dat we niet genoeg zijn, dat we niet genoeg waard zijn. We zijn zo afgeleid dat we nooit de tijd nemen om ons af te vragen wie of wat onze kern is.

We moeten onze plek in de kosmos in vraag stellen. Onze aandacht is gericht op dingen. Zie je hoe belachelijk dat is? We zijn vergeten wie we zijn. We zijn onze verbinding met de Bron kwijt. We moeten die verloren verbinding terugvinden. We moeten ons herinneren wie we zijn en waarvoor we zijn geschapen. Op de een of andere manier is het verdwenen in al het drama van het leven.

Vraag je je ooit af waarom dat zo is? Vraag je je ooit af waarom het leven zo ingewikkeld en verwarrend lijkt? Vraag je je ooit af of dit het leven is dat de Schepper voor ons in gedachten had – een leven met pijn, angst, en dood? De antwoorden zijn hier, maar je moet de passie en de wens hebben om het echt te willen weten. Het is de meest bijzondere reis die je kunt ondernemen.

Het was gemakkelijker voor mij om te accepteren dat ik één was met alles, maar het duurde langer te accepteren dat we één zijn met God. Eerlijk gezegd begreep ik het niet echt. Ik bedoel het echt begrijpen, tot onlangs. Net als zovelen, was mij als kind geleerd dat God een man was die op een troon zat en over de wereld regeerde. Hij werd boos op ons als we iets slechts deden, en hij veroordeelde en strafte ons voor die slechte dingen. Mij was geleerd om bang te zijn voor God – terwijl ze me ook zeiden dat ik God lief moest hebben en tot Hem moest bidden. God stond maar één stapje hoger dan de Kerstman, maar om eerlijk te zijn was het gemakkelijker om in de Kerstman te geloven, met hem om te gaan, en ja, van hem te houden.

Hoe kreeg de wereld het voor elkaar om dit allemaal om te draaien? Hoe konden juist de instellingen die waren opgezet om ons te leren over onvoorwaardelijke liefde ons uiteindelijk schuld en zo'n verwrongen soort liefde leren dat de mensheid als geheel verstoord raakte? Ik weet nog dat ik een schapenboerderij bezocht in Ierland. Om de schapen ergens naartoe te leiden, was het het beste om er eentje in de goede richting te laten gaan omdat de rest gewoon zou volgen – zelfs als het leidende schaap van een klif af zou storten. Ze volgden allemaal gewoon blind. Het lijkt erop dat dat is wat de meesten van ons doen.

Ons is geleerd dat God los van ons staat, maar de waarheid is volledig het tegenovergestelde. We zijn een verlenging van onze Schepper en we delen ons diepste wezen met Hem. Wij zijn ten opzichte van God als een druppel ten opzichte van de oceaan. De oceaan is niet volledig zonder die druppel en kan zeker niet bestaan als de oceaan zonder al die druppels. De Cursus in Wonderen zegt: "Zonder jou zou er iets missen in God, een onvolledige Hemel, een zoon zonder Vader." (T – pag. 511). We zijn onze essentie vergeten. Het is ons geloof in de afscheiding die de mensheid heeft geketend, en totdat we God kunnen zien in elke persoon die we tegenkomen, zijn we voorbestemd om in deze door angst beheerste wereld te blijven.

143

We zijn allemaal één met onze Schepper. Zoals ik het zie, staat dit concept in verband met het hele doel van de Grijzen. Wij, mensen, moeten wakker worden en dit concept echt begrijpen. We moeten begrijpen hoe verkeerd het is om kinderen van de honger te laten sterven, hoe verkeerd het is om onze broeders 's nachts op de stoep te laten slapen, hoe vreselijk verkeerd het is om iemand medische zorg te ontzeggen alleen omdat die persoon niet veel geld heeft. Zijn we gek?

Ja. We zijn een ras van wezens die gek zijn geworden. Maar in de kern, in het hart van ons wezen, is licht. En het is simpelweg niet mogelijk dat dat licht helemaal uitgaat. Het kan worden vergeten. Het kan heel zwak of verborgen worden, maar het kan niet worden gedoofd. En godzijdank daarvoor – letterlijk.

Er wordt veel kwaadgesproken over mijn mannen, de Grijzen. Bij de meeste ufologen is de algemene mening dat ze kwaadaardig zijn en een egoïstisch doel hebben. Aan de buitenkant kan dit zeker waar lijken. Misschien heb ik een ander gezichtspunt omdat ik een aanvaardbaar geloof moest creëren om het trauma van mijn ervaringen te overleven, maar ik vind het extreem moeilijk om te geloven dat ze kwaadaardig zijn als ik kijk naar alles wat ze me hebben geleerd.

Ik denk dat ze uit de zevende dimensie komen. Ik kan niet zeggen dat ik, zoals bij veel van mijn herinneringen, een duidelijke herinnering heb dat ze mij die informatie gaven. In plaats daarvan lijkt het iets te zijn dat ik gewoon weet. Toen ik Da onlangs vroeg of hij een Zeta (grijze) was, verraste zijn antwoord mij. Hij zei dat dat zeggen over hem geen juiste weergave zou zijn van wie hij is.

Toen ik zei: "Vertel me dan wie je bent en waar je vandaan komt", antwoordde hij dat hij een "Reiziger van het Universum, die gaat waar het nodig is in dienst van de Schepper" is.

Ik zei: "Nou, je ziet eruit als een Zeta. Waarom is dat?"

En opnieuw was zijn antwoord verrassend. Hij legde uit dat zijn lichaam meer etherisch is en dat hij dat omhulsel aandoet als hij in deze dichte omgeving komt. Hij ging door met zeggen dat veel bezoekers van de planeet aarde het soort lichaam van de Zeta gebruiken omdat het zeer goed functioneert in deze trilling. Dus met die bewering denk ik dat hij een ander geloof bevestigde dat ik had, maar waarvan ik nooit wist hoe ik het wist –

144

dat de grote, zwarte ogen die ze allemaal hebben niet echt hun ogen zijn, maar een soort bril of zonnebril. Niet omdat onze zon zo fel is, maar omdat hun licht zo fel schijnt.

Als je je de lessen over licht readings herinnert waar ze me leerden dat we allemaal een innerlijk licht hebben gebaseerd op ons trillingsniveau, moet ik zeggen dat ze een extreem hoog trillingsniveau of licht reading hebben in vergelijking met ons. We kunnen gemakkelijk de hoeveelheid licht in iemands ogen zien, en dus lijkt het alsof een buitengewoon hoog trillings- of lichtniveau misschien meer is dan we aankunnen.

Het is altijd zo geweldig om in Da's ogen te kijken en de aanvaarding en liefde te ervaren die ik daar zie. Ik weet dat dat het tegenovergestelde is van wat er meestal over de Grijzen wordt gezegd, maar zou hij als een Grijze worden beschouwd in het licht van wat ik zojuist had geleerd? Hoe dan ook, er bestaat geen twijfel over dat de interactie die je ervaart met buitenaardsen zeer vreemd is. Iedereen die deze ontmoetingen heeft gehad, zal dat bevestigen. Helaas vertellen de meeste mensen dat het geen prettige ervaring was, maar laat ik je opnieuw herinneren aan de factor angst. Elke ervaring die we hebben, raakt verwrongen als deze gefilterd wordt door sterke emoties en vooral als deze emotie angst is.

Vreemd genoeg, of zo leek het mij jarenlang, was hun idee van wat zij als het tweede belangrijkste ding wat je moet weten beschouwden. Deze was een hele mond vol, en net als de andere werd hij in mij gestampt tot het een soort mantra werd. De werkelijke betekenis ervan ontglipte me zo lang dat ik zeker weet dat ik hen enorm heb gefrustreerd.

#2. Wij zijn multidimensionale wezens op meerdere niveaus.

"Wij zijn multidimensionale wezens die op meer dan één niveau tegelijkertijd bestaan" was de bewering waarvan werd verwacht dat ik deze niet alleen op verzoek kon herhalen, maar ook begrijpen. Ook deze les begon toen ik nog heel klein was, en ik had absoluut geen idee wat ze probeerden aan mij over te brengen. Het begon op zijn plek te vallen bij één van de visuele lessen die ze me gaven, één van vele, maar deze startte eindelijk mijn begrip op.

Ze lieten me een stapel dun papier zien zoals we vroeger gebruikten. Ik denk dat het "kristalpapier" werd genoemd omdat het glad en doorschijnend was. Er lagen er een heleboel los op elkaar gestapeld tot een hoogte van 25-30 centimeter.

"Elk van die blaadjes papier vertegenwoordigt een leven", zeiden ze tegen mij.

Toen pakten ze een lang ding dat op een potlood leek met een scherpe punt eraan en staken deze middenin de stapel.

"Dit ben jij", zeiden ze.

Oké. Ik begon het te begrijpen. Gezien de andere lessen die ze me hadden gegeven, begreep ik dat het potlood mijn wezen, mijn levenskracht was. Er werd uitgelegd dat het aspect dat "mij" was, in staat was om op al deze vele niveaus aanwezig te zijn, ondanks dat ze allemaal tegelijkertijd plaatsvonden.

Ik begreep dat ons wezen op verschillende niveaus trilt, afhankelijk van waar je je aandacht plaatst in deze lichtstraal – hoe hoger je gaat, hoe sneller en puurder de trilling – dus de ervaringen vinden plaats in verschillende dimensies en verschillende tijdlijnen. Zodoende kan elk van deze levens die tegelijkertijd worden ervaren datgene wat in de andere dimensies gebeurt, beïnvloeden en doet dat ook.

Zoals je weet, ervaren zij tijd niet op dezelfde manier als wij in de driedimensionale wereld, en ze wezen me hier onvermoeibaar op – wat een deel was van de reden dat ik deze les zo moeilijk te begrijpen vond. Toen ik uiteindelijk dit concept begon te begrijpen, veranderden ze de woorden in "Wij zijn multidimensionale wezens die op meer dan één niveau tegelijkertijd bestaan".

Ik vond deze les niet echt leuk, en ik omarmde hem zeker niet zoals ik uiteindelijk met de eerste les deed. Het was ingewikkeld voor mij als kind, en als volwassene begreep ik niet waarom het zo belangrijk was om dit te weten.

Nu snap ik het. En ik hoop dat ik het ook voor jou duidelijk kan maken, want het is echt een belangrijke aanwijzing voor wie wij zijn. Het heeft eigenlijk te maken met de eerste les, die in wezen de les van Eenheid is. Deze gaat gewoon door op die veronderstelling en zet hem om in woorden die we zouden moeten kunnen begrijpen.

Ik had een ervaring toen ik een jonge moeder van ongeveer zesentwintig jaar was die me hielp om één element van deze les te begrijpen. Ik was alleen thuis met mijn twee jonge dochters, en het was ongeveer 9 uur 's avonds. Beide meisjes sliepen, en hun vader was aan het werk en zou pas na een paar uur thuiskomen. Ik keek in bed naar de TV toen ik een heel vreemd gevoel kreeg.

Ik heb geen woorden om het te omschrijven, maar ik leek me ineens verloren te voelen. Ik was ontzettend bang, en ik begreep niet wat er gebeurde. Ik sprong instinctief uit bed en rende naar de badkamer. Ik keek in de spiegel en "zag" een vrouw met een bos rode krullen, groene ogen, en een bleke huid met sproetjes. Ze droeg ouderwetse kleding die ik "oud-Europees" zou noemen. Ze was jong – ik denk ongeveer zeventien – en gedrongen en stevig. Als ik zeg dat ik dat meisje zag, het is moeilijk te verklaren, maar het was niet zo dat ik fysiek in haar was veranderd, maar laat ik het zo zeggen: ik keek met haar ogen en met haar herinnering aan wat daar zou moeten zijn – en daar op een bepaalde manier ook was. Ik was er ook nog, maar het was alsof zij voor mij was omgewisseld. Ik boog mij dicht naar de spiegel toe en keek in mijn/haar ogen, terwijl ik probeerde te begrijpen wat er gebeurde.

Ik kon de gedachten van het meisje "horen" in mijn hoofd; ze stonden los van mijn eigen verwarde gedachten, en ze hadden zo'n sterk accent dat ik ervan schrok. Ik wist wie ik was, maar die uitdrukking van mijzelf deelde deze ruimte met een ander wezen. Ik begreep dat ik een ander aspect van mijzelf zag. Deze jongedame was mij, maar in een andere dimensie. Deze gebeurtenis vond plaats voordat mijn ontvoeringservaringen naar de oppervlakte kwamen, en toch begreep ik het. Mijn angst werd vervangen door begrip en een gevoel van weten. Ik voelde zelfs een soort verwantschap met dit meisje en wilde haar net wat vragen stellen, toen de jonge meid net zo snel verdween als ze was gekomen.

Dat was een radicale manier om de multidimensionale les te leren, en het was erg elementair. De betekenis van deze les gaat veel dieper dan alleen weten dat we verschillende levens ervaren op wat wij als dezelfde tijd beschouwen. Deze lessen gaan meer over trilling. Als er in een ander dimensie een groot trauma plaatsvindt, of een gigantische stap vooruit in bewustzijn of enige andere echt belangrijke gebeurtenis die gevolgen heeft voor de groei en het ontwaken van de geest in die dimensie, dan wordt dit gevoeld in de andere dimensies.

Denk er eens over na. Het moet zo zijn. Aangezien het kernwezen jou verbindt met de andere dimensies, kun je niet niet op alle niveaus worden geraakt door wat er gebeurt op één van de andere niveaus. Eerlijk gezegd heeft elk klein dingetje wat gebeurt effect op alle andere ervaringen die je hebt, maar ze hebben niet echt grote impact totdat ze op een diep zielsniveau binnenkomen. Het potloodbeeld van wie wij zijn is niet onze geest; het is onze ziel, onze verbinding met de Bron. Het bewustzijn dat aanwezig is in elke dimensie is een aspect van het ene zelf, de geest. Hoe hogerop je gaat op het potlood, hoe hoger het trillingsniveau. Vandaar de bewering: wij zijn multidimensionale wezens.

Maar zie je hoe dit ons allemaal met elkaar verbindt? Op het lagere trillingsniveau bevinden zich de uitdrukkingen van ons zelf die in een dichtere wereld werken, en op de hogere niveaus, nou daar konden we nog wel eens onze verbinding met de Schepper vinden. Zie je hoe dit moet eindigen met de onvermijdelijke conclusie dat jij mij bent en ik jou? We ervaren echt op het een of andere niveau elk leven dat ooit heeft plaatsgevonden of ooit zal plaatsvinden. Diep? Ja.

Nu ga ik nog iets toevoegen aan dit verwarrende onderwerp door uit te leggen dat we niet alleen verschillende levens in verschillende tijden en schijnbaar verschillende lichamen ervaren, maar dat we ook ervaringen hebben in wat we kunnen beschouwen als parallelle universa. Dat wil zeggen, er zijn andere tijdlijnen waar onze levens een ander scenario volgen dan degene die we lijken te hebben in het hier en nu.

Hoe kan dat? Omdat elke gedachte die we hebben een realiteit schept. Er zijn letterlijk oneindig veel tijdlijnen of alternatieve werkelijkheden waar onze levens worden ervaren. We begeven ons snel richting de tijd waarin we gemakkelijk toegang hebben tot deze tijdlijnen wanneer we naar de hogere trillingsniveaus gaan.

Het is onze taak op dit specifieke kruispunt in de ontwikkeling van de mensheid om alle aspecten van ons zelf – al die multidimensionale zelven – bij elkaar te brengen. Het is tijd om wakker te worden en tijd om al die vele lichtsplinters samen te brengen in een enorme straal van licht en liefde. Als je je kernwezen als een lichtstraal voorstelt, zou je dicht bij de waarheid komen. Maar kom nu dichterbij die lichtstraal en zie delen ervan die niet met elkaar zijn verbonden en andere plekken waar kleine stukjes materie het licht blokkeren en ervoor zorgen dat het niet vrijelijk kan stromen.

Dat zijn de plekken waar je wrok koestert en pijn met je meedraagt vanuit het foute geloof dat iemand jou iets heeft aangedaan. Als je beseft hoe onmogelijk dat is, aangezien er niemand anders is – denk eraan dat we allemaal één zijn – kijk eens wat dat doet met jouw gevoel dat je een slachtoffer bent. Alles waarvan we denken dat het ons is aangedaan, hebben we eigenlijk onszelf aangedaan. Het kan niet anders. Nu is het tijd om dat besef te krijgen. Nu is het tijd om dat kanaal van licht te openen en de blokkades te laten gaan. Het is tijd om ons licht vrijelijk te laten stromen tussen de dimensies van ons wezen en omhoog te stijgen door de hogere trillingsniveaus en naar huis naar Eenheid – naar huis naar God.

Een discussie over de multidimensionale aspecten van wie wij zijn kan zeer ingewikkeld worden en een eenduidige verklaring die iedereen tevredenstelt, zal nooit worden gevonden. Proberen de waarheid te definiëren van wat en wie wij zijn, kan niet echt in woorden worden gevat, maar het antwoord is zo beschikbaar voor iedereen die er oprecht naar zoekt. Er is nooit eerder een tijd geweest in de ontwikkeling van de mensheid waarin de antwoorden gemakkelijker toegankelijk waren.

"Wij zijn multidimensionale wezens die op meer dan één niveau tegelijkertijd bestaan".

Als we de betekenis over analyseren, zien we de simpelheid ervan niet meer. Het klinkt ingewikkeld, maar dat is het niet. Dimensies zijn, net als tijd, vloeibaar en uiteindelijk gewoon een illusie.

De lichtvonk die in elke ziel bestaat, is het Goddelijke. Wij zijn simpelweg God die Zichzelf ervaart – de Schepper die speelt in zijn Schepping. Wij zijn eeuwige wezens, en dat is de waarheid over wie wij zijn tot in de kern. Alles wat niet eeuwig is – alles wat kan sterven of vergaan – is niet van onze Schepper. God zou geen leven geven aan iets wat kan sterven. De wereld en alle vormen die erin bestaan, inclusief onze lichamen, zijn niet geschapen door God. Wij ervaren onze gedachten die zich manifesteren als werkelijkheid. Daarom kunnen wij op zoveel verschillende niveaus en tijdlijnen bestaan. Een liefhebbende Vader zou nooit een wereld vol pijn en dood scheppen, zoals op deze driedimensionale planeet bestaat.

Het deel van ons dat eeuwig is – onze ziel – is geschapen door onze liefhebbende Vader. Door je het ware wezen van wie je bent te herinneren en te beseffen dat jouw verbinding met de Bron nooit verbroken kan worden, zorg je ervoor dat je een diepe, onwrikbare vrede ervaart.

Mijn doel met het schrijven van dit boek is niet om te proberen jou te overtuigen van mijn geloof, maar om jou uit te dagen je eigen antwoorden te zoeken op de vragen die ik misschien voor jou opwerp. Het is niet belangrijk of je mijn uitleg accepteert of niet; het enige dat telt is dat je je geïnspireerd, geprovoceerd, nieuwsgierig of uitgedaagd genoeg voelt om voorbij de traditionele lessen te kijken en aan de reis naar binnen te beginnen waar de antwoorden liggen op wie je werkelijk bent.

En dat brengt me op hun laatste les – het derde meest belangrijke ding dat je moet weten. Deze les is zeer nuttig, en ik wil voorzichtig voorstellen dat als je dit niet al in de praktijk brengt, je overweegt het te proberen aangezien de resultaten ervan je leven kunnen veranderen. Het is een simpele bewering die al vrij populair is.

#3. Houd je gedachten in de gaten.

Deze les heeft gevolgen gehad voor mijn leven op een manier die ik niet eens kan beginnen te beschrijven. Net als bij de andere lessen, gingen ze veel dieper op deze in dan het lijkt in de simpele vorm waarop hij wordt aangeboden. Ze begonnen met mij te leren dat alles wat in de wereld gebeurt het resultaat is van onze gedachten. Elke gedachte die elke persoon heeft, creëert een energiestroom en veroorzaakt het leven dat wij als onze realiteit beschouwen. Ze waren heel ongenadig door uit te leggen dat de reden dat onze planeet er een is die gevuld is met pijn, trauma, oorlog, ziekte en rampen één simpele is: onze gedachten – onze op angst gebaseerde gedachten. We projecteren deze gedachten naar buiten en ze worden naar ons terug gespiegeld in de vorm van schijnbare fysieke ervaringen. Helaas draagt de bevestiging die wordt gecreëerd doordat onze angstige gedachten naar ons worden terug gespiegeld in de vorm van levenservaringen ook bij aan de neerwaartse spiraal. We geloven dat de wereld een onveilige plek is en dat ons pijn kan worden gedaan, en dus projecteren we dat. Het wordt onze werkelijkheid en versterkt daarom de angstige gedachte en creëert meer angstige gedachten. Geen wonder dat onze wereld zich in zo'n staat bevindt!

Het zijn de collectieve gedachten van de hele mensheid die onze werkelijkheid creëren, en omdat we in een wereld van vorm leven, hebben we de neiging te proberen de wereld te veranderen op het niveau van vorm. In andere woorden, we proberen de wereld te veranderen door het effect te veranderen in plaats van de oorzaak. Ik zal de vergelijking gebruiken die het vaakst wordt gebruikt bij het uitleggen van dit concept.

Denk aan een film. Je kunt niet veranderen wat er gebeurt in de film door op te staan en met het scherm te rotzooien (het effect); je moet naar de projector gaan (de oorzaak) en daar iets veranderen. Met het leven is het net zo. Ons leven, dat wil zeggen, onze werkelijkheid (het effect) is de film, en de projector is onze gedachten (de oorzaak). Zoals een Cursus in Wonderen het zegt: "Je neemt waar vanuit je geest en projecteert jouw projecties naar buiten." (T – pag. 98). En zo komt het dat we niets kunnen veranderen in deze wereld totdat we onze gedachten veranderen.

Dat concept brengt ons direct terug naar nummer één van de belangrijkste dingen die je moet weten – de les van Eenheid. Het is allemaal met elkaar verbonden. Onze gedachten hebben wel degelijk effect op alle anderen op de planeet. We hebben een verantwoordelijkheid tegenover onszelf en tegenover de hele mensheid om deze gewenste verandering tot stand te brengen die nodig is, door eenvoudigweg onze gedachten te veranderen. We moeten beseffen dat het contraproductief is om te demonstreren of protesteren voor verandering als het wordt gedaan uit woede of angst. We zijn een ras dat zich ontwikkelt, en we hebben lang genoeg vastgezeten in gedachten die gebaseerd zijn op het ego. Het is tijd dat we in het licht stappen en in het bewustzijn van wie we zijn en onze identiteit claimen. Het is tijd dat we begrijpen hoe deze wereld waarin we leven werkt.

Terwijl ze mij de algemene effecten van onze gedachten op de planeet leerden, lieten ze me de les ook meer persoonlijk toepassen. Ze lieten me zien dat we dagelijks onze werkelijkheid creëren, afhankelijk van welke trilling of energie we uitzenden in de vorm van onze gedachten. In eerste instantie is het niet zo gemakkelijk om je gedachten te beheersen, maar het wordt een tweede natuur nadat je het een tijdje ijverig in de praktijk hebt gebracht. Wat ze mij vertelden was dat ik me bewust moest zijn van de stem die in mijn hoofd leek te spreken – die gedachten geven richting aan mijn leven. Ik kan ze veranderen. Ze zijn niet willekeurig. Ik kan en moet elke negatieve of angstige gedachte vervangen door gedachten die positief en liefhebbend zijn. Ze benadrukten dat mijn leven zal zijn wat mijn gedachten zijn, en we kunnen het ons niet veroorloven dat angstige gedachten de boventoon voeren. Als je je gedachten verandert, verander je je leven. Zo simpel was het. En is het.

Ze benadrukten dat alle ziekte zijn oorsprong vindt in je geest. En dat genezing niet plaatsvindt door het lichaam te "fixen", maar door je gedachten te veranderen. Het lichaam staat onder gezag van de geest – dat stampten ze er ook bij me in. Visualisatie is een krachtig middel, of het nu is om een gezonder lichaam te krijgen of om een gewenste verandering in je leven teweeg te brengen.

Toen ik nog maar tweeëntwintig jaar oud was, kreeg ik de diagnose dat ik een vorm van artritis had. De dokter vertelde me dat ik niet zou kunnen wandelen, fietsen, of erg actief zou kunnen zijn aangezien deze vorm van artritis mij uiteindelijk uit zou schakelen. Ik herinner me dat de pijn in mijn gewrichten zo erg was dat ik er niet van kon slapen en dat lopen moeilijk werd. Op een nacht werd ik wakker met het weten dat ik deze ziekte uit mijn lichaam kon bannen. Ik herinnerde me dat ik een uitleg had gehoord over hoe ons lichaam niets anders is dan het huis waar je in woont, en dat als iets kapot is, zoals een raam, je niet in je huis blijft wonen met het gebroken raam. Je repareert het. En zo is het ook met het lichaam.

Ze zeiden dat ik het gebied moest visualiseren waar de pijn zat en de pijn moest "zien". Dat deed ik. Ik visualiseerde de pijn als een donkergroene, bijna zwarte teerachtige substantie die om mijn knie was gewikkeld. Ik voelde het daar. Ik zag dat het pijn veroorzaakte bij mij. Toen visualiseerde ik dat het uit mijn lichaam werd getrokken. Terwijl ik dat deed, voelde ik het eruit komen. Toen het eruit was, raakte ik een beetje in paniek en vroeg me af wat ik moest doen met dit inktzwarte vieze spul.

Ze zeiden dat ik het aan de aarde moest geven zodat deze het kon genezen en neutraliseren. Dat antwoord vond ik niet fijn, maar ze zeiden dat de aarde dat graag voor mij deed. Deze genas voor iedereen, en dus zag ik mijzelf dat vieze spul mee naar buiten nemen waar ik al snel een grote rots vond – ik kon het gewoon niet verdragen om het direct in de grond te stoppen. Ik vroeg de rots eerst of het oké was dat ik hem dit zou geven, en ik kreeg een bevestigend antwoord, dus keek ik hoe deze inktzwarte substantie door de rots werd opgenomen.

Het klinkt allemaal gek, dat weet ik, praten met een rots, maar dat is precies zoals het gebeurde. Het komt erop neer dat ik nooit meer pijn in mijn gewrichten heb gehad. Ik heb deze methode vele keren gebruikt en bijna altijd met succes. Ik twijfel er niet aan dat deze techniek mij aangeleerd is door de Grijzen. En ik ben dankbaar.

Het andere aspect van het letten op je gedachten en de les over eenheid heeft te maken met de aangeboren behoefte die mensen hebben om elkaar te beoordelen. Als we echt de les van eenheid zouden begrijpen, dan zouden we snel beseffen hoe gestoord maar schadelijk die praktijk is. Het ontwaken dat momenteel plaatsvindt op aarde brengt deze noodzakelijke verandering snel met zich mee. Wanneer die mensen die bewust zijn geworden acceptatie van iedereen en alles in de praktijk brengen, laten ze ons zien hoe mooi het leven kan zijn als het in een staat van dankbaarheid en vergeving wordt geleefd. Op één lijn komen met je Hogere Zelf/Bron/wat voor naam je er ook aan wilt geven is een simpel streven dat een diepgaande verandering in je leven en dat van allen op deze planeet kan veroorzaken. Elk individu heeft veel, veel meer impact dan men beseft.

En daarom voel ik diepe dankbaarheid voor alles wat ik heb ervaren en geleerd tijdens deze ontmoetingen. Deze drie lessen, De Drie Belangrijke Dingen die je moet Weten, zijn eigenlijk alles wat we moeten begrijpen en in de praktijk brengen om een enorme verandering voor de mensheid teweeg te brengen – een verandering die we voorbestemd zijn te ervaren. Dus als je dit boek leest, doet het er totaal niet toe of je ook maar iets van mijn verhaal gelooft, want dat was niet het doel toen ik het schreef. Het maakt mij niets uit als je ervoor kiest alles als een droom of illusie of geestelijke ziekte of iets anders weg te wuiven. Het is namelijk zo dat ik geen enkele interesse had om mijn verhaal te vertellen totdat mij werd onthuld dat ik deze drie waarheden moest delen.

Ik ben in geen enkel opzicht de eerste persoon die deze lessen naar buiten brengt. Vele, vele anderen hebben dat al gedaan en zullen dat blijven doen, en ze hebben het allemaal veel welsprekender gedaan dan ik het kan.

En toch bied ik je deze lessen aan in de hoop dat het een opening creëert, een nieuwsgierigheid, een vonk om verder naar binnen te kijken om je eigen antwoorden te vinden.

Het is opwindend om te leven in een tijd van ontwakend bewustzijn; het kan ook verwarrend, desoriënterend en pijnlijk zijn.
Adrienne Rich

Hoofdstuk 11: Wat doe jij daar?

Een tijd van beproeving

Toen ik tien jaar was, vertelden de Grijzen me dat er een tijd zou komen waarin ik zou worden beproefd.

"Beproefd?" vroeg ik. "Voor wat?"

Ik was eraan gewend dat ze me testten over de Drie Belangrijke Dingen die je moet Weten, net als alle andere lessen die ze hadden geprobeerd aan me over te brengen, dus ik maakte me hier niet zoveel zorgen over, alleen klonk dit serieuzer dan normaal.

Ik zat op de grond een puzzel te maken terwijl Da stilletjes in een stoel vlakbij naar me zat te kijken. Nu keek ik op en gaf hem mijn volle aandacht. Hij boog zich dicht naar mij toe en in zijn ogen zag ik niet alleen liefde, maar grote bezorgdheid. Ik voelde me niet zo op mijn gemak en werd instinctief bang.

"Er komt een tijd dat er grote veranderingen plaatsvinden op jullie planeet, en in een vroeg stadium van die gebeurtenis zal jij worden beproefd. Je zult veel dingen verliezen in je leven, inclusief je huis en familieleden", was zijn sombere antwoord.

Dat antwoord verwachtte ik niet, en ik voelde een kleine bal van angst in mij opkomen terwijl ik vroeg of er een oorlog zou komen en "Zou er een bom op mijn huis vallen die iedereen doodde behalve mij?"

Nu ik erop terugkijk, besef ik dat dat de meest logische verklaring zou zijn voor een tienjarige om je huis en je familie te verliezen. Ik was te jong om de dynamiek van het volwassen leven te begrijpen.

Hij verzekerde mij dat er geen bom zou zijn, maar dat deze crisis desalniettemin zou plaatsvinden. Hij zei verder dat het nodig was dat ik bepaalde levenslessen zou ervaren, en dus werd deze gebeurtenis in mijn leven geprogrammeerd en zou ergens rond het jaar 2009 beginnen.

Ik begreep er niets van, maar ik ben het nooit vergeten.

Blijkbaar kwam het naar boven in mijn bewuste herinnering toen ons gezin in onze auto reed kort nadat ik dit nieuws te horen had gekregen. Ik was nog jong – niet ouder dan elf jaar. We waren op weg naar het huis van mijn tante voor de een of andere viering, en ik weet nog precies waar we waren buiten Madison.

Ik dacht na over wat mij was verteld. Ik zeg opnieuw dat ik echt niet wist wie mij deze informatie had gegeven, maar het was er, en ik wist zeker dat het waar was. Ik dacht aan het jaar 2009. Dat was een gek getal, en in eerste instantie kon ik niet begrijpen hoe we ooit in dat jaar terecht konden komen. Ik vroeg het mijn vader, die reed, en hij legde uit dat als we bij 1999 kwamen het volgende jaar 2000 zou zijn en dan 2001, 2002 en zo verder.

Jeetje! Dat leek nog heel ver weg! Het was 1961 en ik kon me niet eens voorstellen dat ik zo lang zou leven, dus gebruikte ik al mijn vingers en tenen om uit te zoeken hoe oud ik zou zijn als dit vreselijke iets zou gebeuren met mij en mijn familie. Ik had een paar pogingen nodig, maar kwam er uiteindelijk achter dat ik dan 59 zou zijn. Nou, dat was heel dichtbij 60, en dat was OUD voor mij, dus ik was ongelofelijk opgelucht.

Wat maakte het tegen die tijd uit als ik mijn hele familie verloor, we zouden tegen die tijd toch allemaal heel oud zijn! Dus ik maakte me er niet meer druk over en stopte het weg op die plank in mijn hoofd die gereserveerd was voor zulke vreemde dingen.

Ik pakte het af en toe wel weer op om ernaar te kijken. Ik verbaasde me erover. Ik wisselde af tussen het geloven en de echtheid ervan ontkennen. Zij hadden mij tenslotte geleerd over de kracht van onze gedachten, en ik weigerde gewoon energie te steken in dat verontrustende idee. Dus ik verwachtte niet echt dat er iets groots ging gebeuren, en hoe dichter we bij het jaar 2009 kwamen, hoe meer ik ervoor koos het te betwijfelen totdat het schijnbaar helemaal vanzelf gebeurde.

"De perfecte storm", is hoe iemand het uiteenvallen van mijn leven beschreef. Ik keek met verbazing toe hoe het ene ding of persoon na de andere verdween. Mijn bedrijf en carrière, veel van mijn vrienden en hechte relaties, familieleden, geld, bezittingen, vastgoed, en alle etiketten die ik had gebruikt om mijzelf te beschrijven. Het was alsof op een dag het licht uitging en nooit meer aanging. Alle grenzen en de omtrek die hadden bepaald wie ik was en waar mijn leven over ging waren weg.

Mijn leven was een leeg doek geworden. De snijwonden waren snel en diep. Ik was gestript – of had ik dat gedaan? Dankzij wat ik had geleerd uit mijn eerdere ervaringen met de Grijzen had ik een vrij sterke basis. Ik kon nooit meer de slachtofferrol spelen, en dus was ik bij elk verlies dat plaatsvond uiteindelijk in staat ernaar te kijken en de hogere betekenis achter de ervaring te zoeken. Er was een sterk gevoel dat alles was zoals het moest zijn en dat alles precies volgens plan verliep. Dat wil niet zeggen dat ik niet wankelde, want dat deed ik zeker wel. Ik struikelde en viel meerdere keren.

Ik wist niet hoe ik moest afremmen. Ik moest leren hoe ik moest ontspannen, hoe ik moest stoppen te proberen alles te fixen en alles wat kapotging in mijn leven weer heel te maken. Toen de recessie voor het eerst toesloeg in de herfst van 2007, bleef ik naar kantoor gaan ondanks dat er gewoon geen werk was. Uiteindelijk kwam het besef dat, nu de winter eraan kwam, het geen zin had om in Wisconsin te blijven, dus op een dag stouwde ik mijn auto vol, pakte mijn kleine Maltezer en vertrok naar Texas.

Het was mijn bedoeling om te proberen mijn dochter en mijn kleinzoon van wie ik was vervreemd een tijdje te bezoeken voordat ik naar Arizona ging om daar de winter door te brengen. Ik kwam aan in Austin en werd afgewezen door mijn dochter, dus ik ging weg zonder haar of mijn kleinzoon te zien.

Mijn hart voelde bezwaard toen ik naar het westen reed over de vlaktes van Texas. Ik reed zover als ik kon voordat ik stopte bij een motel voor vrachtwagenchauffeurs langs de weg. Toen ging ik de volgende ochtend vroeg weer op weg. Ik was minder dan twee uur Tucson uit op highway (snelweg) 10. Het verkeer was druk – te druk voor de twee banen waarop we reden.

Mijn kleine hondje van zeven pond en ik reisden goed samen. Het was een beetje lastig om hem 's avonds de hotels in te smokkelen, maar het was het waard hem bij me te hebben. We hadden een goede routine. Hij zat een tijdje op mijn schoot en stond dan op om in zijn bed te gaan liggen dat achterin mijn SUV lag. Hij had voedsel en water en we konden zes uur lang doorrijden zonder te hoeven stoppen. Hij was goed gezelschap.

De snelheidslimiet in de woestijn was 120 en het verkeer reed die dag massaal 130 km/u. Mijn lieve Pookie lag opgerold op mijn schoot onschuldig te slapen. Ik probeerde op tijd in Tucson aan te komen om te eten met mijn ouders die daar overwinterden.

Voorval met auto #3 – 2007 – Onmogelijk!

Net buiten Benson was een korte oprit die niet veel plaats bood aan invoegende voertuigen die in de verkeersstroom moesten invoegen die al over de snelweg vloog. Ik reed in mijn SUV op de inhaalstrook en begon net langs een oplegger te rijden. Rechts van mij op de volgende baan reed een witte SUV – een Ford denk ik. Ik keek toe terwijl een motor met een bijrijder erop en een andere auto, een rode SUV, de oprit op kwamen scheuren. Ik bedoel ze vlogen echt.

Deze snelweg door de woestijn van Arizona had vrijwel geen ruimte langs de linkerbaan. We vormden een muur van voertuigen, en de motor en de rode SUV konden nergens heen. En toch reden ze het verkeer in.

Ik keek toe terwijl de motor naast het achterwiel van de oplegger ging rijden en balanceerde op de kleine vluchtstrook aan die kant van de weg. Het was beangstigend. De tijd vertraagde terwijl dit allemaal in minder dan een paar seconden gebeurde, maar mijn gedachten leken een minuut of langer te duren. De rode SUV reed het verkeer in tegen de witte SUV die naast mij reed. Ze kon nergens anders heen dan naar mij toe en mij van de weg af drukken.

Ik had het verkeer rondom mij bekeken en wist dat er een ononderbroken rij auto's achter mij was in beide rijbanen. Ik had ruimte om langs de oplegger te rijden, maar er was geen tijd – de witte SUV kwam eraan. Ik wist dat ik een vreselijke beslissing moest nemen, maar er was eigenlijk geen beslissing om te nemen. Ik moest mijn auto de middenberm inrijden om een grotere ramp te voorkomen.

Ik weet nog dat ik dacht dat er minstens zeven voertuigen bij betrokken zouden zijn als ik de witte SUV mij liet raken. En wat zou daar het doel van zijn? De kans was groot dat ik en een aantal anderen zouden sterven, om nog niet te spreken over alle anderen die zwaargewond zouden raken. Ik besloot mijn auto de berm in te rijden om ruimte te geven aan de witte SUV, wat op zijn beurt ruimte zou vrijmaken voor de rode SUV en de motor. Er was eigenlijk geen andere keus omdat ik had geprobeerd snelheid te maken en de open ruimte naast de oplegger in te rijden, maar er was gewoon geen tijd.

Het is gek wat er op zulke momenten met de tijd gebeurt. Ik nam dat allemaal in mij op in minder dan een seconde. En ik had nog steeds tijd om naar de slapende hond in mijn schoot te kijken. Ik hield zoveel van hem, en ik voelde me zo slecht, omdat ik wist dat hij zo zou sterven als de airbag zich zou ontvouwen en hem zou vermorzelen. Ik dacht aan mijn jongste dochter en hoe boos ze zou zijn dat ze haar moeder en haar geliefde Pookie tegelijkertijd verloor. Ik dacht aan mijn oudste dochter en voelde droefheid. Ik stuurde enorm veel liefde naar beiden en bad dat mijn jongste dochter me zou vergeven en dat mijn oudste zich niet schuldig zou voelen over wat er tussen ons had gespeeld toen ik stierf.

Ja, ik ging dood. Daar was geen twijfel over.

Ik reed nu tenminste 130 km/u omdat ik had versneld om te proberen uit de weg te gaan voor de witte SUV, en ik zou zo met die snelheid in een aantal struiken rijden. Ik hoopte in ieder geval dat ik dood zou gaan, want het alternatief leek niet zo aantrekkelijk. Al die gedachten in een oogwenk.

Ik greep het stuur stevig vast en draaide het voorzichtig om – ik wilde er niet te hard aan trekken en rond gaan tollen, dus in plaats daarvan ging ik gelijk op met de witte SUV die naar me toe bewoog. Ik keek naar de middenberm en zag de boom waarvan ik vrij zeker was dat dat degene was die mijn auto door de wringer zou halen en mijn leven zou beëindigen. Ik hield mijn blik op die boom en richtte erop. Ik wachtte tot ik het gekraak van het grind hoorde en de ruk voelde als ik over het kleine stukje vluchtstrook reed, maar er veranderde niets.

Ik bleef recht in mijn baan rijden. Dus draaide ik nog wat meer aan het stuur, maar ik reed nog steeds niet naar de berm. Ik begon me schrap te zetten voor de onvermijdelijke botsing met de witte SUV die mijn rechterportier raakte, want ze was maar een paar centimeter van me verwijderd. Ik begreep niet wat er gebeurde, maar het was duidelijk dat mijn plan niet werkte, en nu ging de vreselijke botsing die ik wilde vermijden plaatsvinden.

Maar dat gebeurde niet. Nog een wonder, onverwacht en zo dankbaar aanvaard, kwam in mijn leven. Toen ik mijn ogen weer op de weg richtte en van de boom in de berm af, die we zojuist waren gepasseerd, zag ik met totale verbijstering dat de witte SUV zich nu voor mij bevond, naast de oplegger.

Hoe was dat in godsnaam gebeurd?

Ik keek naar mijn voorbumper en zag dat die zich niet meer dan een halve meter van het achterwiel van die vrachtwagen bevond. Ik kon zelfs de onderkant van zijn achterband niet zien, zo dichtbij was ik. Het was absoluut onmogelijk dat zij zich op de een of andere manier tussen mij en die oplegger in had geperst.

Onmogelijk.

Ik keek naar het voertuig voor mij, en ik zal de vrouw in die SUV nooit vergeten. Ze stuiterde op en neer en heen en weer. Ik weet niet wat ze had ervaren, maar ze wist duidelijk dat er net iets was gebeurd dat niet zou moeten gebeuren volgens de wetten van deze wereld.

Mijn engelen hadden opnieuw mijn leven gered. Of waren het de Grijzen? Wie het ook was, ik voelde dankbaarheid. Ik wilde niet zo sterven, en pijn en onafgemaakte zaken achterlaten voor mijn geliefden. Mijn hond was niet eens wakker geworden – hij bleef gewoon opgerold op mijn schoot liggen, totaal onwetend over wat er zojuist was gebeurd.

Ik deelde mijn verhaal met een paar mensen, maar zij minimaliseerden het grotendeels door te zeggen dat ik de afstand tussen mijn auto en de oplegger verkeerd moet hebben ingeschat.

Nee, dat had ik niet. Maar ik praatte er niet meer over.

Het is gewoon nog een voorbeeld van hoe de menselijke geest niets gewoon kan accepteren dat niet binnen de grenzen ligt van hoe ons is geleerd dat de wereld zou moeten werken.

Maar voor mij was het een extra bevestiging dat er dimensies en werelden in werelden zijn. Er is zoveel meer over wie wij zijn en wat onze wereld is dan we kunnen zien, aanraken, voelen, horen, of proeven.

Leven in het nu

Ik bracht die winter en een paar erna door in de woestijn, terwijl ik de helende energie die daar is zijn werk liet doen. Ik leerde mijn leven te zien vanuit een hoger perspectief en de wonderen dagelijks toe te staan, terwijl ik antwoorden zocht op de grote levensvragen. Ik begreep uiteindelijk dat mijn schijnbare verliezen het opruimen van het oude waren, zodat ik plaats kon maken voor het nieuwe. Niet alleen een nieuw leven, maar een nieuwe manier om naar het leven te kijken.

Ik ging de reis die ik ondernam waarderen, en ik leerde mij over te geven en te vertrouwen op een hogere macht. Overgave is een gek woord. Het impliceert zwakheid, maar ik weet nu dat het kracht laat zien om op je hogere zelf te vertrouwen en afgestemd op die energie te leven in plaats van te proberen het leven te beheersen vanuit het beperkte gezichtspunt dat we in deze driedimensionale wereld hebben.

Ik leerde in het "nu" te leven, en toen ik dat ging doen, begon alles moeiteloos te stromen. Ik stopte met te proberen mijn kapotte leven te repareren. Ik stopte met vechten tegen het leven. Ik deed elke ochtend een gebed van overgave. Door dat te doen, wist ik zeker dat wat er ook opdook in mijn belang was, zelfs als dat niet zo leek. Ik was steeds opnieuw getuige van het wonder van het leven in volledig vertrouwen.

Da en zijn bemanning verschijnen weer - september 2010

Het was september 2010, en ik was thuis in Wisconsin toen Da en een aantal van zijn metgezellen op een nacht plotseling in mijn slaapkamer stonden. Mijn zelfbeheersing en kalmte waren een prettige verrassing voor mij, maar ik kan de eer niet helemaal aan mijzelf toeschrijven, want ik weet zeker dat ze mij in een andere staat van bewustzijn hadden gebracht. Terwijl ik ze begroette alsof het iets doodnormaals was dat er midden in de nacht buitenaardse wezens langskwamen, vroeg ik ze bedaard wat ze hier weer deden. Het komt vrijwel nooit voor dat ze iemand ontvoeren of zich met iemands leven bezighouden na een bepaalde leeftijd, en die leeftijd was ik al een tijdje gepasseerd.

Da leek beledigd. "We hebben je verteld dat we terug zouden komen als de veranderingen op aarde zouden beginnen, en die veranderingen vinden nu plaats. Je kent de training die we je hebben gegeven. Er is werk te doen", was zijn typische, no-nonsens antwoord.

Ik raakte zelfs een beetje opgewonden en zei: "Dus ik mag de licht readings doen?"

Da, nog steeds iemand van weinig woorden zei: "Het is geschied."

Ik antwoordde: "Wat? Heb je het zonder mij gedaan!"

"Nee", zei hij, "we hebben het met jou gedaan. Je weet het alleen niet meer."

Ik baalde echt van die informatie en liet dat aan hem merken. Ik wilde weten hoe dat kon en wanneer het was gedaan. Toen stopte ik even toen ik besefte wat de implicaties waren van wat mij zojuist was verteld.

"Wacht even, de mensheid heeft de scheiding niet gehaald?" vroeg ik angstig – terwijl ik het antwoord niet echt wilde horen.

Hij "dropte" de informatie meteen in mijn hoofd, en deze was enorm. Onthutsend.

Toen trok hij het er weer uit, omdat ik zeker weet dat hij wist dat het meer was dan ik kon bevatten, "lachte", en zei: "In woorden die je kunt begrijpen: eigenlijk is de tijd zoals jij die kent drie dagen opgeschort op 9 november 2009 en elk wezen kreeg de kans om op de planeet te blijven of te vertrekken. Degenen die geen duidelijkheid hadden of dicht bij de grens zaten, werden geholpen bij hun beslissing."

Ik kreeg nog meer informatie die ongeveer aangaf dat de planeet zicht ontwikkelde, en in feite een nieuwe ruimte, een nieuwe dimensie in ging. Degenen die klaar waren gingen die verandering met de planeet door, maar degenen die niet klaar waren, zouden vertrekken omdat het niet mogelijk was voor hen om te blijven. Hij herinnerde mij opnieuw aan de verschillende trillingsniveaus en hoe positieve en negatieve energie niet dezelfde ruimte met elkaar kunnen delen.

Da en zijn mannen kwamen nog een aantal weken langs. Wat hij mij vertelde is dat ze "mijn trilling verhoogden", zodat ik meer was afgesteld op de nieuwe aarde.

Toen ik vroeg wat daar de bedoeling van was, antwoordde hij dat het was zodat ik meer kon helpen.

Destijds had ik geen idee wat hij daarmee kon bedoelen.

Da zei: "er zal chaos en verwarring zijn als de trilling van de planeet wordt versterkt. Degenen die niet zijn afgesteld op de hogere trillingen zullen lijden als het oude wegvalt om plaats te maken voor het nieuwe."

De lichamelijke symptomen die werden veroorzaakt door het verhogen van mijn trillingsniveau waren vrij hevig, en ik ondervond behoorlijk wat ongemak, maar ik had geleerd om te vertrouwen op waar ik mij ook in had begeven met deze wezens van een hogere dimensie. Ik had besloten Da te vertrouwen en zijn motieven nooit meer in vraag te stellen – dat dacht ik tenminste.

Herinnering van Da

De activiteit was erg hevig tijdens deze periode, en een week of zo later had ik een verontrustende interactie met hen. Zoals de laatste tijd het geval was, was het midden in de nacht, en ik was mij bewust van hun aanwezigheid in de slaapkamer. Ik voelde dat ze aan mij werkten terwijl ze me in een andere staat van bewustzijn hadden gebracht.

Da legde uit dat ze opnieuw mijn trillingsniveau aanpasten.

Ik communiceerde meer in mijn hoofd met hem, maar ik kon mijzelf ook een paar woorden hardop horen mompelen.

Mijn partner lag naast mij en vertelde me later dat hij wel iets verstond van wat ik zei, dus hij had een idee van wat er gebeurde, maar kon niet volledig tot bewustzijn komen.

Uiteindelijk waren ze klaar en werd ik helemaal wakker, net als mijn partner.

Ik dacht dat mijn sessie met hen voorbij was, maar toen hoorde ik Da zeggen dat hij een boodschap voor mij had, en dat ik naar mijn computer moest gaan om hem te zien. Mijn laptop stond uit en lag op een voetenbankje in de nis bij mijn slaapkamer.

Zijn boodschap zei mij niets. Daarnaast was ik zo moe dat ik me nauwelijks kon bewegen, en ik moet toegeven dat het idee te moeten opstaan niet erg aantrekkelijk was. Ik was uit welke staat het dan ook was gekomen waarin ze me hadden gehouden terwijl ze hun werk deden, maar nu ik helemaal wakker was, beangstigde het idee om door mijn donkere slaapkamer te lopen terwijl er buitenaardse wezens waren me enigszins.

Dus zei ik stellig: "Nee, ik kom niet uit bed om je boodschap te lezen. Vertel me gewoon wat het is."

Hij zei opnieuw dat ik naar het computerscherm moest gaan kijken.

Ik dacht: is dit een grap?

Ik zei met tegenzin, maar stellig: "Nee."

En meteen verscheen er op het plafond boven het bed een blauw scherm zoals een computer- of Tv-scherm. Het was ongeveer 45 tot 50 cm in het vierkant, en middenin het felle blauwe licht stond een zwart omrand beeld van een buitenaards hoofd. De ogen en de vorm waren die van hen.

Ik vroeg aan mijn partner of hij het kon zien en natuurlijk kon hij dat. Ik vroeg hem of hij wist wat het was, en hij antwoordde dat het het hoofd van een Grijs buitenaards wezen was.

We lagen allebei in bed en keken er misschien een halve minuut naar.

Ik begon van slag te raken. Ik weet niet of ik meer boos op hen was of bang. Ik had me relatief veilig gevoeld, hoewel ik me er volledig van bewust was dat ik met buitenaardsen communiceerde, maar nu begon ik van slag te raken. Ik wilde dat het wegging, en ik schreeuwde naar mijn vriend dat hij er iets aan moest doen.

"Zorg dat het weggaat", jammerde ik.

Hij sprong snel uit bed en ging naar de nis en klapte de laptop dicht. Gek genoeg verdween het beeld daardoor.

Toen ik hem later vroeg hoe hij wist dat hij dat moest doen, had hij eigenlijk geen antwoord. Geen van ons beiden herinnerde zich of de computer weer aan was gegaan en een blauw scherm had, of dat deze nog steeds zwart was.

Een paar nachten later probeerden we het gebeuren opnieuw in scène te zetten. We kwamen niet ver. Het was belachelijk om het zelfs maar te proberen. Het was gewoon onmogelijk dat een computer, of welk licht dan ook, vanuit die nis op het plafond kon projecteren en het beeld kon laten zien dat wij hadden gezien. Het was gewoon onmogelijk. Er staan halve muren met zuilen en een vloerlamp in de weg, maar zelfs dan kan een licht niet op het plafond projecteren vanuit die kamer en zo'n duidelijk beeld geven.

Een aantal weken na deze gebeurtenis was ik boos – echt boos op hen dat ze zo'n onvolwassen stunt hadden uitgehaald. Vanuit mijn gezichtspunt was ik ze meer dan tegemoetgekomen door rustig te blijven, en ik was behoorlijk trots op die prestatie. Dat ze mij moedwillig bang wilden maken, leek belachelijk, kinderachtig, en niet in lijn met de ernst van wat we aan het doen waren.

Ik kreeg pas meer dan een jaar later een antwoord op waar dat allemaal over ging. Rond kerstmis 2011 kwamen ze terug en had ik de gelegenheid om Da ernaar te vragen. Dit is hoe dat ging:

Ik: "Dus waarom deden jullie dat?" (over het beeld op het plafond in mijn slaapkamer)

Da: "Foto-op."

Ik: "Foto-op? Foto-op? Wat – o, voor het boek! Verdorie, je hebt gelijk! Dat zou geweldig zijn geweest. Jeetje, waarom heb ik dat niet bedacht? Mijn telefoon lag gewoon daar! Verdorie, dat zou geweldig zijn geweest. Geef me nog een kans, oké?

Da: (geamuseerd) "Misschien. Dat was eigenlijk niet het doel."

Ik: "Echt? Dus waar ging het dan allemaal om?"

Da: "Je hebt de neiging jezelf uit deze ervaringen te praten. Je overtuigt jezelf dat ze niet echt zijn. We willen dat je begrijpt dat dit echt is. We zijn hier echt geweest om te helpen jouw trillingsniveau te verhogen, en de verandering voor de mensheid vindt echt plaats. Dit is geen droom. Dus hebben we ons op de beste manier die we konden bedenken aan jou laten zien zonder dat je in paniek zou raken."

Ik: "Ik snap het. Lijkt logisch. Kun je het echter nog een keer doen, zodat ik een foto kan maken voor het boek?"

Da: "Weet je zeker dat je met de angst om kan gaan? We zien dat je alleen bent."

Ik: "Ik weet het niet – ik zal het proberen."

Da: "We zullen zien. Je denkt er niet aan foto's te maken als je onze schepen ziet."

Ik: "Maar dat is geen angst. Dat is opwinding. Misschien kun je me eraan helpen herinneren dat ik de foto moet maken."

Da: "Beschouw dit als je herinnering."

De informatie die uit dat gesprek kwam, opende echt mijn ogen. Ik had rondgelopen terwijl ik me vrij overstuur en in mijn recht voelde staan over mijn angst. Ik had het vanuit mijn gezichtspunt bekeken – een gezichtspunt dat nog steeds door een sluier van angst werd waargenomen, weliswaar een dunnere sluier, maar het was nog steeds genoeg om de ervaring te vervormen en te kleuren.

De les kwam opnieuw bij mij aan. Niets dat door de ogen van sterke emotie, vooral angst, wordt gezien, is helder. Dat is gewoon onmogelijk. De redenering die Da mij gaf, klopte in mijn ogen. Ik had die uitleg nooit zelf kunnen verzinnen. Het was zo ver verwijderd van wat ik dacht, dat ik nooit op zoiets zou zijn gekomen.

Hij had gelijk. Als ik dat beeld op mijn plafond niet had gezien en niet de extra bevestiging van iemand anders had gehad, had ik mijzelf ervan overtuigd dat al dat "verhogen van mijn trillingsniveau in een andere staat van bewustzijn" niet meer dan een droom was. Zelfs terwijl ik de hele tijd dat het aan de gang was lichamelijke symptomen had ervaren.

Toto, ik denk dat we niet meer in Kansas zijn.
Dorothy (De Wizard of Oz)

Hoofdstuk 12:
Wakker worden uit de droom

Actieve medewerking met de Grijzen – winter 2011

Het verblijf elke winter in Arizona was een ritueel geworden, en het jaar 2011 was geen uitzondering. Wat heeft de woestijn toch dat de macht heeft om iemand te transformeren en te vernieuwen? Het had me tenminste drie jaar gekost om de schoonheid te waarderen die in de onherbergzame weidsheid van cactussen en zand aanwezig was. Nu zag ik geen bruin levenloos landschap meer, maar een prachtige schat van levenskracht en levendheid. Ik liep dagelijks kilometers door de woestijn terwijl ik oefende om mijn hoofd stil te krijgen door mindfulness. Ik leerde om mij af te keren van het ratelende onzingeluid dat mijn ego was en af te stemmen op de vredige stilte van de geest.

Ik werd wakker uit de onbewuste staat waar ik het grootste deel van mijn leven in had doorgebracht. Terwijl ik mijn band met mijn Schepper herstelde, begon ik mij langzaam de waarheid te herinneren over wie ik was. Ik ging door met mijn dagelijkse oefening in overgave en liet mijn leven leiden door de rustige, liefdevolle energie van mijn Hogere Zelf. Hoe meer ik deze manier van leven in de praktijk bracht, hoe gemakkelijker het werd, en ik zag hoe moeiteloos gebeurtenissen en synchroniciteiten opdoken om mij naar precies de juiste ervaring te leiden die ik nodig had om door te gaan met mijn groei en ontwaken.

Tijdens deze periode kwamen Da en zijn groep meedogenloos terug in mijn leven. Ik was heel dankbaar dat ik geen baan had waar ik elke ochtend moest zijn, want ik moest kunnen uitslapen of dutjes doen toen de activiteit hevig werd. Er waren vele dagen waarop ik de uitputting en vermoeidheid voelde van het heen en weer stuiteren tussen de twee levens die ik leidde. Mijn leven was altijd een beetje vreemd geweest, maar nu werd het onwerkelijk.

De interactie met de Grijzen was grotendeels veranderd ten opzichte van wat ik eind jaren '80 had ervaren. Ik was nu een actieve deelnemer en ervoer vrijwel geen angst. Mijn contact met hen was bijna constant tijdens de winter en lente van 2011/2012, en ik vroeg om meer duidelijkheid over wat er aan de hand was. Ik begreep niet waarom ik zoveel tijd met ze moest doorbrengen in hun trilling en weg van wat ik als mijn aardse leven was begonnen te beschouwen.

Zoals bij vrijwel al mijn verzoeken, gaven ze mij een antwoord. Ik had lang geleden al begrepen dat ik geen slachtoffer was, maar een vrijwillige deelnemer aan een of ander programma. De herinnering aan dit programma werd elke dag helderder, en het fascineerde me. Ik wist zonder twijfel dat ik erin had toegestemd om in een lichaam op de planeet aarde te komen om haar te helpen in deze kritieke periode in haar evolutie.

Alleen de geboorte van mijn dochters kwam zelfs maar in de buurt van hoe dit voelde – de reden te horen waarom ik hier was en om eindelijk te begrijpen waarom ik mijn hele leven zo'n intensief contact met buitenaardsen had gehad. Het was een enorme opluchting, en het klopte allemaal. Toen ik het eenmaal wist, voelde het alsof ik het mijn hele leven al geweten had. Hoe kon het dat ik de punten niet eerder met elkaar had verbonden?

Het was mij allemaal zo verbazingwekkend duidelijk. Ik kon alleen vermoeden dat het niet de bedoeling was geweest dat ik dit zou leren tot dit specifieke moment. Net als met al het andere wat met dit onderwerp te maken heeft, was het allemaal vanaf het begin nogal goed gepland, en ik zou leren wat ik moest weten wanneer ik het moest weten en niet daarvoor.

Ik besefte dat mijn ontvoeringen meerdere doelen hadden gediend. Eén van de belangrijkste redenen voor zoveel contact was geweest om mijn lichaam gezond en veilig te houden – vandaar alle onderzoeken en schijnbaar ingrijpende werkwijzen. Een andere ging over het intact houden van mijn verbinding met hen – dat wil zeggen, mij verlichting geven van de dichtheid van de trilling van deze planeet en tegelijkertijd mijn algemene welzijn in de gaten houden, wat verklaarde waarom Da's eerste vraag altijd was: "Sherry, ben je gelukkig?"

De wreedheid van deze wereld was onaangenaam, en het was niet gemakkelijk voor mij geweest om mij aan te passen. Ze mochten mij niet de waarheid vertellen over wat er aan de hand was, maar ze probeerden mij wel subtiel te herinneren aan mijn missie en mijn aandacht te houden op de rol die ik moest spelen door middel van hun lessen. Hoewel ik heel goed wist dat ik tekenen van grootheidswaanzin en fantasie liet zien, kon ik niet ontkennen dat ik eindelijk de waarheid wist over mijn levenslange betrokkenheid met deze mannen. Ze waren mijn familie.

Deze nieuwe onthulling omarmde ik niet zomaar. Ik voelde in mijn buik dat het waar was. Ik wist het absoluut, en toch was het zo bizar dat de rationele kant van mijn geest erover wilde discussiëren en twisten.

Mijn hybride kinderen ontmoeten

Toen gebeurde er iets grappigs. Ik begon een diep verlangen naar dat leven te ervaren – dat wil zeggen, het leven waarvan ik wist dat ik het leefde als ik niet gericht was op deze wereld. En dus besloot ik om een gunst te vragen. Ik wilde een bewuste ontmoeting met mijn kinderen – dat wil zeggen, mijn hybride kinderen. Ik wist dat ik nogal wat nakomelingen had, geboren uit de eitjes die Da gedurende de jaren bij me had afgenomen.

Tot mijn uiterste verbazing werd mijn verzoek ingewilligd. Een paar dagen later werd ik meengenomen naar wat een boerderij leek met een prachtig wit huis met twee verdiepingen en buitengebouwen tussen groene heuvels. Het leek heel erg op Wisconsin. Ik werd naar een prachtig onderhouden stuk groen weiland geleid dat zich een heel eind voor mij uitstrekte. Mij werd verteld dat ik op een bepaalde plek moest staan met mijn gezicht naar de vallei. Er waren steile, hoge heuvels links van mij die bedekt waren met smaragdgroene planten en een diversiteit aan vreemd struikgewas. Aan mijn rechterkant was de boerderij, een aantal kleine groepjes mensen en hoge, prachtige bomen.

Voor en achter mij kon ik ze andere mensen naar buiten zien brengen – de meesten waren vrouwen, maar er zaten ook een paar mannen tussen. Ik zou schatten dat we met ongeveer drie dozijn buiten op dat weiland stonden, allemaal met ons gezicht dezelfde kant op – in een rij achter elkaar met een afstand van ongeveer 10 meter tussen ons in. Toen deden ze een vliegshow. Mij werd verteld dat dit werd gedaan als eerbetoon aan diegenen onder ons die actief hadden meegewerkt aan het hybride programma en "achter de schermen" waren gegaan voor het goede doel, dus deze eer was niet alleen voor mij maar ook voor de anderen die op een vergelijkbare manier hadden bijgedragen.

De schepen waren de kleine glimmende, zilveren soort die niet meer dan zeven meter in omtrek waren. Er waren er honderden, en ze kwamen van alle kanten en kwamen samen aan het uiteinde van de vallei achter mij. Ik keek vol verwondering terwijl ze één lijn vormden en over onze hoofden vlogen – heel laag, heel snel, en vreemd genoeg op hun kant. Het was een verbazingwekkend schouwspel, en het had een sterke invloed op mij. Dit was hun manier om respect en dankbaarheid te tonen, en ik werd geraakt door het weten hoe echt dit allemaal was. Het trauma dat ik had ervaren, samen met alle andere "ontvoerden", werd door hen erkend en gewaardeerd. Toen realiseerde ik mij dat we allemaal onderdeel waren geweest van iets groters en betekenisvollers dan we ooit hadden gedacht. Het was waanzinnig en tegelijkertijd nederig makend.

Na de vliegshow werd ik meegenomen naar een stenen muur met twee lagen die zich in het enorme met gras begroeide gebied voor het huis bevond. Er zaten ongeveer vierentwintig jonge volwassenen op en rond de muur. Ze leken qua leeftijd ongeveer tussen de 16 en eind 30 te zijn. Ze zeiden dat dit een aantal van mijn kinderen waren. Het was een emotioneel moment voor mij, en het voelde inderdaad alsof ik ze kende, maar op een ander bewustzijnsniveau. Net als met zoveel dingen die met dit onderwerp te maken hebben, is het moeilijk uit te leggen.

Om de beurt stapte elk van hen naar voren en omhelsde mij terwijl ze zichzelf opnieuw aan mij voorstelden. De overheersende emotie was die van liefde en respect. Ik zou zeggen dat het allemaal redelijk normaal uitziende aantrekkelijke mensen waren, met uitzondering van één jongedame, die naar ik schat ongeveer 30 jaar was. Ze had een prachtig fel licht, maar was geen typische mens. Ze had blijkbaar een andere sterke invloed in haar DNA die haar onderscheidde. Het waren allemaal blije, sympathieke mensen en daarnaast hadden ze allemaal een trillingsniveau dat niet op de planeet aarde gevonden wordt.

Er gebeurde nog meer tijdens deze reünie, maar dat wil ik niet delen. Het is gewoon te persoonlijk, maar er is ook een boel dat ik mij niet kan herinneren of niet mocht onthouden, wat prima is – nog meer zou te veel zijn. Ik was dagenlang in de wolken nadat dit plaatsvond, maar in eerste instantie had ik nogal gemengde gevoelens.

Ik heb nooit getwijfeld aan de echtheid van de ervaring. Ik kan begrijpen dat jij, de lezer, erover twijfelt. Ik denk dat ik dat waarschijnlijk ook zou doen als ik jou was, maar het was absoluut echt, en de gevoelens die ik had, hadden even tijd nodig om hun plek te vinden. Ik verlangde ernaar terug te gaan naar die plek, maar ik was zeker niet klaar om deze wereld voor altijd te verlaten om dat te doen. Mijn emoties waren een mengeling van blijdschap en droefheid aangezien ik heen en weer geslingerd werd tussen de liefde die ik voelde voor deze wezens en mijn diepe verlangen om bij hen te zijn. Het zijn tenslotte mijn kinderen – wat de omstandigheden rondom hun geboorte ook zijn.

Dit geschenk van Da hielp om het nieuwe gezichtspunt dat ik recent had verworven sterker te maken. Het eerbetoon met de vliegshow leek voor mij de waarheid van mijn betrokkenheid bij dit programma te bevestigen – ik had voordat ik hier kwam geweten wat mijn rol zou zijn. Dit verklaarde veel. Ik dacht terug aan alle keren dat ik Da had gesmeekt om me bij hem te laten blijven, aangezien ik mij bij hem meer thuis voelde dan ik hier ooit had gedaan. En alle keren dat ik diep in mijn eigen ogen had gekeken nadat ik in zijn aanwezigheid was geweest – altijd op zoek naar een hint over de waarheid van wie ik was. Proberend mij te herinneren wat ik vlak daarvoor had geweten – voordat mijn geheugen werd schoongeveegd.

Het beste van alles was dat dit nieuwverworven inzicht mijn geloof bevestigde dat iemand geen slachtoffer kan zijn. Alsof het deze nieuwe onthulling moest ondersteunen, kwam ik al snel een online video tegen van auteur, spreekster en lerares Dolores Cannon die mij zo erg aansprak, dat ik wist dat het geen toeval was dat ik hem had gevonden. Ik huilde letterlijk van opluchting dat ik nu wist dat ik niet de enige was die zo dacht. Ik was niet alleen. Er waren miljoenen van ons die zich als vrijwilliger hadden opgegeven om in deze tijd naar de aarde te komen om getuige te zijn van de geboorte van de planeet en de mensheid in de volgende fase van hun evolutie.

Groeiend bewustzijn van het lot van de mensheid

Terwijl mijn bewustzijn hoger werd, werd ook mijn begrip van het lot van de mensheid dat. Waar dit weten vandaan kwam weet ik niet zeker, maar het voelde bijna alsof ik mij een gebeurtenis of een lever herinnerde dat ik had ervaren voordat ik naar de planeet kwam. Ik kon mijzelf bijna in die andere dimensie zien, en hoorde over de roep om hulp van Gaia en wist dat ik die moest beantwoorden. Ik had, samen met zoveel anderen, erin toegestemd om naar deze dichte driedimensionale wereld te komen in een poging het trillingsniveau van de mensheid te verhogen uit de donkere plaats waar deze in was gekelderd.

De planeet aarde is een levend bewust wezen, en ze had haar eigen verheffing bewust tegengehouden terwijl ze wachtte tot haar kinderen zouden evolueren tot het punt waarop ze de reis naar de hogere trillingsniveaus samen met haar konden maken. Maar iedere keer als de mensen op aarde het kritieke punt bereikten, veroorzaakte de angst die zo sterk aanwezig was in hen een falen, en bleven ze vastzitten in de driedimensionale trilling. Het is een onwrikbare wet van het universum dat je je niet mag bemoeien met de ontwikkeling van een andere planeet, dus terwijl de rest van het universum hun evolutionaire reis voortzette, bleven de planeet aarde en haar bewoners achter om hun eigen weg te vinden.

Toen deden de mensen van de aarde in 1945 aan atoomsplitsing en veroorzaakten verwoesting, niet alleen op hun eigen planeet maar ook in andere dimensionele sferen, en de roep om hulp van Gaia aan de Bron werd geuit. Aangezien de aard van de schepping is om zichzelf te ervaren en te ontwikkelen, is het niet verrassend dat het slechte gedrag van die paar mensen de aandacht trok van onze buren in de Melkweg. Het universum is een zeer gestructureerde en geordende plek – dit soort roekeloze actie kon niet worden genegeerd. De mensen waren, wederom, op koers van zelfvernietiging – alleen zouden ze deze keer niet alleen hun eigen evolutie stoppen, maar ook de planeet vernietigen. Dat zou en kon niet worden toegestaan. Gaia was klaar om verder te gaan – met of zonder haar kinderen.

172

Het zieke lichaam van God/de aarde

In 2009 kreeg ik een visioen dat deze informatie ondersteunde. Ik zat op mijn bed uit het raam te kijken en eigenlijk nergens aan te denken toen het voelde alsof ik heel snel uit mijn lichaam werd opgetild en de ruimte in werd geschoten. Het gebeurde zeer, zeer snel en binnen een paar seconden was ik voorbij de sterren en keek ik neer op het universum.

Ik had de abstracte vorm van een man. Er was een diepe, diepe rust en een diepe stilte die me enorm emotioneerde. Ik wist dat ik in de eeuwigheid was – dat wil zeggen, tijdloosheid, en ik had daar zeer gelukkig voor altijd kunnen blijven. De vrede en liefde waren doordringend.

Toen zei een vriendelijke stem plotseling: "Dit is het lichaam van God."

Voordat ik de tijd had om zelfs maar na te denken over wat er was gezegd, snelde ik alweer terug naar die sterren en planeten totdat ik ons thuis herkende – de aarde. Het bevond zich in de linkerdij van wat mij was gezegd dat het lichaam van God was. Terwijl we er steeds dichterbij kwamen, kon ik zien dat deze kleine cel, onze aarde, die onderdeel was van het geheel, geen gezonde cel was. Hij was ziek.

De stem zei: "Ze is ziek. Ze zal ze afschudden als ze moet."

En ik keek naar de kanker die de mensheid was.

"Begrijp je?"

En toen – pof! – was ik terug in mijn slaapkamer en op mijn bed. Het was allemaal zo snel gebeurd. Ik was verbijsterd en verontrust door de ervaring. De bedoeling was duidelijk. Wij, het menselijke ras, waren als een parasiet op de planeet en vernietigden en besmetten ons thuis. Zij, de aarde, is een levend organisme, en ze heeft haar grenzen bereikt. De tijd van de mensheid was bijna op. Of we worden wakker en beseffen wat we elkaar en de planeet aandoen, of we dragen de gevolgen.

Het besluit van de planeet aarde om naar de vijfde dimensie te gaan vormde een uitdaging voor de mensen die op hun lichaam vertrouwden. De meesten waren qua trillingsniveau niet klaar om die verandering aan te gaan. Maar toch had de Schepper verordend dat het tijd was voor zijn kinderen van de aarde om te ontwaken. Ze waren lang genoeg verdwaald in hun droom van afscheiding – maar hoe moest dat zonder de rechtstreekse inmenging van onze galactische familie?

Een roep om hulp

De machten die het universum overzien, besloten hogere dimensionele wezens te sturen – dat wil zeggen, ze zouden in menselijke vorm worden geboren in een poging het bewustzijn van de planeet te verhogen. En zo werd er een oproep uitgezonden door de Galactische Federatie van Licht voor vrijwilligers. Het was een agressief, gedurfd plan. Het is zo met de planeet aarde dat je niet alleen in een van de lagere trillingssystemen stapt, maar het is ook een wereld zoals er geen andere bestaat.

Zie je, op de planeet aarde was het menselijk ras zo ver in angst vervallen dat ze hun verbinding met de Bron waren vergeten. Ze waren vergeten dat ze één waren met hun Schepper, en zo waren ze vast komen te zitten in een cyclus van wedergeboorte en dood. Deze wereld had iets dat anders was dan alle andere planeten: karma. Om karma te ervaren, moet je binnenkomen met een dichte sluier van vergetelheid. Zonder verbinding met de Bron begin je al snel te geloven dat je een lichaam bent. Je kent de waarheid over wie je bent niet meer – dat wil zeggen, een eeuwig wezen dat speelt met een vorm. In plaats daarvan voel je je alleen en in de steek gelaten.

Het was niet altijd zo op de planeet aarde. Oorspronkelijk leefden de eerste mensen lange levens van 700 tot 1000 jaar met volledig bewustzijn van hun verbinding met de Bron. Ze begrepen de waarheid van wie zij waren en dus werden hun lichamen niet ziek en stierven niet. Ze leefden in het bewustzijn van eensgezindheid, in eenheid. Als ze voelden dat hun geest alles had geleerd dat hij kon in deze dimensie, wierpen ze het lichaam simpelweg af en gingen door naar het volgende niveau. Deze utopie ging enige tijd zo door en de planeet aarde was een van de mooiste en liefdevolste plekken in het universum.

Terugval van aardse wezens

Toen kwam er een tijd dat Gaia vrijwillig een aantal wezens met lagere trilling accepteerde die niet met de rest van hun ras waren geëvolueerd. Hun planeet en de meerderheid van de inwonenden gingen verder naar de volgende dimensie, maar deze zielen waren nog niet klaar om een stapje omhoog te gaan. Uit medeleven en liefde stemden de planeet aarde en haar kinderen erin toe deze onberekenbare, verloren zielen op te nemen, omdat ze geloofden dat de liefde en het licht dat hier zo alom aanwezig was hen zou doen ontwaken, waardoor ze omhoog konden stijgen.

Helaas was dat niet wat er gebeurde. In plaats daarvan brachten deze dichtere wezens verwoesting naar de planeet. Ze brachten het idee van afscheiding met zich mee, wat schuld veroorzaakte. In plaats van in het licht te leven, zich bewust van hun verbinding met de Schepper, begonnen mensen angst te voelen toen ze begonnen te geloven dat ze een lichaam waren. Ze begonnen snel terug te vallen. Deze wezens met een lagere trilling zijn op de aarde gebleven en hebben veel pijn en lijden veroorzaakt voor de oorspronkelijke vriendelijke zielen die hier waren. Daarbij komt nog dat, doordat het trillingsniveau van de planeet zo ver teruggevallen was, dit andere wezens met een laag trillingsniveau naar de aarde trok. Gaia en haar kinderen evolueerden niet meer en kwijnden een eeuwigheid langer weg in de derde dimensie dan oorspronkelijk de bedoeling was.

De mensen van de aarde hebben verscheidenen pogingen gedaan om naar de vijfde dimensie te evolueren, maar elke keer faalde iedereen behalve een paar om verder te gaan. Er zijn wezens op de planeet die er een gevestigd belang bij hebben dat de aarde en haar kinderen in de dichtere dimensie blijven. Deze heersende krachten zullen niet in staat zijn om de planeet tegen te houden bij haar vooruitgang, maar ze kunnen echter wel invloed hebben op de mensen. Degenen die niet met de planeet meegaan, zullen niet voor altijd verloren zijn – ze zullen allemaal uiteindelijk omhooggaan. Het kan niet anders: in de kern zijn we allemaal eeuwige kinderen van God, geschapen in liefde.

We kunnen niet sterven, maar we kunnen de tijd nemen – heel veel tijd – om te komen waar we willen en uiteindelijk zullen komen. Dat is onze vrije wil – om in de driedimensionale realiteit te blijven of naar de vijfde dimensie te gaan.

Mijn enige vraag aan jou is: "Waarom? Waarom zou iemand ervoor kiezen om in deze wereld van pijn en afscheiding te blijven?"

De vrijwilligers begonnen eind jaren '40 op aarde te verschijnen. Velen bleven niet lang. De dichtheid van het menselijk lichaam, samen met het zo overheersende op angst gebaseerde gedachtensysteem, was gewoon te veel voor deze zielen die gewend waren om in bewustzijn te leven. Volgens de regels van het spel moesten we allemaal de waarheid vergeten over waarom we hier waren en zelfs onze verbinding met God vergeten. Het was heel pijnlijk. We ervoeren enorme droefheid, voelden overweldigende heimwee en waren oprecht bang voor het menselijk ras. Oorlog, hebzucht, geweld en heersen over anderen waren nieuwe ervaringen voor ons – en we vonden het helemaal niet leuk.

Ik herinner me dat ik als heel klein kind naar mijn lichaam keek en me afvroeg hoe ik het uit kon doen. Het voelde niet goed om zo vast te zitten in zo'n kleine, dichte vorm. Het was zo beperkend. Ik vergeleek het menselijk lichaam met een jas of zwaar kledingstuk. Het voelde niet natuurlijk, maar al snel begon ook ik te geloven dat dat was wie en wat ik was. Ik vergat alles, behalve mijn verbinding met de Bron.

En dat is waarom ik zoveel tijd met Da moest doorbrengen, zodat ik geen totale verbreking van de verbinding zou ervaren. Geboren worden op de planeet aarde en leven in deze gemeenschap verzachtte mijn beeld van de mensen en zorgde ervoor dat ik zoveel meer medeleven met hen voelde en de overweldigende uitdaging die zij hadden om te ontwaken. In de kern zijn mensen verbazingwekkend liefhebbende en barmhartige wezens, maar ze zijn al zo lang opgesloten in deze lage dichtheid dat het geen wonder is dat ze zijn vergeten wie ze zijn. Het is geen wonder dat zo velen niet eens beseffen dat nu de tijd is gekomen om te ontwaken. Ze zijn verloren geraakt in hun dromen van afscheiding en angst.

Ontwaken in onze aangeboren focus op het hart

Dus wat betekent het om te ontwaken? Ik denk dat het nu wel duidelijk is dat het betekent dat je je de waarheid herinnert over wie je bent. Maar meer dan dat is het die waarheid leven door wezens te worden die vanuit het hart leven. Het betekent ook dat je je bewust wordt van wat er om je heen gebeurt – dat wil zeggen, niet bang zijn om de waarheid te zien over hoe mensen zijn overheerst en onder de duim gehouden. Dit zullen uitdagende tijden zijn terwijl het bedrog en de leugens die over ons zijn uitgestort aan de oppervlakte blijven komen zodat wij ze kunnen zien en kunnen helen.

Wij zullen worden opgeroepen om hen die misbruik hebben gemaakt van de mensheid via manipulatie en macht te vergeven zonder oordeel. We zullen ons moeten herinneren dat er niet zoiets bestaat als een slachtoffer. Iedereen hier ging ermee akkoord om naar deze wereld te komen en een rol te spelen in een duaal systeem. Er kan geen oordeel zijn over degenen die de rol van de kwelgeest hebben gespeeld. We bouwen een nieuwe aarde – één van bewustzijn van eenheid. Accepteer alsjeblief de boodschap die Da ons gegeven heeft. Deze werd in liefde gegeven om ons te helpen ons te verheffen uit de op angst gebaseerde wereld die we mede hebben geschapen.

Het hele universum eert en waardeert jou voor de lessen die je hebt voortgebracht door jouw ervaringen op aarde. Een planeet zal nooit meer worden toegestaan zo ver in het duister te vervallen. Je bent ongelofelijk veerkrachtig en verbazingwekkend innovatief en creatief. Degenen die jouw reis hebben aanschouwd en met droefheid hebben gezien hoe de angst jou overnam, juichten toen je keer op keer weer opstond. Ze worden geïnspireerd door jouw doorzettingsvermogen, vastberadenheid, moed en verbeeldingskracht. Binnenkort zullen de mensen van de aarde worden herenigd met hun kosmische familie. Ze willen dat je weet dat ze je hebben gemist, ze willen dat je weet dat je geliefd bent, en ze verwelkomen je terug in het licht.

Epiloog:
de vergeten belofte

Mijn contact met Da gaat tot de dag van vandaag door, maar het is mij opgevallen dat mijn ervaringen niet meer zo fysiek lijken te zijn als ze ooit waren. Het lijkt alsof ik op astraal niveau bij ze ben, waarbij ik mijn lichaam vaker wel dan niet achterlaat, wat ik prima vind. Ze vormen een integraal onderdeel van wat er op dit moment op de planeet gebeurt, dus ik verwacht niet dat hun activiteit zal afnemen, en ik kijk uit naar de dag dat ze bij ons kunnen zijn zonder dat één van onze soorten zijn trilling moet veranderen, of erger nog, angst moet ervaren. De mensen die mij het meest na staan, zijn zich bewust van dit contact en delen vaak sommige van de ontmoetingen of ze hebben hun eigen contact. Ik ben mijn geweldige vrienden zeer dankbaar dat ze me steunen en helpen om met beide voeten op de grond te blijven staan. En ik ben Da dankbaar. Ik ben er nog niet klaar voor om alles te delen wat hij heeft gedaan om mij gezond en op de been te houden, maar het is wonderbaarlijk geweest.

Onlangs heb ik zeer serieus getwijfeld of ik dit boek moest laten uitgeven of niet. Ik was vastgelopen toen mijn dochter mij vertelde dat zij en haar zus erover dachten mij aan te klagen om ervoor te zorgen dat het boek niet uitgegeven zou worden. Dat verscheurde mij. Ik heb helemaal geen relatie met mijn oudste dochter en op zijn best een zwakke relatie met mijn jongste, dus toen zij tegen me zei hoe zij zich voor mij schaamde, kwam dat hard aan.

Ze smeekte me om te stoppen zo raar te doen en te praten en zei dat ik het onmogelijk maakte voor haar om in deze stad te wonen en te werken. Het voicemail bericht dat ze achterliet voelde als een stomp in mijn buik en het duizelde mij. Ik begreep haar angst. Haar reactie was er één die de meeste mensen waarschijnlijk zouden hebben. Er gingen al geruchten rond over het boek en volgens haar vlogen de grappen in het rond. Nu ben ik gezegend met onverschilligheid. Dat wil zeggen dat ik mijzelf niet definieer volgens wat anderen over mij denken, maar ik begrijp dat niet iedereen zich zo voelt. Mijn dochter is net als de meesten gevoelig voor de mening die anderen over haar hebben.

Ik zei tegen mijn beste vriend dat ik er serieus over ging nadenken om de stekker eruit te trekken; te stoppen met de lezingen, te stoppen met het boek, te stoppen met alles en, zoals ik het zei: "Terug de matrix in te gaan."

Hij vroeg of ik dat echt kon op dit punt. Ik zei dat ik er serieus over moest nadenken omdat de prijs die ik betaalde te hoog was. Ik kon het niet verdragen ook het contact met mijn jongste kind te verliezen – het was gewoon te veel gevraagd voor mij.

Mijn dochter liet haar bericht op maandag 13 mei 2013 achter, en die avond ging ik naar bed terwijl ik er redelijk zeker van was wat mijn beslissing zou zijn. Ik zou het allemaal weggooien – ik was moe – zo ontzettend moe. Het voelde alsof ik het recht had om me terug te trekken uit deze "missie" die ik had gehad. Ik zou bewust teruggaan in de matrix – dat wil zeggen, ik zou weer de rol van een "normaal" persoon spelen om te redden wat ik kon van mijn leven en mijn relatie met mijn dochter, terwijl ik me al die tijd de waarheid herinnerde van wie ik was. Maar ik zou er niet over praten en mijn best doen om in de gemeenschap op te gaan.

Die nacht kwam Da langs. Zijn boodschap was nogal direct – alsof hij ooit iets anders dan direct kon zijn!

"Was ik de belofte die ik had gedaan vergeten? Was ik de eed die ik had gezworen vergeten?"

Toen ik de situatie met mijn dochters uitlegde, toonde hij veel medeleven en liefde, maar hij maakte duidelijk dat mijn plicht voor het algemeen belang was en niet voor een aantal mensen. Hij liet me vervolgens zien dat het toegeven aan mijn dochters eisen onze relatie helemaal niet ten goede zou komen. Ze zou het uiteindelijk zien alsof ik toestond dat er macht over mij werd uitgeoefend en het als zwakheid zien. Ze zou haar respect voor mij verliezen. De les voor haar zou zijn om mij zelfs te zien volhouden als ik geconfronteerd werd met spot – om te zien dat ik voet bij stuk hield ondanks de verwachtingen en ondanks de prijs.

Toen hij wegging, maakte hij een klein schouwspel van zichzelf door een scherpe lichtflits, de nu gebruikelijke oorverdovende knal en de elektrische ontlading die ervoor zorgt dat mijn elektriciteit een stoot krijgt en vervolgens uitgaat. Het was precies 2 uur 's nachts, en ik zat rechtop in mijn bed terwijl ik mijn Pookie vasthield en om zijn capriolen lachte.

Ik wist dat hij dat deed om het in mijn geheugen te prenten. Hij wilde niet dat ik dacht dat ik dit gesprek had gedroomd – ik moest, zoals altijd, weten dat het echt was. Dit was geen grap. Dit was geen verzonnen fantasie. Dit was mijn leven. En het is net zo echt als iemand anders' leven – nu ik erover nadenk, was het zelfs echter dan het oude leven dat ik leefde als vastgoedontwikkelaar en eigenaar van een zaak. Dat leven voelde nu als nep.

Dus ging ik door met het uitgeven van het boek, wetende dat het niet door iedereen met open armen zou worden ontvangen en wetende dat er mensen zijn die het boek en mij belachelijk zullen maken. Maar of je het verhaal gelooft of niet is eigenlijk niet mijn zaak of zorg. De waarheid schijnt dat ik ben geprogrammeerd om dit boek te schrijven op dit moment in de ontwikkeling van de mensheid en wie dan ook is voorbestemd het boek te vinden en te lezen, zal dat doen.

Ik heb de geheimen van mijn leven met je gedeeld – niet gemakkelijk voor iemand zoals ik die nogal op zichzelf is. De hoop is dat je iets zult leren van mijn ervaringen. Ik begon aan deze reis terwijl ik geloofde dat ik het ultieme slachtoffer was, en ik eindigde op een plek van diepe vrede. Hoe is dat mogelijk? Hoe maak je de overgang van overweldigende angst naar totale vrede?

Zoals ik meerdere keren liet weten, vond ik alle antwoorden die ik zocht in Een Cursus in Wonderen. De Cursus leerde mij dat het onmogelijk is een slachtoffer te zijn, en hij beantwoordde één van mijn grootste, meest prangende vragen: waar was God in dit alles? Ik zou nooit vrede kunnen hebben met alles wat er gebeurde en nog steeds gebeurt in mijn leven zonder de Cursus. Het best is misschien nog dat de lessen van Een Cursus in Wonderen precies overeenkomen met wat Da mij leerde. Het was zeer bevestigend.

Vrede toelaten in je leven is verreweg het grootste geschenk dat je jezelf kunt geven, en dat is het geschenk dat ik aan jou doorgeef door mijn verhaal te vertellen. Het is geen verhaal van angst en pijn, maar eerder het overkomen van een afwijking die de fundering onder mijn voeten weg dreigde te slaan. Het is het verhaal van liefde die angst overwint. Door mijn angst te overstijgen, was ik in staat om echt te horen wat mijn schijnbare ontvoerders mij leerden en deze ontmoetingen te zien zoals ze werkelijk waren: een geschenk. Een geschenk dat mij dwong mijn leven vanuit een hoger, duidelijker gezichtspunt te zien, en alleen door dat te doen kon ik de waarheid achterhalen van wie ik was en waarom ik hier was.

Ik hoop dat je je eigen antwoorden zult zoeken op de vragen die we allemaal zouden moeten stellen op dit punt in onze evolutie. Wat voor mij werkte, werkt misschien niet voor jou, maar ik geloof wel dat het begint met het begrip van de dualiteit van de menselijke geest en het weten dat we zoveel meer zijn dan dit kleine leven op planeet aarde ons wil laten geloven. Voor mij was de overgave van het ego en afstemmen van mijn wil op het Goddelijke essentieel om vrede te bereiken. Ik weet dat de meeste mensen op aarde hun vrije wil koesteren, dus als ik het heb over overgave en het afstemmen van mijn wil op die van de Schepper, voel je je misschien wat ongemakkelijk.

Ik denk dat het etiket "vrije wil" vrij misleidend is. Het zou in afstemming op het ego moeten worden genoemd – dat wil zeggen, het deel dat niet het beste met je voor heeft alles laten bepalen. Zo lang je je "vrije wil" blijft koesteren en je leven blijft leiden volgens die stem (het ego), zal je pijn blijven lijden, want je gaat in feite in tegen wie je werkelijk bent. Als je je wil overgeeft, geef je de macht niet echt over aan iemand anders zoals ons is geleerd. In plaats daarvan zijn wij één met God, dus stemmen we af op dat deel van ons dat ons onvoorwaardelijk liefheeft. Klinkt het niet logischer om in lijn met dat deel van onszelf te leven in plaats van het deel dat gebaseerd is op angst?

Als de mensheid door de volgende uitdagende jaren heengaat, zal er veel verwarring zijn als het oude plaatsmaakt voor het nieuwe paradigma. Je zult worden gedwongen je angsten onder ogen te zien en ze los te laten door liefde, zowel op persoonlijk niveau als als gemeenschap. De principes die in dit boek naar voren zijn gebracht, zijn gegeven in een poging je te helpen op deze reis. Mijn mannen, bij jullie bekend als de Grijzen, hebben een enorme overvloed aan liefde voor deze planeet en haar kinderen. Ze willen dat je dat weet. Ze hebben alles gedaan wat ze konden en zullen alles blijven doen wat ze kunnen om te helpen bij de overgang, maar ze mogen niet tussenbeide komen – niet dat ze dat niet zouden doen als ze zouden kunnen. Tussenbeide komen zou de mensheid alleen maar laten terugvallen. Dit is de reis van jouw ziel. Niemand kan die reis voor jou maken, en je zou niet willen dat dat gebeurde.

Dus ik nodig je uit je eigen waarheid te zoeken. En te genieten van het avontuur. Het is geweldig! Ik waarschuw je eraan te denken dat de antwoorden niet kunnen worden gevonden door te analyseren, te overdenken, of informatie tot je te nemen. Nee, ze zijn simpel. Het cliché is waar: de antwoorden vind je vanbinnen. Ze waren daar altijd al. Ze worden gevonden in stilte. Wat zo prachtig is hieraan, is dat het voor elke persoon die ontwaakt het fantastische effect heeft dat het de trilling van de hele mensheid omhoogtrekt. Zoals Da zei toen ik nog maar een klein meisje was: "Het begint met één."

Namaste.

Over de auteur

Sherry Wilde

Sherry is geboren en getogen in zuidwest Wisconsin en brengt haar zomers daar nog steeds door. Ze was meer dan 25 jaar een succesvolle vastgoedmakelaar, projectontwikkelaar en commercieel verbouwer. Je kunt met Sherry in contact komen via haar website www.TheForgottenPromise.net.

Timeline

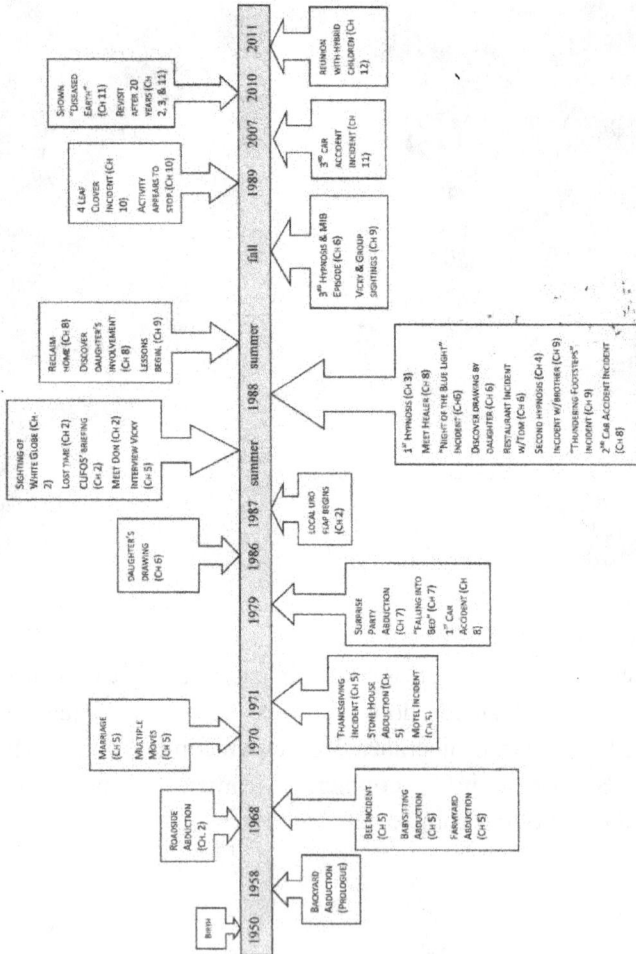

Birth — 1950

1958 — Backyard Abduction (Prologue)

1968 — Roadside Abduction (Ch. 2)
Bee Incident (Ch 5)
Babysitting Abduction (Ch 5)
Farmyard Abduction (Ch 5)

1970 1971 — Marriage (Ch 5), Multiple Moves (Ch 5)
Thanksgiving Incident (Ch 5)
Stone House Abduction (Ch 5)
Motel Incident (Ch 5)

1979 — Surprise Party Abduction (Ch 7)
"Falling into Bed" (Ch 7)
1st Car Accident (Ch 8)

1986 — Daughter's Drawing (Ch 6)

1987 — Local UFO Flap Begins (Ch 2)

summer 1987 — Sighting of White Globe (Ch 2)
Lost Time (Ch 2)
CUFOS' Briefing (Ch 2)
Meet Don (Ch 2)
Interview Vicky (Ch 5)

summer 1988 — Reclaim Home (Ch 8)
Discover Daughter's Involvement (Ch 8)
Lessons Begin (Ch 9)

1st Hypnosis (Ch 3)
Meet Healer (Ch 8)
"Night of the Blue Light" Incident (Ch 6)
Discover Drawing by Daughter (Ch 6)
Restaurant Incident w/Tom (Ch 6)
Second Hypnosis (Ch 4)
Incident w/Brother (Ch 9)
"Thundering Footsteps" Incident (Ch 9)
2nd Car Accident Incident (Ch 8)

fall 1989 — 3rd Hypnosis & MIB Episode (Ch 6)
Vicky & Group Sightings (Ch 9)

4 Leaf Clover Incident (Ch 10)
Activity Appears to Stop (Ch 10)

2007 — 3rd Car Accident Incident (Ch 11)

2010 — Shown "Diseased Earth" (Ch 11)
Revisit after 20 years (Ch 2, 3, & 11)

2011 — Reunion with Hybrid Children (Ch 12)

184

Tijdlijn

1950 : geboorte
1958 : ontvoering in de achtertuin (voorwoord)
1968 : ontvoering langs de kant van de weg (hfst. 2)
        voorval met bijen (hfst. 5)
        ontvoering tijdens het oppassen (hfst. 5)
        ontvoering van boerenerf (hfst. 5)
1970 : huwelijk (hfst. 5)
        meerdere verhuizingen (hfst. 5)
        1971 : voorval tijdens Thanksgiving (hfst. 5)
        ontvoering uit stenen huis (hfst. 5)
        voorval in motel (hfst. 5)
        1979 : ontvoering tijdens verrassingsfeest (hfst. 7)
        "in bed vallen" (hfst. 7)
        1ste auto-ongeluk (hfst. 8)
1986 : tekening van dochter (hfst. 6)
1987 : lokale UFO-golf begint (hfst. 2)
Zomer : zien van witte bol (hfst. 2)
        verloren tijd (hfst. 2)
        briefing door CUFOS (hfst. 2)
        ontmoeting met Don (hfst. 2)
        gesprek met Vicky (hfst. 5)
1988 : 1ste hypnose (hfst. 3)
        ontmoeting met genezer (hfst. 3)
        voorval "nacht van het blauwe licht" (hfst. 6)
        ontdekking tekening van dochter (hfst. 6)
        voorval in restaurant met Tom (hfst. 6)
        tweede hypnose (hfst. 4)
        voorval met broer (hfst. 9)
        voorval met "donderende voetstappen" (hfst. 9)
        voorval met 2e auto-ongeluk (hfst. 8)

Zomer : huis terugeisen (hfst. 8)
        ontdekking van betrokkenheid dochter (hfst. 8)
        lessen beginnen (hfst. 9)
Herfst : 3e hypnose & MIB (hfst. 6)
        Vicky en waarnemingen met groep (hfst. 9)
1989 : voorval met klavertje vier (hfst. 10)
        activiteit lijkt te stoppen (hfst. 10)
2007 : voorval met 3e auto-ongeluk (hfst. 11)
2010 : "zieke aarde" getoond (hfst. 12)
        nieuw bezoek na twintig jaar (hfst. 2, 3 & 11)
2011 : hereniging met hybride kinderen (hfst. 12)

Other Books by Ozark Mountain Publishing, Inc.

Dolores Cannon
A Soul Remembers Hiroshima
Between Death and Life
Conversations with Nostradamus,
    Volume I, II, III
The Convoluted Universe -Book One,
    Two, Three, Four, Five
The Custodians
Five Lives Remembered
Jesus and the Essenes
Keepers of the Garden
Legacy from the Stars
The Legend of Starcrash
The Search for Hidden Sacred
    Knowledge
They Walked with Jesus
The Three Waves of Volunteers and
    the New Earth
Aron Abrahamsen
Holiday in Heaven
Out of the Archives – Earth Changes
James Ream Adams
Little Steps
Justine Alessi & M. E. McMillan
Rebirth of the Oracle
Kathryn/Patrick Andries
Naked in Public
Kathryn Andries
The Big Desire
Dream Doctor
Soul Choices: Six Paths to Find Your
    Life Purpose
Soul Choices: Six Paths to Fulfilling
    Relationships
Patrick Andries
Owners Manual for the Mind
Cat Baldwin
Divine Gifts of Healing
The Forgiveness Workshop
Penny Barron
The Oracle of UR
Dan Bird
Finding Your Way in the Spiritual Age
Waking Up in the Spiritual Age
Julia Cannon
Soul Speak – The Language of Your
    Body
Ronald Chapman
Seeing True
Albert Cheung
The Emperor's Stargate
Jack Churchward
Lifting the Veil on the Lost Continent of
    Mu

The Stone Tablets of Mu
Sherri Cortland
Guide Group Fridays
Raising Our Vibrations for the New
    Age
Spiritual Tool Box
Windows of Opportunity
Patrick De Haan
The Alien Handbook
Paulinne Delcour-Min
Spiritual Gold
Holly Ice
Divine Fire
Joanne DiMaggio
Edgar Cayce and the Unfulfilled
    Destiny of Thomas Jefferson
    Reborn
Anthony DeNino
The Power of Giving and Gratitude
Michael Dennis
God's Many Mansions
Carolyn Greer Daly
Opening to Fullness of Spirit
Anita Holmes
Twidders
Aaron Hoopes
Reconnecting to the Earth
Victoria Hunt
Kiss the Wind
Patricia Irvine
In Light and In Shade
Kevin Killen
Ghosts and Me
Diane Lewis
From Psychic to Soul
Donna Lynn
From Fear to Love
Maureen McGill
Baby It's You
Maureen McGill & Nola Davis
Live from the Other Side
Curt Melliger
Heaven Here on Earth
Where the Weeds Grow
Henry Michaelson
And Jesus Said – A Conversation
Dennis Milner
Kosmos
Andy Myers
Not Your Average Angel Book
Guy Needler
Avoiding Karma
Beyond the Source – Book 1, Book 2
The History of God

For more information about any of the above titles, soon to be released titles,
or other items in our catalog, write, phone or visit our website:
PO Box 754, Huntsville, AR 72740|479-738-2348/800-935-0045|www.ozarkmt.com

Other Books by Ozark Mountain Publishing, Inc.

The Origin Speaks
The Anne Dialogues
The Curators
Psycho Spiritual Healing
James Nussbaumer
And Then I Knew My Abundance
The Master of Everything
Mastering Your Own Spiritual
    Freedom
Living Your Dram, Not Someone Else's
Sherry O'Brian
Peaks and Valleys
Riet Okken
The Liberating Power of Emotions
Gabrielle Orr
Akashic Records: One True Love
Let Miracles Happen
Victor Parachin
Sit a Bit
Nikki Pattillo
A Spiritual Evolution
Children of the Stars
Rev. Grant H. Pealer
A Funny Thing Happened on
    the Way to Heaven
Worlds Beyond Death
Victoria Pendragon
Born Healers
Feng Shui from the Inside, Out
Sleep Magic
The Sleeping Phoenix
Being In A Body
Michael Perlin
Fantastic Adventures in Metaphysics
Walter Pullen
Evolution of the Spirit
Debra Rayburn
Let's Get Natural with Herbs
Charmian Redwood
A New Earth Rising
Coming Home to Lemuria
David Rivinus
Always Dreaming
Richard Rowe
Imagining the Unimaginable
Exploring the Divine Library
M. Don Schorn
Elder Gods of Antiquity
Legacy of the Elder Gods
Gardens of the Elder Gods
Garnet Schulhauser
Dancing on a Stamp

Dancing Forever with Spirit
Dance of Heavenly Bliss
Dance of Eternal Rapture
Dancing with Angels in Heaven
Manuella Stoerzer
Headless Chicken
Annie Stillwater Gray
Education of a Guardian Angel
The Dawn Book
Work of a Guardian Angel
Joys of a Guardian Angel
Blair Styra
Don't Change the Channel
Who Catharted
Natalie Sudman
Application of Impossible Things
L.R. Sumpter
Judy's Story
The Old is New
We Are the Creators
Artur Tradevosyan
Croton
Jim Thomas
Tales from the Trance
Jolene and Jason Tierney
A Quest of Transcendence
Paul Travers
Dancing with the Mountains
Nicholas Vesey
Living the Life-Force
Janie Wells
Embracing the Human Journey
Payment for Passage
Dennis Wheatley/ Maria Wheatley
The Essential Dowsing Guide
Maria Wheatley
Druidic Soul Star Astrology
Jacquelyn Wiersma
The Zodiac Recipe
Sherry Wilde
The Forgotten Promise
Lyn Willmott
A Small Book of Comfort
Beyond all Boundaries Book 1
Stuart Wilson & Joanna Prentis
Atlantis and the New Consciousness
Beyond Limitations
The Essenes -Children of the Light
The Magdalene Version
Power of the Magdalene
Robert Winterhalter
The Healing Christ

For more information about any of the above titles, soon to be released titles,
or other items in our catalog, write, phone or visit our website:
PO Box 754, Huntsville, AR 72740|479-738-2348/800-935-0045|www.ozarkmt.com

www.ingramcontent.com/pod-product-compliance
Lightning Source LLC
Chambersburg PA
CBHW071431090426
42737CB00011B/1626